Ines Graudenz

Lehrer lernen sich selbst besser kennen

Konzeptualisierung und Evaluation einer personzentrierten Lehrerberatung

Studien zur Pädagogischen Psychologie

Herausgegeben von Bernhard Kraak

Band 29

Ines Graudenz

Lehrer lernen sich selbst besser kennen

Konzeptualisierung und Evaluation einer personzentrierten Lehrerberatung

Hogrefe · Verlag für Psychologie
Göttingen · Bern · Toronto · Seattle

Lehrer lernen sich selbst besser kennen

Konzeptualisierung und Evaluation einer personzentrierten Lehrerberatung

von

Ines Graudenz

Hogrefe · Verlag für Psychologie
Göttingen · Bern · Toronto · Seattle

Printed in Germany

Komissionsverlag:
Verlag für Psychologie · Dr. C. J. Hogrefe
Göttingen · Toronto · Zürich

ISBN 3 8017 0612 5

VORWORT

Ausgehend von meinem intensiven Bedürfnis, als Wissenschaftlerin unmittelbar nützlich zu sein, d.h. einmal unmittelbar etwas von dem eigenen angesammelten Wissen für die Praxis fruchtbar zu machen, entwikkelte sich eine Kooperation mit Praktikerinnen über drei Jahre hinweg. Diese häufig mühevolle Arbeit, durchmischt mit Unlust, Ungeduld und Angst vor Versagen, aber auch mit viel Spaß, neuer Motivation und Erfolg, war – so glaube ich – für die Beteiligten eine lehrreiche Erfahrung. In diesem Zusammenhang möchte ich mich bei den Erzieherinnen und Lehrerinnen herzlich für die kollegiale und konstruktive Zusammenarbeit bedanken.

Für die Anregung zu dieser Arbeit, die aus Gesprächen über den Sinn und die oft hinterfragte Wirkung von Wissenschaft hervorging, bedanke ich mich bei Prof. Dr. Jürgen Wendeler, Gießen; für die großzügige Unterstützung dieser Idee, als Wissenschaftlerin ohne ausgearbeiteten Versuchsplan, ohne Zeitplan, einen eher unüblichen Praxisausflug mit ungewissem Ausgang zu unternehmen, danke ich Prof. Dr. Bernhard Kraak. Nicht zuletzt danke ich meinen Freundinnen und Freunden, die mich dazu motiviert haben, diese Studie auch in Buchform vorzulegen.

Frankfurt 1992 Ines Graudenz

Inhaltsverzeichnis

Vorwort		I
1	Konzeption der Untersuchung Forschung für die Praxis	1
2	Theoretische Grundlagen	7
3	Die Forschungs- und Beratungsziele und ihre Begründung	11
4	Wege zur Erreichung der Beratungsziele und ihre Begründung	15
4.1	Aufgaben des Beraters	15
4.2	Unterschiedliche Interventionsstrategien	18
5	Probleme der Abgrenzung	24
5.1	Beratung und Supervision	24
5.2	Beratung und Therapie	25
5.3	Ganzheitlicher Ansatz und verhaltensmodifikatorisches Training	27
6	Randbedingungen	30
6.1	Eigene Bedingungen (Kapazität, Selbstverständnis)	30
6.2	Institutionelle Bedingungen und Erwartungshaltungen der Erzieherinnen	31
6.3	Zum Ort und zur Institutionalisierung von Beratung	33
6.4	Beratungsdauer und Erfolgserwartung	34
6.5	Stichprobe und Untersuchungssituation	35
7	Annahmen der Untersuchung	38
8	Die einzelnen Beratungsphasen Ziele, Vorgehensweisen, Probleme und Ergebnisse	43
8.1	Erste Phase (etwa drei Monate)	43
8.1.0	Warming-up	43
8.1.1	Selbsteinschätzung der Erzieherinnen	45
8.1.2	Systematische Beobachtung der Erzieherinnen im Unterricht	48

8.1.3	Gegenüberstellung von Selbsteinschätzung und Fremdbeobachtung	49
8.1.4	Die Unterrichtsatmosphäre	50
8.2	Zweite Phase (knapp drei Monate) Konfliktsituationen im Unterricht	52
8.3	Übergang zur Dritten Phase	55
8.4	Dritte Phase (etwa vier Monate)	56
8.4.1	Beobachtungen im Stuhlkreis (freie Themenwahl, Beobachtungszeit etwa ein Monat)	57
8.4.2	Beobachtungen im Stuhlkreis und Verhaltensvergleich (Gezielte Themenstellung, Beobachtungszeit etwa drei Monate)	58
8.4.3	Problem: Aufgreifen von Beiträgen	59
8.4.4	Problem: Angehen und Erreichen von Unterrichtszielen	60
8.4.5	Problem: Umgehen mit Sprache	61
8.5	Vierte Phase (Tonbandaufnahmen, etwa sechs Monate)	63
8.5.1	Stellenwert und Ziele	63
8.5.2	Vorgehen	65
8.5.3	Erzieherische Zielvorstellungen – Erzieherisches Verhalten	66
8.5.4	Erfahrungen mit dem Tonband	69
8.5.5	Zur Analyse von Unterrichtsausschnitten	70
8.5.5.1	Ausgewählte Ansätze aus der Literatur	70
	A Das Flanders'sche Verfahren	70
	B Die Schätzskalen von Tausch & Tausch	73
	C Das Kategoriensystem von Wagner	78
	D Das Analysemodell von Sinclair und Coulthard	82
	E Zur Analyseeinheit bei Huber und Mandl	83
8.5.5.2	Zur Entwicklung eines für diese Studie geeigneten Beobachtungsverfahrens	83
8.5.5.3	Zur Aufnahmesituation	85
8.5.6	Darstellung des eigenen Beobachtungsverfahrens	86
8.5.6.1	Zur Transkription	86
8.5.6.2	Zur Definition der Beobachtungseinheit	86
8.5.6.3	Zur Kategorisierung der Rundgespräche durch Studenten	87
8.5.7	Das Kategoriensystem	88
8.5.7.1	Die A-Kategorien	88
8.5.7.2	Die B-Kategorien	89

8.5.7.3	Die C-Kategorien	89
8.5.7.4	Die D-Kategorien	89
8.5.7.5	Die Zusatzkodierung	90
8.5.7.6	Zur Operationalisierung der Kategorien	90
8.5.8	Ausführliche Darstellung der Kategorien und ihrer Zusatzkodierungen	91
9	Ergebnisse der Tonbandphase	103
9.1	Zur Auswertung	103
9.2	Ergebnisse zum Erziehungsverhalten	106
9.3	Veränderungstendenzen in den Kategorien, die anteilnehmendes und zu sozialem Handeln anregendes Verhalten erfassen	106
9.3.1	A3: Aufgreifen des Gedankens eines Kindes	107
9.3.2	A4: Wiederholung der Äußerung eines Kindes	111
9.3.3	A7: Aussprechen von Lob und Bestätigung	114
9.3.4	A8: Bezug herstellen zur Familie und zum Elternhaus	117
9.3.5	B2: Anregen der Gruppe zur Selbstorganisation, zur Eigeninitiative, zur Rücksichtnahme gegenüber einzelnen Gruppenmitgliedern	119
9.3.6	B3: Aufgreifen eines Vorschlags zur Organisation B4: Aussprechen von Lob für soziales Verhalten in der Gruppe an eines oder mehrere Kinder gerichtet	122
9.4	Veränderungstendenzen in den Kategorien, die strukturierendes und lenkendes Verhalten erfassen	123
9.4.1	A1: Einführen und Fortführen eines Gedankens mit Zusatzinformationen	123
9.4.2	A2: Themenbezogene Fragen an das Kind oder die Gruppe	125
9.4.3	A5: In Frage stellen einer Äußerung oder Behauptung des Kindes	127
9.4.4	A6: Zurückführen zum Thema	128
9.4.5	B1: An das Kind gerichtete Aufforderung zu beginnen oder fortzufahren	129
9.4.6	B5: Kritik, Tadel, Aufforderung etwas zu unterlassen	131
9.5	C1 und C2: Äußerungen der Erzieherinnen ihr eigenes Verhalten betreffend	132
9.6	Analyse der Restkategorie D	134
9.7	Kritische Anmerkungen zum Kategoriensystem	138

10	Diskussion der Ergebnisse	139
11	Der eigene Untersuchungsansatz im Vergleich	141
12	Die Nachbefragung	147
12.1	Der Nachbefragungsbogen	147
12.2	Ergebnisse der Nachbefragung	149
12.2.1	Stellungnahmen der Erzieherinnen zu den erlebten Veränderungen die eigene Person betreffend	149
12.2.2	Stellungnahmen der Erzieherinnen zu den erlebten Veränderungen in ihren mitmenschlichen Beziehungen	151
12.2.3	Stellungnahmen der Erzieherinnen zu der Art der Vorgehensweise in der Beratung	152
12.2.4	Zur Kritik der Beratung	152
12.3	Abschließende Bemerkung zur Nachbefragung	153
Literatur		154
Anhang		163

1. KONZEPTION DER UNTERSUCHUNG: FORSCHUNG FÜR DIE PRAXIS

Eine Vielzahl von Gründen kann für die Intention ins Feld geführt werden, Forschungsbemühungen im Schulbereich in Zukunft verstärkt in den Dienst alltäglicher Praxis zu stellen. Bestrebungen der Schulbürokratie, auf administrativem Wege "Neues Lehren und Lernen" zu initiieren, sind häufig von nur geringem Erfolg begleitet, da es sich herausstellt, daß sie von der Lehrerschaft zu wenig mitgetragen werden. Ursachen dafür sind vor allem darin zu suchen, daß die von oben angeordneten Neuerungen erfolgen, ohne daß in ausreichendem Maße die Erfahrungen, Einstellungen und Wünsche der betroffenen Lehrer und Lehrerinnen berücksichtigt werden; ferner fehlen oftmals die Bedingungen zu ihrer angemessenen und erfolgversprechenden Durchführung. Auch der Wissenschaftsbetrieb in Forschung und Lehre trägt im allgemeinen in geringem Maße dazu bei, Erzieher/innen und Lehrer/innen bei der Bewältigung ihrer beruflichen Probleme zu unterstützen, obwohl gleichzeitig von Wissenschaftsseite die mangelnde Rezeption wissenschaftlicher Erkenntnisse beklagt wird. Die in fachwissenschaftlichen Büchern und Aufsätzen veröffentlichten Ergebnisse von Forschung sind nicht selten so verfaßt, daß sie für ein pädagogisch interessiertes Publikum entweder schwer verständlich sind oder aber als wenig bzw. nicht brauchbar für die Praxis erlebt werden. Es muß davon ausgegangen werden, daß Lehrer/innen insgesamt nur einen kleinen Abnehmerkreis wissenschaftlicher pädagogischer oder pädagogisch-psychologischer Literatur darstellen. Die Gründe dafür können vielfältig sein, z.B. könnten hier vergangene negative Erfahrungen beim Lesen wissenschaftlicher Literatur eine Rolle gespielt haben. Nicht auszuschließen ist aber auch, daß es der Bedürfnislage von Lehrern[1] nicht entspricht, sich in diesem Bereich über Bücher zu informieren bzw. weiterzubilden. Das Resultat aus dieser ungenügenden Zurkenntnisnahme der konkreten Bedürfnisse und Interes-

---

1 Ich möchte die häufig ungeschickte bzw. umständliche, beide Geschlechter einbeziehende Schreibweisen vermeiden und werde allgemein von dem Lehrer schreiben und beide Geschlechter meinen. Wenn es aber um meine Studie geht, werde ich von Erzieherinnen/Lehrerinnen schreiben, da keine Erzieher/Lehrer an dem Projekt teilnahmen.

sen des handelnden Lehrers ist in mannigfaltigen Vorbehalten ebendieser Addressatengruppe gegenüber Schulneuerungen, Wissenschaftlern und ihren Forschungsvorhaben zu erkennen. Meine Erfahrungen aus Gesprächen mit Erzieherinnen, Lehrer/innen belegen ein vielschichtiges, tief verankertes Mißtrauen gegenüber "Hilfsangeboten" der genannten Art. Lehrer erleben sich offensichtlich im Rahmen von wissenschaftlichen Untersuchungen nur allzuoft in der Rolle des Material- oder Datengebers (VP = Versuchsperson), weniger aber als aktiv Beteiligte, Mitgestaltende und somit unmittelbar Profitierende.

Der sicherlich gerechtfertigte Anspruch des Praktikers, von Forschungsergebnissen profitieren zu können und nicht nur an Forschungen fremdbestimmt beteiligt zu sein, wird durch eine bereits festgelegte Untersuchungsplanung des Wissenschaftlers kaum erfüllt. Angeregt durch Äußerungen in Form von enttäuschten Erwartungen von Erziehenden war es mein vordringlichstes Anliegen, die Bedürfnisse dieser Zielgruppe stärker zu berücksichtigen und mein Vorgehen mit ihren Interessen abzustimmen. Meine Arbeit sollte sich auf die konkret vorfindbaren Situationen beziehen (Situationsbezug), ferner als Prozeß verstanden werden, in dessen Verlauf Rückschritte, Stillstände und Fortschritte stattfinden (Prozeßorientierung). Angepaßt an diese Verläufe sollte mein Vorgehen entwickelt werden.

Mein oberstes Ziel war dabei, die berufliche Kompetenz des Lehrers zu erhöhen i.S. der Stabilisierung seines beruflichen wie aber auch persönlichen Selbstkonzeptes, um ihm zu mehr Erfolg, Zufriedenheit und Freude in seinem Berufsalltag zu verhelfen.

Speziell in Berufen, in denen mit Kindern und Jugendlichen umgegangen wird, ist es wünschenswert, daß der Erziehende über ein relativ hohes Maß an emotionaler Ausgeglichenheit, über berufliches Engagement und ein positives Selbstwertgefühl verfügt. Berufliche wie auch persönliche Unzufriedenheit hingegen werden sich eher negativ auf den Unterricht auswirken. Die Gründe für berufliche Unzufriedenheit können unterschiedlich sein, bestimmte Faktoren aber spielen dabei häufig eine wesentliche Rolle: mangelnde Informiertheit, zu wenig Wissen, Resignation, Routine, unkritische Selbstwahrnehmung, geringe Selbstexplorationsfähigkeit. Die genannten Faktoren haben mit dem beruflichen Selbstkonzept des Lehrers zu tun, seiner Selbstwahrnehmung als Lehrer, seinen Einstellungen und Ansprüchen, seinen Zielsetzungen und den wahrgenommenen Möglichkeiten, diese zu erreichen. Lehrer mit einem grundsätzlich positiven Selbstwertgefühl werden mit ihren alltäglichen Problemen (wie z.B. schwierigen Kindern, nicht-kooperativen Kollegen, zeitweiligen Versagensängsten) besser fertigwerden als Lehrer, die ein geringes Selbstwertgefühl haben und sich schnell verunsichern lassen, diese Unsicherheit aber nicht zulassen und/oder zugeben können, sondern zu Erziehungsmitteln greifen, die dazu geeignet erscheinen, ihre Unsicherheit zu verdecken. Solche Lehrer werden leichter unzufrieden sein, Auseinandersetzungen vermeiden, sich zurückziehen oder Schwierigkeiten vorwiegend beim Schüler suchen und finden. Ein wesentliches Verhalten eines mit sich in Einklang stehenden Lehrers ist aber seine Fähigkeit zur Integration der Verhaltenselemente: kommunizieren, sich konfrontieren und kooperieren.

Es werden dem Lehrer soziale Fähigkeiten abverlangt, die von grundlegender Bedeutung für unser Gemeinwesen sind und die deshalb in der Schule an die Kinder und Jugendlichen weitervermittelt werden sollen. Die Modellfunktion des Lehrerverhaltens, gerade für jüngere Kinder, kann nur erfüllt werden, wenn entsprechende persönliche Qualifikationen vom Lehrer erworben worden sind.

Um dem Ziel, die Kompetenzen des Lehrers in einigen Aspekten zu hinterfragen und gleichzeitig seine Kompetenzen zu erweitern, näher zu kommen, erschien mir das Konzept der Gesprächspsychotherapie (ROGERS 1973) besonders geeignet. Die Grundideen, die wissenschaftlichen Auseinandersetzungen und Erfahrungen mit diesem Konzept boten mir ein Rahmenmodell, das in vieler Hinsicht auf die Schulsituation übertragbar ist. Die Verwendung eines therapeutischen Konzeptes als Rahmenmodell für eine Lehrer/Erzieherinnenberatung könnte im Sinne eines von verschiedener Seite befürchteten Trends zur Therapeutisierung schulischer und sozialer Arbeit verstanden werden. Eine solche Interpretation erscheint mir allerdings voreilig und einer sachlichen Auseinandersetzung über den Nutzen bzw. den Schaden therapeutischer Konzepte entgegenzustehen. Vor allem wird dabei verkannt, daß die vielfältigen Erfahrungen und das angesammelte Wissen nutzbringend für den 'normalen' Bereich eingesetzt werden können und auch sollten. Die Schule ist ein Ort, an dem relativ häufig Umorientierungen und Neuorientierungen erwartet werden und damit auch eine hohe Flexibilität und Änderungsbereitschaft des Personals in der Schule. Ständiges Lernen und Sichverändern sind dem Lehrerberuf in besonderem Maße immanent oder sie sollten es zumindest sein. An diesem Punkt knüpft meine Beratungskonzeption an, die in erster Linie zum Ziel hat, mit den Erziehenden gemeinsam Wahrnehmungsmöglichkeiten zu entdecken und zu reflektieren, die für sie "neu" sind, sowie diese in einem fortlaufenden Prozeß in das subjektive Wahrnehmungssystem fest zu integrieren. Die Offenheit für andere Wahrnehmungsweisen bzw. die Fähigkeit, andere Perspektiven einzunehmen, soll zum festen Bestandteil des Verhaltensrepertoires der erziehenden Persönlichkeit werden. Verschiedene Techniken der Selbstkonfrontation nehmen auf dem Weg dorthin eine zentrale Funktion ein.

Der Ablauf eines Schulalltags bietet dem Lehrer in der Regel wenige Möglichkeiten und kaum Zeit zur Reflexion seines Verhaltens. Unter dem Druck, sich ständig verhalten und Entscheidungen treffen zu müssen, stellt die Reflexion der Auswirkungen gezeigten Verhaltens sowie getroffener Entscheidungen zumeist eine Überforderung dar. Dennoch wird es einem Lehrer mit einem positiven Selbstkonzept (positive Selbstannahme i.S. zugestandener Stärken und wahrgenommener und eingestandener Schwächen) leichter fallen, sich kritisch in Frage zu stellen, als demjenigen, der zu einer eher einseitigen Selbstwahrnehmung neigt (i.S. einer eingeschränkt positiven oder negativen Selbstwahrnehmung mit der Tendenz, andere Selbstkonzeptanteile nicht zulassen zu können). Letzteres kann dazu führen, sich selbst zu überschätzen oder aber sich zu unterschätzen. Beide Haltungen jedoch stehen entwicklungsfördernden Veränderungen im Wege.

Gerade die in der Gesprächspsychotherapie entwickelten Methoden und Strategien (ROGERS 1973; BASTINE 1976; TSCHEULIN 1976), sich z.B. mit eingefahrenen Verhaltensweisen zu konfrontieren, sich selbst gewahr zu werden, eigene Ziele zu benennen und zu hinterfragen, alternative Verhaltensformen wahrnehmen zu können, lassen sich wirksam und problemlos in eine berufsbezogene Teamberatung einbringen. In der therapeutischen Situation geht es immer um Veränderungsprozesse unter einer vom Klienten zu bestimmenden Zielsetzung. Entsprechend werden auch in einer berufsbezogenen Beratung die Ziele der Beratung von den Teilnehmern bestimmt. Da sich der Lehrer im Schulalltag mit wechselnden Situationen, unterschiedlichen Schülerpersönlichkeiten, verschiedenen Formen der Wissensvermittlung etc. konfrontiert sieht, muß er selbst, um diesen Anforderungen gewachsen zu sein, seine Fähigkeiten, Grenzen und Schwächen abschätzen können, seine Ziele kennen, sowie Wege, um diese Ziele zu erreichen. In vielen Fällen wird er gegenüber der Vielzahl der Anforderungen resignieren, zugleich aber immer auch bemüht sein, einen Ausgleich zwischen externen und eigenen Erwartungen herzustellen, was zumeist nicht ohne Konflikte geschehen kann. Entsprechend der Theorie der Gesprächspsychotherapie strebt jedes Individuum nach Harmonisierung und Integration seiner unterschiedlichen Bedürfnisse, Vorstellungen und Verhaltensweisen mit dem Ziel, sein Bild von sich selbst (sein Selbstkonzept) ohne gravierende Diskrepanzerlebnisse und Konflikte aufrechterhalten zu können. Dieses Bedürfnis nach Selbstkongruenz (nach Selbstübereinstimmung) stößt in der Realität auf viele Widerstände. In Anbetracht der vielfältigen Aufgaben des Lehrers, die nach dem Strukturplan des deutschen Bildungsrates das Lehren, Erziehen, Beurteilen, Beraten und Innovieren (siehe GÜNTHER & MASSING 1980) einschließen, fällt es nicht schwer, sich vorzustellen, daß der Lehrer hinsichtlich der unzählig sich anbietenden Konfliktfelder leicht zu nicht-kongruentem Verhalten greift, um inneren und äußeren Widerständen zu entgehen.

Nach BARTHE (1985, S. 124) "...erweist es sich zunehmend als sinnvoll und notwendig, durch Teamsupervision die in Gruppen – speziell in Arbeitsgruppen – auftretenden Konflikte nicht nur auf der inhaltlichen Ebene, sondern auch auf der Beziehungsebene anzusprechen, um Konflikte grundlegend abzuklären und ein authentisches (Anmerkung der Autorin: unverstelltes, echtes) Verhalten der Beteiligten zu ermöglichen."

Welche Regulations- und Steuerungsmöglichkeiten bestehen, um die von mir geforderte Selbstkontrolle und Offenheit des Erziehenden gegenüber unterschiedlichen Schülern, Situationen und Problemen immer wieder herauszufordern? Bis auf vereinzelte Fortbildungsangebote, die sich mit der Bewältigung fächerübergreifender Probleme des Lehrerberufs beschäftigen, finden sich innerhalb der Schule nur wenige Anregungen oder Initiativen, sich mit diesen Fragestellungen auseinanderzusetzen. Eine Folge aus den zwei von mir herausgestellten Aspekten, der Gefahr mangelnder Selbstkritik und Reflexion und den insgesamt zuwenig vorhandenen Hilfen von außen, ist das alltägliche "Vor-sich-hinwursteln“, geringes Engagement, Unzufriedenheit oder Resignation. Eine Erzieherin in meinem Projekt äußerte einmal: “Es ist ja niemand da, an den man sich mit so etwas wenden könnte.“ Wobei mit “so etwas“ nicht fachspezifische Probleme oder Verhaltensschwierigkeiten von Kindern primär gemeint waren, sondern die individuellen, auf den Beruf bezogenen Verhaltens- und Gefühlsprobleme der einzelnen Erzieherin, über die in der Regel nicht gesprochen werden. Die hohen Erwartungen, die häufig an den Lehrer gestellt und als nicht erfüllt bemängelt werden, sollten u.a. auch an den Voraussetzungen gemessen werden, die dem Lehrer zur Schulung für seine Aufgabenerfüllung zur Verfügung stehen. Zuwenig wird die Frage nach der Angemessenheit der Aus- und Fortbildung des Lehrers gestellt, d.h. nach den Wegen, auf denen er seine von ihm geforderten Kompetenzen erwerben, erweitern und festigen kann.

Insofern erscheint mir mein gesprächspsychotherapeuticher Beratungsansatz, modifiziert nach BASTINE (1976) und TSCHEULIN (1976), als eine Form schulinterner Fortbildung besonders vielversprechend, da er Möglichkeiten bietet, auf die spezifischen Fähigkeiten des einzelnen Lehrers einzugehen und ihm konkrete Hilfen auf dem Weg zu seinen Zielen anzubieten.

2. THEORETISCHE GRUNDLAGEN

Nach ROGERS (1973) gilt als Schlüsselbegriff in der Gesprächspsychotherapie das psychologische Konstrukt des “Selbstkonzeptes“. Das Selbstkonzept wird als ein relativ autonomes System betrachtet, welches das menschliche Verhalten und Leben bestimmt. Es kann als ein organisiertes bewegliches, aber konsistentes Konzeptmuster von Wahrnehmungen beschrieben werden. Das Selbstkonzept ist das Ergebnis individueller Auseinandersetzungen mit der Umwelt und wird somit durch Sozialisierungsprozesse weitgehend mitgeprägt. Erfahrungen des Menschen, seine Ziele und seine Wertvorstellungen bestimmen ferner sein Selbstkonzept. Nach Rogers ist das Individuum bestrebt, alle seine Verhaltensweisen mit seinem Selbstkonzept weitgehend in Einklang zu bringen; ist eine Erfahrung nicht mit dem Selbst zu vereinbaren, wird sie als angstauslösende Bedrohung wahrgenommen. “Je mehr von diesen bedrohenden Wahrnehmungen existieren, um so starrer wird das Selbstkonzept aus Gründen der Selbsterhaltung und Verteidigung organisiert“ (PAVEL 1975, S. 30).

Das vorrangige Ziel der Gesprächspsychotherapie ist es, die positiven Aspekte des Selbstkonzeptes eines Individuums zu fördern und zu festigen. Um diesem Ziel näherzukommen, muß das Individuum bereit sein, sich auch seinen “negativen“ Selbstkonzeptanteilen zu stellen, d.h. seinen unreflektierten, nicht erwünschten und/oder abgewehrten Persönlichkeitsanteilen. Eine zentrale Aussage im Grundkonzept der Gesprächspsychotherapie besagt, “daß es eine Tendenz des Individuums gibt, sich in Richtung auf Wachstum, Gesundheit und Anpassung zu bewegen“ (BOMMERT 1977, S. 16). Gemeint ist das Anpassen an die eigenen Potentiale und Fähigkeiten i.S. von “eigene Ziele sehen“, “entsprechend handeln“ und “Probleme eigenverantwortlich bewältigen“. Das Individuum strebt danach, mit sich selbst und seinen Erfahrungen kongruent (in Übereinstimmung) zu sein, was in der Realität allerdings immer nur annäherungsweise erreicht werden kann. In dem Prozeß, das Selbsthilfepotential des Klienten zu aktivieren, stellt der Therapeut (Berater) sein spezielles Wissen, seine Erfahrungen und seine Methoden dem Klienten zur Verfügung. Dabei ist es wichtig, daß er die subjektiven Alltagstheorien des Klienten, die seine vergangenen Bewältigungsstrategien beeinflußt haben, ernst nimmt und als Modifikatoren in seine eigenen Vorgehensweisen einbezieht. So ist es das Ziel einer jeden therapeutischen Tätigkeit, das Bedürfnis des Individuums nach Selbstentwicklung und Selbstbestimmung zu unterstützen und zu stärken, und das unter besonderer Achtung seiner Individualität und Ganzheitlichkeit. Die ganzheitliche Betrachtung des Individuums spiegelt Rogers Sichtweise der menschlichen Realität wieder. Realität existiert demnach für das Individuum nicht in einem objektiven, absoluten Sinne, sondern in der subjektiven Erfahrung jedes einzelnen. "Wir können nur Beziehungen zwischen beobachtbaren Ereignissen beschreiben" (ROGERS 1973, S. 203). Als wesentliche Grundmerkmale dieses Ansatzes möchte ich herausstellen:

1. Es besteht die Tendenz des Individuums zur Entwicklung und Selbstverwirklichung.
2. Die Realität konstituiert sich in der subjektiven Wahrnehmung des einzelnen.
3. Das Verhalten des Individuums wird maßgeblich durch sein subjektives Erleben und seine Gefühle bestimmt.
4. Die Biographie des Individuums trägt wesentlich zu Deutungs- und Erklärungsmustern seines Verhaltens bei.
5. Die Beziehung zwischen Therapeut und Klient stellt einen entscheidenden Faktor im therapeutischen Prozeß dar.
6. Das gesellschaftliche Umfeld des Individuums (z.B. seine konkrete Einbettung in die Institution Schule) beeinfußt sein Verhalten.

Der in dieser Arbeit verfolgte Ansatz der Gesprächspsychotherapie geht über den ursprünglich nicht-direktiven Ansatz von ROGERS (1957), und die durch empirische Arbeiten fundierte Weiterentwicklung zu einem Variablenansatz von TRUAX (1966, diskutiert von u.a. BOMMERT 1975, TSCHEULIN 1975) und die Integration eines erlebnisaktivierenden Aspektes durch GENDLIN (1961, 1970 siehe dazu auch BENSE 1977) hinaus. Ich beziehe mich auf den bereits erwähnten differentiellen gesprächspsychotherapeutischen Ansatz von BASTINE (1976) und TSCHEULIN (1976). Der wesentliche Kern dieses Ansatzes besteht darin, bei Klienten mit unterschiedlichen Problemen unterschiedliche Therapiestrategien einzusetzen. Ferner sollen für verschiedene Situationen innerhalb einer Psychotherapie unterschiedliche Vorgehensweisen des Therapeuten bestimmend sein (folglich BASTINE, S. 195-196). Ein solcher Ansatz erschien mir für die Schulsituation besonders gut geeignet, da einerseits die je unterschiedliche Lehrerpersönlichkeit sowie die spezifischen unterrichtlichen Situationen berücksichtigt werden können, um effektive Problemlösungsstrategien zu erarbeiten.

Unter einem *differentiellen* Vorgehen ist zu verstehen, daß der Therapeut/Berater seine Vorgehensweisen jeweils auf die unterschiedlichen individuellen und situativen Gegebenheiten der hilfesuchenden Person abstellt. In meinem Untersuchungszusammenhang tragen Gespräche, systematische und freie Verhaltensbeobachtung, Selbsteinstufung, Vergleiche zwischen Selbstbild und Fremdbild und andere Interventionsmethoden dazu bei, den Standort jeder Erzieherin zu bestimmen und bei der Auswahl weiterer Interventionen zu berücksichtigen.

Der Begriff *integrativ* soll ein Vorgehen umschreiben, das aus unterschiedlichen therapeutischen Ansätzen Aspekte herausgreift, um sie dann hinsichtlich der Zielsetzungen, Situationen und hinsichtlich der vorhandenen Bedürfnisse und Fähigkeiten der einzelnen Erzieherin in das von mir gewählte Grundkonzept der Gesprächspsychotherapie zu integrieren. Besonders hilfreich waren für meinen Beratungsansatz Überlegungen und Vorgehensweisen aus der Kommunikationstheorie (WATZLAWICK 1974), der Verhaltenstherapie (HALDER 1977) und der Themenzentrierten Interaktion (COHN 1981). Dabei ging es mir um die Pointierung bestimmter Interventionstechniken, die von verschiedenen therapeutischen Ansätzen mit unterschiedlicher Betonung in den Mittelpunkt ihrer Konzeption gestellt werden. Den deutlichen Trend in Theorie und Praxis zu einer Integration unterschiedlicher psychotherapeutischer Vorgehensweisen möchte ich mit zwei Zitaten belegen, die einerseits den Tatbestand der praktisch ausgeübten Therapie wahrnehmen und andererseits die Chance einer integrativen übergreifenden Sichtweise ansprechen: "Es scheint sich allerdings als Trend abzuzeichnen, die 'Realität' der therapeutischen Praxis deutlicher in der Forschung abzubilden, wobei der Tatbestand reflektiert werden muß, daß Psychotherapie primär eklektisch praktiziert wird" (MINSEL/BENTE 1982, S. 27), "Es scheint sich allmählich die Chance zu einer klinischen Metasichtweise zu ergeben, in der die Beiträge der unterschiedlichen therapeutischen Schulen aus einer übergreifenden systemischen Sichtweise heraus integriert werden können" (PAVEL 1985, S. 49).
Ich möchte hervorheben, daß ich nicht für einen wahllosen Eklektizismus eintrete, sondern eher für eine kritische Durchsicht unterschiedli-

cher therapeutischer Strategien im Hinblick auf ihre Verwendbarkeit im Rahmen des Grundkonzeptes der Gesprächspsychotherapie. Tragende Bedingungen bleiben dabei in meiner Sichtweise die von ROGERS (1957) postulierten Therapeutenmerkmale: positive Wertschätzung und emotionale Wärme, einfühlendes Verständnis und Echtheit gegenüber dem Klienten (hier dem zu Beratenden).

Der Vorteil eines solchen Modells liegt in seiner Praxisrelevanz, da unterschiedliche Problemwahrnehmungen des Lehrers spezifische Lösungsmöglichkeiten auf unterschiedlichen Wegen erlauben. Jeder Lehrer hat Stärken und Schwächen in unterschiedlicher Gewichtung und ist mit unterschiedlichen Kompensationsmöglichkeiten ausgestattet, was eine differentielle Problembetrachtung unabdingbar werden läßt. Meine Studie ist somit als ein Beitrag zu einem differentiell integrativen Beratungsmodell im Schul- bzw. Erziehungsbereich zu verstehen. Es handelt sich schwerpunktmäßig um eine qualitative Analyse von Einzelfällen i.S. des Konzepts einer adaptiven oder prozessualen Indikation (siehe BASTINE, 1981; GRAWE 1981).
Mein konkretes Vorgehen war demnach nicht von vornherein in letzter Konsequenz planbar, sondern entwickelte sich phasenmäßig, jeweils abhängig von Untersuchungszeitpunkt, Inhalt und vor allem den individuellen Bedingungen der einzelnen Erzieherin. Im Ergebnis läßt sich dieses Vorgehen als "kontrollierte Praxis" verstehen. Wege zu einer solchen kontrollierten Praxis bestehen im Einsatz bestimmter Interventionsstrategien, die dazu dienen, Barrieren zwischen einem sogenannten Anfangszustand (hier Ausgangs- oder Basisverhalten jeder Erzieherin) und einem Zielzustand (hier Erreichung selbstgesteckter Erziehungsziele) zu überwinden.
Bevor ich meine Vorgehensweisen beschreibe, werde ich die Beratungs- und Forschungsziele meiner Untersuchung darstellen.

3. FORSCHUNGS- UND BERATUNGSZIELE UND IHRE BEGRÜNDUNG

Übergreifendes Ziel meiner Beratung ist es, die pädagogische oder erzieherische Kompetenz der Erzieherinnen/Lehrerinnen zu verbessern. Die Konzeption meiner gesprächspsychotherapeutischen Beratung läßt es zunächst offen, was in diesem Zusammenhang als kompetent zu definieren wäre. Demnach ist es nicht wichtig, welche Definitionen oder Operationalisierungen ich bzw. andere Autoren für angemessen halten. Im Prozeß der Beratung allerdings wird durch die Zusammenarbeit zwischen Erzieherinnen und Beraterin die Bedeutung des Begriffes "Kompetenz" mehr und mehr Gestalt annehmen und mit konkreten Inhalten gefüllt werden. In meinem Ansatz ist davon auszugehen, daß die Erzieherinnen selbst ein Wissen bzw. Gefühl dafür haben, was Kompetenz für sie beinhaltet. Ziel ist es, durch spezielle Vorgehensweisen zu einer Erweiterung des Wissens sowie zu einer differenzierten Wahrnehmung von Gefühlen in diesem Bereich beizutragen. Demnach werden von mir keine inhaltlichen Vorgaben i.S. eines Tugend- bzw. Defizitkataloges pädagogischen Verhaltens angeboten. Der Ausgangspunkt meines Untersuchungsansatzes ist darauf angelegt, den Betroffenen Strategien anzubieten, mit deren Hilfe sie zur Selbstanalyse ihres Verhaltens und Erlebens angeregt werden und somit auch selbst herausfinden können, welche Faktoren in ihrer konkreten beruflichen Alltagssituation dazu führen, Gefühle wie Unzufriedenheit, Unlust, Hilflosigkeit, Inkompetenz auszulösen.

Mein Forschungsziel innerhalb der Beratung besteht demnach darin, gemeinsam mit den Erzieherinnen solche Faktoren zu identifizieren, die einer kompetenten Berufsausübung oftmals im Wege stehen. Das von mir verfolgte Forschungsziel erscheint mir insofern anspruchsvoll, da das gemeinsame Herausfinden von Hinderungsgründen einen aufwendigen Prozeß darstellt, in dem viele unterschiedliche Faktoren berücksichtigt werden müssen. Ohne zum Beispiel die individuellen Erfahrungen und Vorstellungen der Erzieherinnen oder die spezifischen situativen Bedingungen zu erfassen, ist eine genaue Analyse von Hinderungsgründen nicht möglich; da in diesem Projekt aus den Erkenntnissen über hemmende Faktoren Handlungskonsequenzen abgeleitet werden und "neue" Handlungen ausprobiert werden sollen, müssen Analysen auf verschiedenen Ebenen durchgeführt werden, um das Forschungsziel zu erreichen. Die Analyse eigener Ansprüche und Erwartungshaltungen sowie guter und schlechter Gefühle im Unterricht ist das erste Untersuchungsziel auf dem Weg zu dem genannten Forschungsziel. Als zweites Untersuchungsziel ist die Diskrepanz-Analyse zu nennen, die sich aus dem Auseinanderklaffen zwischen pädagogischem Anspruch und pädagogischem Real-Verhalten ergibt. An die Diskrepanz-Analyse schließen sich Analysen über Bewertungen von Erziehungszielen, über Folgen und Folgeerwartungen pädagogischen Verhaltens sowie über Entstehungsbedingungen einzelner erzieherischer Verhaltensweisen an. Die genannten Analysen legen Faktoren offen, die als Hinderungsgründe für kompetentes Verhalten sowie für das Gefühl, sich als kompetent zu erleben, interpretiert werden.

Grundannahmen über die Wirkung der Beratung

Die durch unterschiedliche Techniken gelenkte Aufmerksamkeit auf zunächst nicht wahrgenommene Aspekte des Erlebens und Verhaltens löst Reflexionsprozesse aus, die in besonderem Maße selbstexploratives Verhalten sowie die Verbalisierung gefühlsmäßiger Zustände fördern sollen. Nach diesem Prozeß des Aufmerksamwerdens auf die unterschiedlichen Blockierungen, ihre Ursachen und Folgen entwickeln sich Bedürfnisse, das eigene Verhalten ändern zu wollen, es werden mehr Freude und Zufriedenheit im Beruf sowie die Stabilisierung des beruflichen Selbstkonzeptes erwartet und angestrebt. Die Anstrengungen, die auf dem Weg zur Erprobung 'neuer' Verhaltensweisen unternommen werden müssen, werden in Kauf genommen, um die genannten Folgeziele zu erreichen.
Mit der Erreichung des Forschungsziels, Hinderungsgründe oder Blokkierungen isoliert und benannt zu haben, ist nur ein Aspekt dieser Untersuchung angesprochen. Im weiteren geht es darum, die gewonnenen Erkenntnisse für und in der Praxis zu nutzen. Das heißt die Wünsche und Bestrebungen, das erzieherische Verhalten zu verändern, müssen in Verhaltensschritte umformuliert werden. Die Beratungsziele, Erziehungsverhalten bewußter zu gestalten, über vielfältige Handlungsalternativen zu verfügen, differenzierter wahrnehmen zu können, kompetenter zu

sein, werden in diesem Projekt in die Praxis umgesetzt. Einzelne Beratungsziele müssen operationalisiert werden und sich auf das konkrete Verhalten im Unterricht beziehen. Die Beratungsziele werden in einem Kategoriensystem (siehe S. 88ff.) festgelegt. In einer längeren Beobachtungsphase soll untersucht werden, inwieweit eine Annäherung an die Ziele im Sinne gewünschten Verhaltens erreicht werden kann. Der Kreislauf von Aufmerksamwerden bis hin zur Erprobung neuer Verhaltensschritte vollzieht sich in diesem Projekt nicht nur einmalig, sondern immer wieder von neuem. Auch bei der Umsetzung der gewonnenen Erkenntnisse wird grundsätzlich mit denselben Techniken gearbeitet wie beim Herausfinden und Analysieren der Hinderungsgründe. Als letzter Schritt bleibt, die Wirksamkeit der eingesetzten Interventionen zu prüfen. Können Verhaltensänderungen beobachtet werden, die auf die Interventionen zurückzuführen sind? Wenn ja, in welchem Ausmaße sind sie feststellbar, und in welche Richtung gehen sie?

Die dargestellten Forschungs- und Beratungsziele lassen sich in der Praxis meines Untersuchungsvorgehens nicht voneinander trennen. Die Erkenntnisgewinnung und die Erprobung gehen zum Teil fließend ineinander über, mal liegt der Schwerpunkt auf der Erkenntnisgewinnung, mal auf der Erprobung. Dies entspricht einer gesprächspsychotherapeutischen und integrativen Vorgehensweise. Sobald der Wissenschaftler in die Praxis einsteigt und mit den Betroffenen gemeinsam über Vorgehen und Ziele entscheidet, können die beiden genannten Aspekte nicht isoliert nebeneinander oder unabhängig voneinander ablaufen.

Eine solche Untersuchung ist nur denkbar, wenn es gelingt, die beteiligten Personen, Wissenschaftler und Erziehende, zu einer Auseinandersetzung mit der eigenen Person zu motivieren, ihre Wahrnehmungsgewohnheiten zu hinterfragen und Blockierungen zu benennen. Eine in der Person verankerte Verhaltensänderung erscheint mir auf andere Art nur schwer möglich. Durch das Aufbrechen festgefahrener Wahrnehmungen und das In Frage stellen eingeschliffener Verhaltensweisen kann anderes, alternatives Verhalten in Erwägung gezogen und ausprobiert werden. Inwieweit aufgrund der unterschiedlichen Techniken Verhaltensänderungen erreicht werden können, ist allerdings auch noch von anderen Faktoren abhängig; z.B. von dem Ausmaß an Offenheit, Lernbereitschaft, Motiviertheit, der erlebten Unterstützung durch wichtige Bezugspersonen, Ausdauer und Frustrationstoleranz. Ohne intensive Mitarbeit der Erziehenden kann die Beratung nicht erfolgreich sein.

Als implizite Randziele möchte ich noch die folgenden nennen: die Freiwilligkeit der Teilnahme und deren Aufrechterhaltung im Beratungsprozeß, die Erleichterung der ersten Kontaktaufnahme durch den Berater und die Respektierung der fachlichen Kompetenz des Ratsuchenden in einer berufsbezogenen Supervision. Wie im therapeutischen Prozeß ist die Freiwilligkeit der Teilnahme auch für die beratungssuchende Person ein wesentliches Kriterium für den erhofften Erfolg. Für die Überwindung anfänglicher Schwierigkeiten beim ersten Kontaktgespräch spielt das Verhalten des Beraters eine wichtige Rolle. An dieser Stelle erscheint es mir angemessen, noch einmal die Kernvariablen von Rogers zu erwähnen, die notwendig sind, um eine offene und vertrauensvolle Beziehung zwischen Ratsuchenden und Berater zu ermöglichen: positive Wertschätzung, emotionale Wärme, einfühlendes Verständnis und Echtheit. Der Berater sollte die genannten Variablen modellhaft in seinem Verhalten verwirklichen. Diese Grundhaltung trägt wesentlich zu einer befriedigenden Arbeit und Lernatmosphäre bei, und es werden Voraussetzungen geschaffen, die Akzeptanz, Kooperationsbereitschaft, Engagement und die Fähigkeit zur Konfliktbearbeitung eher zulassen.

Das Ziel des Beraters (Therapeuten) aber kann letztlich nur darin bestehen, mit Hilfe von Interventionen unterschiedlichster Art “dem Klienten zu einem besseren Verständnis (Wahrnehmung) seines Konzeptes (Bildes), seines eigenen Verhaltens und seiner Umwelt zu verhelfen“ (LINSTER; PANAGIOTOPOULOS 1985, S. 27).
Der Berater ist dabei nur “Experte im Sinne seiner Qualifikation für das Ingangbringen konstruktiver Veränderungsprozesse“ (BINDER & BINDER 1979, S. 152).

Auf welchen Wegen diese Ziele erreicht werden können, soll in Kap. 4 ausführlich behandelt werden.

4 WEGE ZUR ERREICHUNG DER BERATUNGSZIELE UND IHRE BEGRÜNDUNG

4.1 Aufgaben des Beraters

Die vordringliche Aufgabe des Beraters, insbesondere bei einer längerfristig geplanten Beratung, ist der Aufbau einer vertrauensvollen Beziehung zwischen Berater und Klient, um die Wirksamkeit von Beratung zu gewährleisten. “Wirksame Beratung besteht aus einer eindeutig strukturierten, gewährenden Beziehung, die es dem Kienten ermöglicht, zu einem Verständnis seiner selbst in einem Ausmaß zu gelangen, daß ihn befähigt, aufgrund dieser neuen Orientierung positive Schritte zu unternehmen“ (ROGERS 1972, S. 28). Ein Ratsuchender erwartet in der Regel Hilfen bei der Bewältigung seiner Probleme. Um aber die Wünsche und Ziele des Klienten verstehen zu können, muß der Berater zum Beispiel gut zuhören, Interesse an dem Problem zeigen und Anteil an den Gefühlen des Klienten nehmen. Der Berater sollte verständnisvoll, einfühlend und rücksichtsvoll sein und den Klienten so wahrzunehmen und zu akzeptieren versuchen, wie er sich ihm zunächst einmal darstellt. Im Vordergrund steht hier die stabilisierende Funktion des Beraters. Die Vermittlung von Informationen und Wissen können dann dazu dienen, gemeinsam mit dem Klienten Problemlösungsansätze zu entwickeln, die für den Klienten bedeutsam erscheinen und ihn zu Veränderungsschritten motivieren.

Um die Erarbeitung konkreter Problemlösungsstrategien zu ermöglichen, muß der Berater den Klienten dazu anleiten, eigene Erwartungshaltungen und die Grenzen ihrer Realisierung wahrzunehmen und sich mit bestehenden Diskrepanzen auseinanderzusetzen (s. ROGERS 1951; TAUSCH & TAUSCH 1977; BOMMERT 1977; NICKEL; BONN & FENNER 1976). Das aufmerksame Beobachten des Ausdrucksverhaltens des Klienten (Gestik, Mimik, Körperhaltung, Sprache, Tonlage etc.) ist dabei außerordentlich wichtig. Im Alltag können wir z.B. die Beobachtung machen, daß wir die Körperhaltung einer Person und ihre verbalen Äußerungen als nicht zusammenpassend erleben. Wir ziehen unter Umständen unsere Schlüsse daraus, teilen aber unsere

Empfindungen dem anderen nicht mit. In der Rolle des Therapeuten oder des Beraters gehört das Aufgreifen solcher Beobachtungen gerade zu seinem Handwerkszeug. In der Beratungssituation wird er diskrepantes Verhalten zwischen der Selbstbeschreibung eines Klienten und seinem sonstigen beobachtbaren oder berichteten Verhalten aufgreifen, ansprechen oder ihm auf eine non-verbale Art und Weise darstellen. Es gehört zur therapeutischen wie auch beraterischen Erfahrung, daß das Aufmerksammachen auf solche Diskrepanzen in der Regel zu einer offeneren Auseinandersetzung mit sich selbst führt. Die zunehmend kritische Sichtweise des Klienten gegenüber der eigenen Person ermöglicht es ihm, nicht nur eigene Fähigkeiten und Schwächen zu erkennen, sondern sie auch zu akzeptieren und wenn er dazu bereit ist, diese entsprechend zu verändern. Die Technik des Konfrontierens ist in diesem Zusammenhang häufig das Mittel der Wahl.

Da es in einem Beratungsprozeß immer auch um Zielfindungsprobleme geht, ist es wichtig, daß der Berater eine Vermittlerrolle zwischen dem gewünschten und dem gezeigten Verhalten des Klienten einnimmt. Die Klärung von Verhaltensgrenzen und -möglichkeiten trägt zu einer Neubewertung des eigenen Verhaltens bei und bewirkt, daß Verhaltensziele überprüft und diskutiert werden. Die Unvereinbarkeit zwischen Erwartungen und konkretem Verhalten wird häufig selbst nicht wahrgenommen oder aus unterschiedlichen Gründen verdrängt. Der Berater hat hier die Funktion, zur Selbstbeobachtung anzuregen, Eigeninitiative zu wecken und Mut zur Selbsterfahrung zu machen.

Werden Änderungswünsche im Laufe der Beratung zunehmend mehr geäußert, so werden sie vom Berater aufgegriffen, und das Für und Wider wird mit dem Betroffenen besprochen. Durch das Bewußtwerden eigenen Verhaltens im Sinne von Wirkungen und Diskrepanzen kommt eine Auseinandersetzung mit sich selbst in Gang, bei der der Berater zu einer Art Stimulator wird, um diesen Prozeß nicht abreißen zu lassen. Rückmeldung, Attribuierung und Akzentuierung spielen dabei eine verstärkende und zugleich auch differenzierende Rolle.

Immer wieder verhält sich der Berater als Spiegel des Klientenverhaltens. Er wiederholt eine Äußerung des zu Beratenden oder er beschreibt z.B. seine Haltung, ahmt sie nach, d.h. er führt dem Klienten einzelne Verhaltensaspekte unmittelbar vor Augen. Die Äußerung gewinnt dadurch an Gewicht, wird beachtet und fordert zur Reflexion heraus. Auch kann der Berater in Form eines Rollenspiels – er selbst spielt z.B.

den Lehrer – eine bestimmte Verhaltenssequenz konkret darstellen. Der Klient hat somit die Gelegenheit, einzelne Aspekte seiner Person einmal mit etwas Distanz, von außen her, zu betrachten.

Da es sich in meiner Studie um eine Teamsupervision handelte, wird der Berater mit Gruppenspannungen konfrontiert, die er regulierend bearbeiten muß. Gruppenspannungen, die häufig nur an der Oberfläche bemerkbar sind und zu unterschiedlichen Formen der Nichtbeachtung und des Kritisierens geführt haben, können von dem Berater unter Berücksichtigung unterschiedlicher Interessen der Beteiligten aufgegriffen und besprochen werden. Unterschiedliche Vorstellungen können, vermittelt über den Berater, erst einmal aggressionsfreier angehört und dann ausgewogener diskutiert werden. Modellieren, im Sinne von Beispiele geben aus anderen Gruppen, von Rollenspielen, sozialen Übungssituationen, hat hier seinen Stellenwert.

Ferner gehört es zu den Aufgaben des Beraters, die Probleme der einzelnen Gruppenmitglieder unparteiisch anzuhören und zu reflektieren. Es ist anfangs nicht zu erwarten, daß die Gruppenmitglieder alle Probleme, seien sie vorwiegend schulischer – Konflikte mit Schülern, mit einem Kollegen, mit dem Schulleiter – oder auch z.T. privater Art in die Gruppensitzung selbst hineintragen und besprechen wollen. Einzelgespräche mit dem Berater können hier eine hilfreiche Funktion einnehmen. Oftmals führen sie zu Problemlockerungen, die später für die Diskussion in der Gruppe zu schnelleren Problemlösungen beitragen. Der einzelne erhält Anregungen, wie er zu einer anderen Sichtweise seines Konflikts kommen kann. Wichtig bei diesem Punkt, und hier liegen auch einige Gefahren, ist das unparteiische und sachliche Betrachten des jeweiligen Konflikts von seiten des Beraters. Die neutralisierende Funktion ist als Anregung zum Abwägen und Überdenken der eigenen Position u.a. gedacht.
Zum Schluß erscheint es mir wichtig, daran zu erinnern, daß auch der Beratende selbst durch seine speziellen Eigenarten, seine Ausstrahlung, sein Aussehen, seine Mimik und Gestik etc. zu bestimmten Erwartungen, Gefühlen und Vorstellungen herausfordert. Der Beratende hat genau wie die anderen Gruppenmitglieder mit für ihn eigenen Empfindlichkeiten, Sympathien, Antipathien zu kämpfen, wenn er auch in der Regel durch Schulung kontrollierter damit umgehen kann. Es ist wichtig festzuhalten, daß der Berater trotz Ausbildung, Training und Engagement

nicht – wie häufig unbewußt erwartet – “über den Dingen steht“. Es erscheint daher sinnvoll, die Gruppenmitglieder aufzufordern, Kritik zu äußern und sie gemeinsam mit dem Berater zu besprechen. Auch der Berater muß bereit und fähig sein, Angriffe und kritische Äußerungen von Gruppenmitgliedern anzunehmen und Mut zur Veränderung zeigen.

4.2 Unterschiedliche Interventionsstrategien

Die unter 4.1 geschilderten Aufgaben des Beraters sollen nun unter bestimmten Oberbegriffen in Form von Interventionsstrategien, die zur Problemlösung verhelfen sollen, dargestellt werden. Die zu beschreibenden Interventionen können sich bei der Analyse psychotherapeutischer Prozesse als hilfreich erweisen (folglich BASTINE 1976, S. 201-203). Die von mir ausgewählten und z.T. modifiziert dargestellten Verhaltensweisen scheinen problemlos auf den Schulbereich übertragbar und in eine Teamsupervision integrierbar. Bei den möglichen Vorgehensweisen handelt es sich um unterschiedliche Interventionen des Therapeuten, hier der Beraterin. Der Berater kann aktiv eingreifen, indem er z.B. ein vom Klienten dargestelltes Problem überzeichnet oder ihn im Sinne der Selbstaktivierung zu etwas anregt, ermutigt oder auffordert.
Die von Bastine als Therapieschulen übergreifend zu verstehenden Interventionsstrategien dienen zu einer gewissen Strukturierung therapeutischer, hier beraterischer Handlungseinheiten. Wie auch BOMMERT (1981) kritisch ausführt, decken diese Strategien nicht das gesamte Spektrum denkbarer therapeutischer Einzelelemente ab und auch die Zuordnung “möglicher Vorgehensweisen“ zu den einzelnen Strategien sind z.T. austauschbar.

Die Interventionsstrategien

1. Amplifizieren: Erweitern des Problembewußtseins
Mögliche Vorgehensweisen:
- Entwickeln alternativer Zielsetzungen durch Hinterfragen der Problemstellung; durch “in Frage stellen“, durch herausfordernde Ausdrucksweise

- Ermuntern zu neuen Sichtweisen, Erproben neuer Situationen, Vermitteln neuer Erfahrungen: "nicht im System bleiben"; "aus der eigenen Situation heraustreten"
- Anbieten von Informationen, Alternativen
- Rollenspiel und Rollentausch: Fördern von Probehandlungen (mit geringeren Konsequenzen), Erproben alternativer Verhaltensweisen
- In Frage stellen bisheriger selbstauferlegter Verbindlichkeiten/Verpflichtungen

2. *Unterbrechen von Handlungsketten:* Anhalten und Verändern von gewohnten Handlungs- und Gedankenmustern ("Verhaltensketten") zur Neustrukturierung "eingefahrener" Problembereiche.
Mögliche Vorgehensweisen:
- Nachfragen
- Auffordern zur Konkretisierung von Gedanken und/oder Handlungen
- Gedankenstop
- Aktive Interaktion durch frühzeitiges verbales Eingreifen

3. *Vereinfachen:* Reduzieren von komplexen Situationen und Erlebnissen in einfache, für den Klienten überschaubare und lösbare.
Mögliche Vorgehensweisen:
- Abgrenzen, Benennen von Schwierigkeitsbereichen
- Auswählen von zu behandelnden Problemstellungen
- Aufgreifen von Teilaspekten einer Situation oder eines Verhaltens
- Erstellen von Hierarchien, z.B. Angsthierarchien, bei der die unterste Stufe eine vorgestellte Situation mit wenig angstauslösenden Reizen darstellt (verhaltenstherapeutische Technik der Desensibilisierung)

4. *Konfrontieren:* Gegenüberstellen mit Schwierigkeiten, ohne ein Vermeiden zu ermöglichen.
Mögliche Vorgehensweisen:
- Überbetonen/Überzeichnen von Problemschilderungen
- Aufgreifen diskrepanter Äußerungen entweder im eigenen Verhalten (Inhalt und Ausdruck z.B.) oder im Vergleich zu Verhaltensnormen
- Verhindern von Vermeidungsverhalten durch direktes Ansprechen

5. *Selbstaktivieren:* Erhöhen der Eigenbeteiligung bei der Analyse und der Bewältigung von Problemen
Mögliche Vorgehensweisen:
- Anregen, Ermutigen und Auffordern:
  - zur Beobachtung und Registrierung des eigenen Verhaltens
  - zu selbstbestimmtem Verhalten, z.B. Verbalisieren eigener Ziele, eigener Bedürfnisse, Planung kleiner Verhaltensschritte, Entwickeln eigener Lösungsansätze
  - zur eigenständigen Bewertung des Verhaltens und zur Selbstbelohnung
  - zur Übernahme von Verantwortung
  - zum Übernehmen von "Aufgaben" außerhalb der Therapie
- Der Therapeut hält sich mit Verhaltensratschlägen, Interpretationen und Erklärungen von Verhalten zurück; die inhaltliche Lenkung überläßt er weitgehend dem Klienten.

6. *Modellieren:* Beeinflussendes Aktivieren durch andere Personen, Normen und Vorbilder
Mögliche Vorgehensweisen:
- Vorstellen von Beispielen aus anderen Therapien
- Distanziertes Betrachten des Verhaltens "wichtiger" Personen (significant others)
- Belohnen erwünschten Verhaltens

7. *Rückmelden:* Vermitteln von Informationen über das eigene Verhalten, einschließlich von Bewertungen
Mögliche Vorgehensweisen:
- Reflektieren von verbalen Äußerungen
- Einführen bewertender Stellungnahmen anderer Personen
- Zustimmen, Akzeptieren, Bestätigen vs. Ablehnen
- Rollenspiel und Rollentausch; "Erfahrungen" sammeln lassen

8. *Akzentuieren:* Schwerpunktmäßiges Auswählen verschiedener Verhaltensaspekte bei der Analyse und Bewältigung von Schwierigkeiten (wobei das beobachtbare Verhalten, die subjektiven Erlebnisse oder situative Merkmale im Vordergrund stehen können)
Mögliche Vorgehensweisen:

- Lenkung der Gesprächsinhalte, z.B. auf Gefühls- oder Verhaltensaspekte
- Auswählen einer verbalen oder nonverbalen Vermittlungsstrategie

9. Attribuieren: Zuschreiben von Eigenschaften, Fähigkeiten, von Ursache-Wirkungs-Zusammenhängen u.a.
Vorgehensweisen, die dem "Attribuieren" zugeordnet werden können: reflektieren bevorzugt der vom Klienten an- und ausgesprochenen Attribuierungen (auch Selbstattribuierung).
Die Zuschreibung, die der Klient für sich selbst oder auch andere vornimmt, oder die er als von außen an ihn herangetragen wahrnimmt oder auch phantasierte und projizierte Zuschreibungen werden auf ihre Stimmigkeit und auf die vom Klienten angenommenen Ursache-Wirkungs-Zusammenhänge hin bearbeitet, um sie für ihn durchschaubarer werden zu lassen.
- Reflektieren der vom Klienten angebotenen Attribuierungen
- Klären der Zuschreibungen in ihrer Wirkung auf den Klienten, auf andere Personen seiner Umwelt und auf den Therapeuten
- Anbieten alternativer Zuschreibungen
- Vermitteln von Attribuierungen aus der Sicht des Therapeuten (im Sinne von Verstärken und Ermutigen, z.B. "Sie sind doch in der Lage, von sich aus auf einen anderen Menschen zuzugehen" oder "Sie schaffen das")

Die Interventionen "Amplifizieren" (Erweitern des Problembewußtseins) und "Unterbrechen von Handlungsketten" (Anhalten und Verändern von gewohnten Handlungs- und Gedankenmustern) stellen für mich grundlegende Vorgehensweisen sowie implizite Ziele jeden therapeutischen/beratenden Handelns dar. Es geht bei der Initiierung von Veränderungsprozessen (was mit Therapie gleichzusetzen ist) mehr oder weniger immer um die Erweiterung des Problembewußtseins, um das Entwickeln alternativer Zielsetzungen und um die Erprobung neuer Handlungen.
Bei allen Interventionen ist der kommunikationstheoretische Aspekt (s. WATZLAWICK et al. 1974) hervorzuheben, der u.a. besagt, daß Psychotherapie und Beratung immer unter bestimmten institutionellen Bedingungen stattfindet; es geht demnach nicht nur darum, "unerkannte blinde Flecken" bei einzelnen Individuen aufzuspüren, sondern auch die institutionellen Faktoren zu berücksichtigen, durch die die Kommu-

nikation der zu Beratenden entscheidend mitgeprägt wird (s. auch BARTHE 1985).
Über die Interventionsstrategien (in Anlehnung an Bastine) hinausgehend waren – wie bereits erwähnt – u.a. der kommunikationstheoretische Ansatz von WATZLAWICK et al. (1974) sowie Regeln aus der Themenzentrierten Interaktion (TZI, COHN 1981) für mein Vorgehen in der Supervision von Bedeutung; ferner Techniken wie freies Assoziieren (FÜRSTENAU 1972, S. 36; FREUD 1910) und Lautes Denken (DUNCKER 1935) sowie vor allem Nachträgliches Lautes Denken (WAGNER; MAIER; UTTENDORFER-MAREK; WEIDLE 1981; WEIDLE & WAGNER 1982).
Jede Gruppeninteraktion wird in der TZI durch drei Faktoren bestimmt: Das Ich, die Persönlichkeit, das Wir, die Gruppe, und das Es, das Thema. Bildlich können diese Faktoren als Eckpunkte eines Dreiecks verstanden werden, die eingebettet sind in eine Kugel, die die Umgebung darstellt, die "aus Zeit, Ort und deren historischen, sozialen und teleologischen Gegebenheiten" (COHN 1981, S. 114) besteht. Die Aufgabe des Gruppenleiters besteht darin, nach Möglichkeit eine relative Balance zwischen den drei Eckpunkten aufrechtzuerhalten. Um den Gruppenteilnehmern eine dynamische Balance zwischen Autonomie und zwischenmenschlicher Verbundenheit zu erleichtern, werden Regeln angegeben, die ihr Bewußtsein dafür fördern sollen.
Folgende Regeln sind in meinem Zusammenhang wichtig und können ebenfalls als Interventionsstrategien verstanden werden:
"'Sei Dein eigener Chairman'.
'Mein eigener Chairman zu sein, bedeutet also, meine Möglichkeiten und Grenzen als menschliches Wesen zu begreifen und zu verfolgen: Ich bin nicht allmächtig; ich bin nicht ohnmächtig. Meine Macht ist begrenzt' (COHN 1981, S. 121).
'Vertritt Dich selbst in deinen Aussagen';
Sprich per 'Ich' und nicht per 'Wir' oder per 'Man'" (S. 124).
Die Regel, nur per Ich zu sprechen, fordert dazu auf, für das Gesagte Verantwortung zu übernehmen, sich ich-bewußter zu verhalten, sich nicht hinter anderen zu verstecken, zu Irrtümern zu stehen und auch Ideen als eigene anzubieten.
"Halte Dich mit Interpretationen von anderen solange wie möglich zurück. Sprich statt dessen Deine persönlichen Reaktionen aus" (S. 125).
Ferner sind freies Assoziieren und Lautes Denken Techniken, die helfen, nicht ausgesprochenes, zum Teil nicht bewußtes Material, hervorzu-

bringen. Die nachfolgend entwickelte Methode des Nachträglichen Lauten Denkens (WAGNER et al. 1981) ist dazu geeignet, die Handlungspläne und -strategien von Lehrern und Schülern in einem schülerzentrierten Unterricht zurückverfolgen zu können.

5 PROBLEME DER ABGRENZUNG

In diesem Kapitel möchte ich auf die Möglichkeiten und Grenzen von Beratung unter verschiedenen Gesichtspunkten eingehen. "Beratung" ruft unterschiedliche Erwartungshaltungen hervor, Abgrenzungen zu ähnlichen Vorgehensweisen (Supervision, Psychotherapie, verhaltensmodifikatorisches Training) erscheinen notwendig.

5.1 Beratung und Supervision

Da ich beide Begriffe "Beratung" und "Supervision" verwende, möchte ich sie kurz erläutern, um Mißverständnisse zu vermeiden.

Supervision kann als eine Form der Beratung verstanden werden, die eine systematisierte Reflexion des beruflichen Handelns von Personen ermöglicht, die in sozialen Praxisfeldern tätig sind (JOHN & FALLNER 1980; LEUSCHNER 1977). "Allgemeine Einigkeit scheint darin zu bestehen, daß Gruppensupervision eine Beratungsform ist, die die Berufspraxis der Supervisanden und die Supervisanden als 'Berufspersonen' in den Blick reflektierenden Durcharbeitens aktueller Praxisprobleme und deren institutioneller Hintergründe nimmt." (LEUSCHNER, S. 50) "Der Supervisionsprozeß ist ein Veränderungsprozeß, wobei das Erlernen dieser Veränderung integrativ erfolgen soll" (LOWY, 1977, S. 14).
Der Begriff Supervision wird in der Literatur vorwiegend dann benutzt, wenn es sich um die Beratung von Beratenden handelt (z.B. ausbildungsbegleitende Supervision angehender Therapeuten, Supervision von Bewährungshelfern), d.h. die Adressaten des Supervisors sind in der Regel nicht die ratsuchenden Klienten selbst, sondern deren Berater. In neuerer Literatur wird jedoch Supervision mehr oder weniger eng definiert, je nach der Konzeption des Beratungsansatzes (SAGEBIEL & ZUNDEL 1983; GRODDECK 1983; ERTLE 1983).
Es ist festzustellen, daß die Begriffe Beratung und Supervision zum Teil synonym verwendet werden. Supervision als der engere Begriff ist dabei immer an den Problemen einer Berufsgruppe orientiert und nimmt diese zum Ausgangspunkt der Beratungsarbeit.

"Die Intention der Supervision richtet sich also eindeutig auf den beruflichen Arbeitsprozeß und auf die Fähigkeiten und auf die Fertigkeiten, die ihn fördern und verbessern helfen" (ZIELKE 1982, S. 403).
In meiner Arbeit verwende ich beide Begriffe, den übergeordneten "Beratung", da er Supervision miteinschließt, und "Supervision", da auch meine Beratung berufsbezogen konzipiert war.

5.2 Beratung und Therapie

Bei ROGERS (1972) werden die Begriffe Beratung und Psychotherapie mehr oder weniger austauschbar verwendet, da "sie sich alle auf die gleiche grundlegende Methode beziehen– auf eine Reihe direkter Kontakte mit dem Individuum, die darauf abzielen, ihm bei der Änderung seiner Einstellungen und seines Verhaltens zu helfen" (S. 17). Auch nach der Analyse von FLEISCHER (1982) "lassen sich auf der Basis der allgemeinen Handlungstheorie und der Analyse des Problemlösungsprozesses keine Kriterien zur Unterscheidung von psychologischer Beratung und Psychotherapie ableiten" (S. 33). Es würde sich nach Fleischer daher anbieten, allgemein von "handlungstheoretischer Verhaltensmodifikation" zu sprechen, der Auffassung von KAMINSKI (1970) folgend, da Modifikation das Wesentliche jeder psychologischen Praxis sei. Theoretisch ist den Ausführungen von Fleischer zuzustimmen, aus handelnder Sicht des psychologischen Beraters stellt sich jedoch die Frage nach Ausführlichkeit und Intensität der Problembearbeitung. Das heißt z.B.: wieviele Zusatzinformationen hole ich ein, um das Problem in seiner Bedeutung für den Betroffenen verstehen und behandeln zu können? Diese Frage kann jedoch nicht unabhängig von den jeweiligen situativen Bedingungen entschieden werden. In einer– wie hier– berufsbezogenen Supervision stehen die Berufsprobleme des Individuums im Vordergrund. Das heißt nicht, daß mit den Berufsproblemen nicht auch persönliche Probleme verbunden sein können, inhaltlich erfordert aber eine Beratung unter dieser Voraussetzung ein anderes Vorgehen. Es bleibt weitgehend orientiert an den konkreten Problemen im Beruf. Kommt aber eine Erzieherin/Lehrerin in die therapeutische Praxis und will z.B. herausfinden, warum sie mit Kindern so schlecht umgehen kann, so wären ausführliche Informationen über Kindheit und Akzeptanz im Elternhaus unter Umständen angemessener als eine Einschränkung auf das Durchspielen alternativer Handlungsmöglichkeiten im Unterricht. Den-

noch können auch hier die Ansprüche des Ratsuchenden recht unterschiedlich sein und sind gemeinsam mit dem Berater oder Psychotherapeuten von Fall zu Fall abzuklären.
Ich nehme an, daß der Aspekt der "Tiefe" der Problembearbeitung wesentlich zur praktischen Unterscheidung von Therapie und Beratung beiträgt. In der Einzelfallsituation können selbstverständlich Vermischungen zwischen Beratung und Therapie bei bestimmten Fragestellungen angebracht sein. Zu unterscheiden ist hier die Einzelberatung von der Gruppensituation, da sich der Klient in der vertrauensvollen und geschützten Atmosphäre einer Zweierbeziehung zum Berater/Therapeuten befindet. Diese stellt einen gewissen Schonraum dar, da der Klient z.B. keine Angriffe von anderen Gruppenmitgliedern zu befürchten hat. In der Gruppensituation hingegen, in der viele unterschiedliche Interessen und Bedürfnisse der Teilnehmer aufeinanderstoßen, kann er diesen Schonraum von vornherein nicht erwarten. Eine Klärung der Bedürfnisse und Interessen sowie der Erwartungen und Ziele der einzelnen Gruppenmitglieder ist erforderlich, so daß jeder Teilnehmer mitentscheiden kann, ob er in dieser Gruppe mitarbeiten möchte oder nicht. In der Themenzentrierten Interaktion (TZI, COHN 1981) z.B. hilft die Orientierung an einem durch die Gruppe jeweils festgesetzten Thema und dem ständigen Bestreben nach Balance zwischen ich (Individuum), wir (Gruppe) und es (Thema), ein Übergleiten von Beratung zu Therapie weitgehend einzuschränken. Eine zu starke Emotionalisierung eines individuellen Problems wird in der Regel durch gezielte Intervention des Beraters oder Gruppenleiters aufgefangen und gesteuert.

Mit den Schwierigkeiten, die Balance aufrechtzuerhalten, wurde auch ich in meiner Erzieherinnengruppe konfrontiert. Durch das Einbringen eigener Gefühle konnte ich zu starke rationalisierende oder theoretisierende Momente kompensieren, durch eigene Überlegungen und sachliche Beiträge zum Thema zu stark emotionsgeladene Tendenzen regulieren.

Das Ziel der thematisch interaktionellen Methode von COHN ist es, mehr Menschen "psychologisch zu erreichen" (COHN S. 111), was eine Grenzziehung zwischen Beratung und Therapie nahelegt, geht man von der Annahme aus, daß nicht alle Menschen therapiebedürftig sind. Beide therapeutischen Vorgehensweisen, die Gesprächspsychotherapie und die Themenzentrierte Interaktion, wollen sich nicht auf die Therapeuten-Klienten-Beziehung beschränken, sondern sehen ihre therapeutischen Grundprinzipien als hilfreich für jede mitmenschliche Kommunikation an.

In einer Gruppenberatung kann es immer vorkommen, daß ein Gruppenmitglied das Bedürfnis nach Therapie offen äußert. In der Literatur wird vorwiegend die Auffassung vertreten, daß persönliche Probleme des zu Beratenden/Supervisanden, die überwiegend den privaten Bereich berühren, nicht primär Gegenstand der Beratung/Supervision darstellen sollen, oder nur, wenn sie das berufliche Handeln betreffen (siehe ZIELKE, S. 404). Meine Erfahrungen sprechen ebenfalls dafür, Beratung und Therapie auseinanderzuhalten und eine gewünschte Einzeltherapie, wenn nötig, an einen Kollegen/eine Kollegin zu delegieren. Das intensive Eingehen auf emotionale Reaktionen eines Gruppenmitglieds kann zu psychischen Belastungen führen, die für den Betroffenen unmittelbar nicht überschaubar sind, nachträglich aber als unangenehme Bloßstellung gegenüber den Kollegen oder Gruppenmitgliedern wahrgenommen werden kann.

5.3 Ganzheitlicher Ansatz und verhaltensmodifikatorisches Training

Mit meinem ganzheitlichen Beratungsansatz möchte ich mich abgrenzen gegen Trainingsverfahren, die auf einer spezifisch verhaltensmodifikatorischen Grundlage beruhen. Besonders im amerikanischen Sprachraum lassen sich zahlreiche Studien finden, in denen vereinzelte Verhaltensweisen des Lehrers im Unterricht trainiert werden. Beispielhaft gehe ich auf drei Arbeiten (KAZDIN 1974, CARNINE & FINK 1978, SPEIDEL & THARP 1978) ein, um meine Einwände zu verdeutlichen. Mein Haupteinwand gegenüber diesen Untersuchungen gilt der künstlichen Isolierung einer Verhaltensweise. Es wird weder die Person des Lehrers mit ihrem spezifischen Unterrichtsstil, noch der Kontext des gesamten Unterrichtsgeschehens betrachtet. Eine bestimmte Verhaltensweise soll in der Regel in ihrer Auftretenswahrscheinlichkeit gesteigert werden. Ob es Sinn hat, gerade diese zu erhöhen, unabhängig von der Frage, von welchem individuellen Verhaltensniveau des Lehrers ausgegangen werden kann und welchen Stellenwert die eine oder andere Verhaltensweise im Rahmen seines Verhaltensrepertoires einnimmt, wird in der Regel nicht diskutiert.

Das methodisch gut strukturierte Vorgehen in den genannten Arbeiten sowie die damit zusammenhängenden guten Evaluierungsmöglichkeiten sind häufig bestechend. Die objektiv feststellbaren Fortschritte im gewünschten Verhalten sind oft ebenso eindrucksvoll. Sinn und Zielfragen können in Anbetracht dieser Faktoren in Vergessenheit geraten. Sicher geht eine große Faszination von solchen Ergebnissen aus, und es bringt Genugtuung, wenigstens einen Verhaltensaspekt kontrolliert erfaßt zu haben. Die Frage aber, was mit solchen Ergebnissen für praktisches Handeln gewonnen ist, bleibt meistens unbeantwortet.
Ein weiterer Einwand ist der, daß verhaltensmodifikatorische Trainings meist zeitlich sehr begrenzt sind. Ihrer Anlage entsprechend kann der Zeitaufwand auch begrenzt gehalten werden, da isolierte Fertigkeiten relativ leicht kurzfristig gelernt werden können. Auf die Kontextfrage zurückkommend, sehe ich aber auch hier das Problem der mangelnden Integration der betreffenden Fertigkeiten in die Arbeits- und Lebenszusammenhänge des Lehrers. Es wird nicht untersucht, welche anderen Verhaltensweisen des Lehrers sich durch das intensive Training eines Verhaltensaspekts verändern, wie es mit der Übertragungsfähgikeit auf vergleichbare Lernprozesse steht, welche Assoziationen der Lehrer mit der trainierten Fertigkeit verbindet, wie er sie inhaltlich bewertet usw., was z.B. wesentlich wäre für die Integration eines trainierten Verhaltens in den Gesamtkomplex des erzieherischen Verhaltens und für die Prognose seiner Beständigkeit. SPEIDEL & THARP (1978) z.B. fühlen sich gerade dadurch in dem Erfolg ihres Trainings bestärkt, daß die Veränderungen nur in den zwei trainierten Verhaltensweisen auftreten. Die vier Verhaltensweisen, die beobachtet, aber nicht trainiert worden waren, blieben während der gesamten Untersuchung unverändert. Da es sich bei den anderen beobachtbaren Verhaltenskategorien durchaus auch um verstärkendes Verhalten handelte, z.B. positiver Körperkontakt, Vergabe von Verstärkern, ist es für mich eher verwunderlich, daß diese Verhaltensweisen sich nicht gleichzeitig miterhöht haben oder aber aufgrund der Verschiebung auf die anderen erwünschten Verhaltensweisen sich nicht erniedrigt haben. Nach der Analyse der genannten Arbeiten sowie meinen eigenen Erfahrungen muß ich davon ausgehen, daß diese Interventionen wenig dazu geeignet sind, langfristige Veränderungen im pädagogischen Bereich zu bewirken, da sie der Komplexität des Handlungsspielraums des Lehrers nicht gerecht werden können. Ein letzter Einwand gilt der Negierung der Beziehungsproblematik zwischen Trainer und Adressat (hier Lehrerin). Der Beziehungsfaktor wird

nicht angesprochen, weder in der Konstellation Schüler und Lehrer, noch in der von Lehrer und Trainer, obwohl es außer Frage steht, daß Lernen und Lehren immer auch – besonders im schulischen Bereich – durch emotionale Beziehungsstrukturen mitbestimmt werden.

Der Erziehende kann, ganzheitlich gesehen, nicht nur unter dem Blickwinkel einer isolierten Verhaltensweise betrachtet werden. Auch eine Verhaltensänderung bezieht sich nie nur auf einen einzelnen Verhaltensaspekt, sondern stellt das Resultat – soll die Veränderung andauern und in die Persönlichkeit integriert sein – mehrdimensionaler sich verändernder Wahrnehmungseinstellungen dar.

6 RANDBEDINGUNGEN

6.1 Eigene Bedingungen (Kapazität, Selbstverständnis)

Mit Schule und Erziehung im engeren Sinne war ich bereits im Laufe meiner wissenschaftlichen Tätigkeit konfrontiert worden: in dem Projekt 'Emotionales und soziales Verhalten im Vorschulalter', einer empirischen Studie über Kinder- und Erzieherinnenverhalten (GRAUDENZ; ALTMEYER 1982); um einen pädagogischen Teilaspekt ging es auch in dem Projekt 'Bedingungen innovativen Handelns' (KRAAK; NORDRÜDIGER 1979). Dieser Teilaspekt betraf die von Grund-, Haupt-, Real- und Gymnasialschullehrern eingeschätzten Eigenschaften eines innovationsbefähigten Lehrers im Vergleich mit seinem Selbst- und Idealbild (GRAUDENZ 1977).
Unterschiedliche Erfahrungen mit den institutionellen und pädagogischen Problemen i.R. dieser Projekte sowie Gespräche mit meinem damaligen Kollegen Jürgen Wendeler (inzwischen Prof. an der Universität Gießen) über seine Erfahrungen mit Lehrerberatung motivierten mich dazu, eigene Überlegungen über ein Beratungsprojekt anzustellen.
WENDELER schreibt (1976) in seinem Bericht über die psychologische Beratung an einer Schule: "Beratungsarbeit von der Art, wie sie oben skizziert wurde, kann immer nur dann gelingen, wenn es zu einem Dialog zwischen Berater und Lehrern und Lehrerinnen der Schule kommt. Dies läßt sich nicht mit Sicherheit voraussehen, sondern muß jedesmal neu versucht werden" (S. 2). Es stellte für mich eine Herausforderung dar, mich mit den zu Beratenden in einer Form einzulassen, die auf einseitiges Befragen i.S. von Testverfahren verzichtet. Dadurch schien es mir möglich, nicht nur zum wissenschaftlichen Erkenntnisgewinn beizutragen, sondern vor allem auch Impulse zur Verbesserung alltäglicher Praxis in der Schule geben zu können. Zugute kam mir dabei meine Zusatzausbildung in Gesprächspsychotherapie, so daß mir Möglichkeiten zur Verfügung standen, mit einem bestimmten Grundkonzept arbeiten zu können, welches mir angemessen und erfolgversprechend erschien.
Anbieten konnte ich demnach mein Wissen und meine Erfahrungen mit den genannten Projekten und meine therapeutischen Erfahrungen.
Da ich in meiner Vorgehensweise viel Wert auf die Verwirklichung der Kernvariablen von Rogers sowie der Postulate von Cohn gelegt habe, er-

scheint es mir nur folgerichtig, auch meinen Forschungsbericht im Sinne dieser Variablen zu verfassen. Ich verstehe meine eigenen Ansprüche so, daß ich sie auch in der Darstellungsform dieses Berichtes zu verwirklichen suche. Ich werde – wie bereits geschehen – in Ich-Form schreiben, werde "Nebensächlichkeiten", die mir wichtig erscheinen, mitteilen, weil sie häufig Aufschluß über Gelingen oder Mißlingen bzw. Relevanz oder Irrelevanz von Forschung und deren Ergebnisse geben, werde Erlebensdaten nicht distanziert als nicht aussagefähige Störvariablen behandeln und werde meinen Standpunkt zum Thema Veränderung durch psychologische Beratung von Erziehenden im Praxisfeld mit persönlichem Engagement vertreten.

6.2 Institutionelle Bedingungen und Erwartungshaltungen der Erzieherinnen

Im Rahmen der Diskussion um die Einführung, Erprobung und möglichen Konstituierung der Eingangsstufe in die Grundschulen wurde Mitte der 70er Jahre vom Hessischen Kultusminister angeregt, insbesondere die Eingangsstufenerzieher/innen bzw. Lehrer/innen in strukturschwachen und benachteiligten Gebieten, psychologisch zu beraten.

Die Grundforderungen der im Jahre 1968 in Hessen begonnenen Schulversuche mit der Früheinschulung Fünfjähriger waren Chancengleichheit und Bildungsgerechtigkeit (KROJ 1972, 10). Diese Schulversuche waren als zweijährige Eingangsstufe mit darauffolgender differenzierter Grundschule angelegt. Wert wurde auf eine verstärkte Individualisierung des Anfangsunterrichts gelegt. Die nötigen Voraussetzungen dafür wurden in mehr Zeit, kleineren Klassen und Arbeitsmitteln, die auf neue Inhalte bezogen sind, gesehen (KROJ 1972, 13). "Die Einführung in schulisches Lernen erfolgt gleitend innerhalb dieser zweijährigen Einheit" (Der Hessische Kultusminister 1975, 2). "Die beiden Jahre der Eingangsstufe (E1 = 1. Jahr, E2 = 2. Jahr) sind inhaltlich wie organisatorisch als eine Einheit zu betrachten" (Bund-Länder-Kommission für Bildungsplanung 1976, 19).
Es sollte sich bei diesem Versuch in keinem Fall um die Vorverlegung der Lerninhalte des 1. Schuljahres um ein Jahr handeln. Die Eingangsstufe ist nicht mit der "Vorklasse" zu verwechseln; diese ist ausdrücklich eine Einrichtung für schulpflichtige Kinder, die aber noch nicht schulreif sind.
Der Eingangsstufenbesuch ist nach wie vor in Hessen freiwillig und wird nicht in allen Grundschulen angeboten.

Die Entstehung dieser Beratungsstudie geht demnach ursprünglich auf einen “Restwunsch“ des Kultusminsters zurück, der sich an die wissenschaftlichen Begleituntersuchungen von KRAAK; RAATZ; RUCHTI u.a. (1971) anschloß und von dem bereits erwähnten Mitarbeiter des Instituts, Jürgen Wendeler, aufgegriffen wurde, und zwar in Form einer zeitweiligen psychologischen Beratung von Lehrern. Nach dem Weggang von Jürgen Wendeler nahm ich seine Anregung auf und begann selbst, ein Beratungskonzept zu entwickeln.
Nachdem ich in groben Zügen meine Vorstellungen für eine Beratung entworfen hatte, machte ich einer Schule das Angebot einer Zusammenarbeit im Sinne einer gesprächspsychotherapeutisch orientierten Teamsupervision. Der Rektor der Schule war grundsätzlich mit meinem Angebot einverstanden und überließ es dann den in Frage kommenden Erzieherinnen, sich mit mir auseinanderzusetzen. D.h. die letzte Entscheidung über eine Zusammenarbeit lag im Ermessen der Erzieherinnen/Lehrerinnen. Das Erstgespräch war durchmischt mit Vorbehalten und auch einem gewissen Mißtrauen gegenüber meinen Vorstellungen und Angeboten. Fragen nach Motivation und Zielen meines Anliegens wurden aufgeworfen, vor allem unter dem Aspekt des Ertrags für die Erzieherinnen, z.B. “Was kommt eigentlich für uns dabei heraus?“ Das Mißtrauen der Erzieherinnen erschien mir zum großen Teil berechtigt, da sich vergangene Schulneuerungen und Erprobungen oft zu wenig mit den Bedürfnissen und Vorstellungen der Erziehenden beschäftigt haben. Eine Erzieherin kritisierte: “Wissenschaftler profilieren sich und dann gehen sie. Wir haben von den Untersuchungen so gut wie nichts.“
Die ernsthafte Auseinandersetzung mit den vorwiegend negativen Erwartungshaltungen von Erziehern/Lehrern erscheint mir dringend notwendig. Als Wissenschaftler haben wir dadurch Gelegenheit, unsere eigenen Forschungsmotive zu überdenken und zu hinterfragen. Gerade im pädagogisch-psychologischen Bereich könnte eine stärkere Praxisorientierung von Forschung verändernd wirksam werden.
Nach mehreren Gesprächen gelang es mir, meine Motive und Ziele für eine solche Beratung glaubwürdig zu vermitteln. Es wurde für die Erzieherinnen deutlich, daß Intentionen wie z.B. kooperative Zusammenarbeit, gemeinsame Definition der Beratungsziele, gegenseitiges Voneinander-Lernen, offene und einfühlsame Kommunikation wesentliche Bestandteile meiner Beratungskonzeption darstellen sollten. Nachdem gravierende Vorbehalte der Erzieherinnen gegenüber wissenschaftlichen Studien an Schulen – zumindest für diese Untersuchung – abgebaut

werden konnten, stellten wir gemeinsam die Bedingungen zusammen, unter denen die Teamarbeit beginnen sollte.

1. Keine Fragebogen und Tests
2. Mitbestimmung bei der Planung und Durchführung aller Untersuchungsphasen
3. Keine Festlegung im Sinne einer Verpflichtung auf einen bestimmten Untersuchungszeitraum.
4. Möglichkeit zum vorbehaltlichen Abbruch des Projekts bei Nichterfüllung der genannten Bedingungen.

In dem Bewußtsein, uns zum damaligen Zeitpunkt auf ein Experiment einzulassen, von dem wir nicht wissen konnten, wie lange, wie gut oder wie schlecht es ausgehen würde, einigten wir uns darauf, unsere gegenseitigen Erwartungshaltungen zu respektieren.

6.3 Zum Ort und zur Institutionalisierung von Beratung

Bei der Planung meines Beratungsprojektes war mir der Gesichtspunkt, die Beratung am Ort des Geschehens durchzuführen, besonders wichtig. Wie KERN (1979a) in seinem Sammelreferat über wesentliche Variablen beim Lehrertraining aufzeigen konnte, sind Wochenendseminare, Workshops, Labors wenig erfolgreich, was Einstellungs- und Verhaltensänderungen bei Lehrern betrifft. Unterschiedliche Erfahrungen sprechen dafür, daß innerschulische Trainingsprogramme erfolgreicher sind als außerschulische. Auch PETRY & HAMPEL (1983), KÖRNER & WINKLER (1984) betonen, daß Beratung, die weitab vom Arbeitsfeld stattfindet und nicht an die konkrete Arbeitssituation und die dort stattfindenden Probleme gekoppelt bleibt, sich als weniger günstig erweist. Andererseits besteht das Problem der Einbindung des Supervisors oder Beraters in die jeweilige Institution. JOHN & FALLNER (1980) sowie ZIELKE (1982) weisen darauf hin, daß die Gefahren durch Einbindung von Supervisoren in die Institution besonders groß sind; der mit der Institution verbundene Supervisor wird sich nur schwer freimachen können von den dort herrschenden Normen und Werten. Demnach sollte sich der Berater in keiner direkten Abhängigkeit von der Institution befinden, da die Gefahr, Supervision als Machtmittel zu mißbrauchen, nicht ausgeschlossen werden kann.

Auch meine Erfahrungen sprechen dafür, daß der Supervisor in keiner sonstigen Verbindung zu der Institution stehen sollte, in der er als Berater tätig ist (s. dazu auch SAGEBIEL & ZUNDEL S. 181). Autoritäts- und Konkurrenzprobleme, die Offenheit und Vertrauen z.B. eher verhindern, können von einem Außenstehenden, der nicht in das innerbetriebliche Geschehen involviert ist, mit mehr Distanz und Fairness bearbeit werden. "Es sollte vorrangig darum gehen, das Individuum zu befähigen, unabhängig von hierarchischem Druck und unabhängig von Gruppendruck eigenverantwortlich zu handeln" (BARTHE 1985, S. 142).

6.4 Beratungsdauer und Erfolgserwartung

Grundsätzlich kann – je nach Problemfeld und -lage – eine kurze oder längere Beratung angemessen und erfolgreich ablaufen. Eine lineare Beziehung zwischen Dauer und Erfolg möchte ich somit nicht herstellen. Wesentlich erscheint mir hingegen, die jeweiligen Erfolgskriterien kritisch zu überprüfen und die Dauer der Beratung mit diesen Kriterien abzustimmen. In Anbetracht der komplexen Geschehensabläufe im schulischen Bereich scheinen meine Ergebnisse darauf hinzuweisen, daß unterrichtliche Verhaltensänderungen Zeit beanspruchen und hier Erfolg auch etwas mit Zeit zu tun hat. Im Laufe des Beratungsprozesses konnten Veränderungen im Verhalten der Erzieherinnen beobachtet werden, oft waren es aber nur Tendenzen, wobei bereits veränderte Einstellungen und Sichtweisen nicht immer parallel zu dem konkret gezeigten Verhalten verliefen. Schnelle Erfolgsmeldungen sind hier nicht zu erwarten. Es bestehen ferner Erwartungen, daß sich das veränderte Verhalten des Supervisanden sofort auf das Verhalten seiner Klienten auswirken müßte. Aufgrund meiner eigenen Beobachtungen möchte ich vermuten, daß der Lerneffekt bei den Supervisanden zunächst einmal höher einzuschätzen ist, als z.B. in meinem Fall der der Schüler, die langfristig von dem veränderten Verhalten ihrer Erzieherin profitieren sollen. Der Multiplikatoreneffekt kann durchaus verlangsamt eintreten. SAGEBIEL & ZUNDEL (1983) teilen in ihrer Arbeit, in der es um die Supervision von Bewährungshelfern geht, durchaus vergleichbare Beobachtungen mit. An den Ergebnissen der Nachbefragung der Erzieherinnen – auf die ich später noch ausführlicher eingehen werde – wird deutlich, daß trotz der relativ langen Beratungsdauer Wünsche nach Vertiefung einzelner Aspekte sowie nach weiterer Beratung bestehen; ferner daß die Auswirkungen der Beratung andauern und sich im Handeln niederschlagen. Maßgebend für diesen Erfolg ist aber die individualisierende

Betrachtungsweise der Lerngeschichte und -bereitschaft sowie des individuellen Lerntempos der Erzieherinnen. D.h., sollen Veränderungen von einem gewissen Bestand sein, muß der Beratungsprozeß sich an den Bedürfnissen der Teilnehmer orientieren. Steht die Beratung jedoch unter zeitlichem Erfolgsdruck, sei es aus Kosten-, Profilierungs- oder Profitgründen, ist eine solche Vorgehensweise nicht möglich. Erfolg wird anders definiert, wenn er rasch vorzeigbar, zahlenmäßig eindrucksvoll nachweisbar sein soll. Mit Ungeduld erhoffte Erfolgsmeldungen von Arbeitgebern, Schulbehörde u.a. sollten auf ihre Vordergründigkeit hin untersucht werden, oftmals scheinen sie wirkliche Veränderungsprozesse zu verhindern. Für beide, die Supervisanden und den Supervisor, sollte eine wechselseitige Lernbereitschaft bestehen. Ein gegenseitiges Profitieren aufgrund unterschiedlicher Lernvoraussetzungen, Ausbildungsgänge und Handlungsumwelten muß möglich sein, wenn längerfristige Erfolge sichtbar werden sollen.

6.5 Stichprobe und Untersuchungssituation

Die Zusammensetzung der Erzieherinnengruppe veränderte sich im Laufe der Studie. Von den ursprünglich vier Erzieherinnen nahmen zwei bis zum Abschluß der Studie teil, zwei schieden aus organisatorischen Gründen für die Eingangsstufe aus, eine neue Erzieherin kam hinzu. Nach dieser Umbesetzung arbeitete ich mit drei Erzieherinnen bis zum Ende der Studie zusammen.

Die beiden verbliebenen Erzieherinnen hatten eine 2 1/2- bzw. 3jährige Erziehungstätigkeit im Kindergarten ausgeübt, besuchten dann die Fachhochschule für Sozialpädagogik und wurden danach als Erzieherin in der Eingangsstufe eingesetzt. Die neu hinzugekommene Erzieherin war ausgebildete Grund-, Haupt- und Realschullehrerin. Das Alter der Erzieherinnen lag zwischen 28 und 32 Jahren.

Die Klassenstärke der einzelnen Gruppen lag zwischen 16 und 23 Kindern. Der Ausländeranteil betrug etwa ein Fünftel. Die Väter der meisten Kinder waren Arbeiter, einige wenige Angestellte, vereinzelt Selbständige. Die Mütter der Kinder waren, soweit erfaßt, etwa zu 50 % teilzeit- bzw. ganztags beschäftigt und zu 50 % Hausfrauen.

Der Ablauf eines Schulvormittags gestaltete sich für die Kinder etwa wie folgt:
1. Stunde: Freie Spielzeit
2. Stunde: Angeleitete Übung
z.B. Rhythmik, Schreibschwungübungen; mathematische Vorübungen (z.B. Form, Farbe, Größe)
3. Stunde: Angeleitete Übung
z.B. Bilderbuchbetrachtung, Gedichte; Kunst (z.B. Korkdruck: Fisch); Natur- und Sachbegegnung (z.B. Jahreszeiten, Sommer- und Winterkleidung)
4. Stunde: Spielstunde (gemeinsame Spiele vorwiegend im Stuhlkreis)
5. Stunde: Gezielte Förderung in Kleingruppen
d.h. jedes Kind hatte an einem Vormitttag der Woche fünf Schulstunden. In dieser Stunde wurden Fertigkeiten in einer Kleingruppe gezielt gefördert, z.B. durch motorische oder sprachliche Übungen.

Meine Beobachtungen verteilten sich in den ersten beiden Phasen der Untersuchung auf unterschiedliche Zeiten und Aktivitäten am Vormittag. In den Stunden der sogenannten freien Spielzeit beobachtete ich insgesamt häufiger als in den anderen Stunden. Die freie Spielzeit ist so definiert, daß sich die Kinder die Spielsachen, mit denen sie sich beschäftigen wollen, selbst heraussuchen dürfen. Sie können allein oder auch in Gruppen spielen. Für diese Stunde gibt es keinen Plan und es müssen keine festgesetzten Ziele erreicht werden. Die Erzieherin ist dazu da, z.B. Anregungen zu geben, auf Fragen einzugehen, Streit zu schlichten oder sich auch einmal zu einem Kind oder zu einer Gruppe zu setzen, um ihm/ihr zu helfen oder auch mitzuspielen.

In der dritten, besonders aber in der vierten Phase beschränkten sich die Beobachtungen weitgehend auf den sog. Stuhlkreis (4. Stunde). Der Stuhlkreis beschreibt eine Sitzanordnung der Kinder im Kreis. Die Erzieherin befindet sich ebenfalls im Kreis. Diese Situation hat den Vorteil, daß jeder jeden sehen kann, d.h. die Aufmerksamkeit der Kinder wird nicht primär auf das Verhalten der Erzieherin gelenkt, sondern in gleichem Maße auf das ihrer Mitschüler. Durch die Sitzordnung, die eine unmittelbare gegenseitige Wahrnehmung begünstigt, sollen Fähigkeiten wie Rücksichtnehmen, Zuhören und Helfen sowie Konzentrationsfähigkeit und Freies Sprechen gefördert und geschult werden. Im Stuhlkreis erzählen die Kinder z.B. über wichtige Erlebnisse, oder aber sie dürfen

sich etwas von der Erzieherin wünschen, z.B. Geschichten vorlesen, kleine Gesellschaftsspiele (z.B. Stille Post) u.ä.
Im Rahmen der genannten Aktivitäten entwickelten sich Gespräche und Diskussionen, an denen sich die Kinder recht unterschiedlich beteiligten; eine Möglichkeit, die zurückhaltenderen Kinder auch zur aktiven Teilnahme zu ermutigen, wurde durch das in Spielform eingeführte Rundgespräch gefördert, indem ein Kind nach dem anderen unaufgefordert mit seiner Äußerung die Kreisform fortführen sollte. Gezielt wählten wir den Stuhlkreis für die vierte, die Tonbandphase, aus, da sich dies nicht nur aufnahmetechnisch anbot (durch die Konzentration von Sprache auf einen Kreis), sondern in dieser Situation auch sinnvolle Möglichkeiten gegeben waren, erzieherisches Verhalten in unterschiedlichen Dimensionen erfassen zu können. Wir einigten uns jeweils auf eine bestimmte Themenstellung im Stuhlkreis. Über das ausgewählte Thema sollten die Kinder dann zusammen mit ihrer Erzieherin diskutieren. Ausgangspunkt des Gesprächs oder der Diskussion konnte ein freies Thema sein, z.B. Fernsehen oder aber auch eine vorgelesene oder erzählte Geschichte.

7 ANNAHMEN DER UNTERSUCHUNG

Aus dem ganzheitlichen, differentiell integrativen Ansatz meiner Beratung lassen sich die folgenden drei allgemeinen Annahmen ableiten. In diesen Annahmen werden erzieherische Zielvorstellungen angesprochen, die im Sinne einer anzustrebenden Realisierung zu verstehen sind. Sie spiegeln unterschiedliche Aspekte der bereits dargestellten Theorie wider.

Annahme 1: Die Erzieherinnen werden in einer gesprächspsychotherapeutisch orientierten Beratungsgruppe Erfahrungen machen, die sich günstig auf ihre persönliche Entwicklung, auf ihre Kollegen und ihre Schüler auswirken. Insbesondere unterschiedliche Formen der Selbstkonfrontation wie z.B. Selbstwahrnehmung/Fremdwahrnehmung, Rollenspiel, Spiegelung, Lautes Denken fördern nicht nur die Bereitschaft zur Auseinandersetzung mit sich selbst, eigenen Zielen und Werthaltungen, sondern darüber hinaus mit Kollegen, Schülern und anderen Personen. "Günstig" ist demnach im Sinne von mehr selbstexplorativem Verhalten zu verstehen, was mehr Offenheit bedeutet und mehr Verständnis für sich selbst und andere miteinschließt.

Annahme 2: Unabhängig davon, welche Verhaltensweisen der Erzieherin zu Beginn der Beratung zur Verfügung standen, wird sie sich im Laufe der psychologischen Beratung insgesamt weniger direktiv verhalten, sie wird sich verständnisvoller, einfühlender und akzeptierender verhalten.

Annahme 3: Neben den gezielt geförderten Verhaltensweisen werden sich auch die nicht bewußt thematisierten Verhaltensweisen der Erzieherin ändern.

Im Verlauf des Beratungsprozesses hatten bereits viele kleine Änderungen im Verhalten der Erzieherinnen stattgefunden. Dies traf nicht nur für meine Beobachtungen, sondern auch für das selbst wahrgenommene Verhalten der Erzieherinnen zu. Hier wären zum einen das bewußtere Einsetzen bestimmter erzieherischer Verhaltensweisen, ein genaueres Hin- und Zuhören bei kindlichen Aussagen, flexibleres Vorgehen bei

“problematischen“ Kindern zu nennen, zum anderen eine kritischere Wahrnehmung eigenen Verhaltens und dessen Auswirkungen, mehr Kooperationsbereitschaft mit Kolleginnen, mehr gegenseitige Anteilnahme und Unterstützung. Auf diesen positiven Erfahrungen aufbauend, fühlte ich mich zu dem Vorschlag motiviert, das konkrete Unterrichtsverhalten jeder Erzieherin mit Hilfe eines Kategoriensystems über einen längeren Zeitraum hinweg systematisch festzuhalten und auszuwerten. Die Beobachtung des gesamten Unterrichtsverhaltens der Erzieherinnen schien mir eine Möglichkeit zu sein, über unsere unsystematischen Beobachtungen hinauszukommen, einzelne Verhaltensänderungen im Kontext zu anderen Verhaltensweisen zu beobachten und die von uns allen gewünschten Verhaltensänderungen dokumentieren zu können. Die Erzieherinnen waren mit diesem Vorschlag einverstanden. Ich vervollständigte unser Beobachtungssystem zu dem in der vierten Phase der Untersuchung eingesetzten Kategoriensystem.
Das später darzustellende Kategoriensystem zur Analyse des Erzieherinnenverhaltens im Unterricht wurde auf eine spezifische Unterrichtssituation, den bereits beschriebenen Stuhlkreis, begrenzt.

Die folgenden sieben Annahmen beziehen sich auf solches Unterrichtsverhalten, das von den Erzieherinnen und mir als besonders förderungswürdig herausgestellt worden war. Das von uns als wünschenswert eingestufte Erzieherinnenverhalten betrifft Verhaltensweisen, die dazu geeignet erscheinen, das Selbstwertgefühl des Kindes zu fördern und zu stärken.

Da nach dem Verständnis des von mir verwendeten therapeutischen Grundkonzepts der Gesprächspsychotherapie das Streben nach Kongruenz (sich mit sich selbst in Einklang befinden) mit dem eigenen Denken, Fühlen und Handeln eine wesentliche Dimension für eine eigenverantwortliche, verständnisvolle, selbstbestimmte und -bewußte Persönlichkeit darstellt, ist das Umsetzen dieses Ansatzes nur dann möglich, wenn Erfahrungen (hier die der Erzieherinnen in der Supervision) und die daraus erwachsenen Imperative (z.B. ich möchte, daß mir mein Gesprächspartner zuhört, oder daß er meine Meinung – trotz eigener anderer Ansicht – als alternative Denkmöglichkeit in Erwägung zieht) nicht nur für die eigene Person Gültigkeit besitzen, sondern auch für den oder die Interaktionspartner (hier für den Schüler bzw. die Schüler; wenn ich z.B. möchte, daß dieses oder jenes Verhalten mir gegenüber gezeigt wird,

muß ich auch bestrebt sein, dieses gewünschte Verhalten gegenüber einem Schüler bzw. den Schülern zu verwirklichen).
Ziel der Beratung war es, die Erzieherinnen dabei zu unterstützen, das Spiel- und Lernklima im Unterricht zu verbessern, gemäß ihrer eigenen Zielvorstellungen und Erwartungshaltungen. Selbstreflexion, und die Konfrontation mit individuellen oder gruppenspezifischen Bezugssystemen sollten dazu führen, individuelle Bezugssysteme der Kinder besser zu erkennen und zu berücksichtigen. Vorschnelle und unreflektierte Attribuierungen gegenüber unterschiedlichen Schülerbeiträgen sollten auf diesem Wege deutlich, Lernmotivation und -freude geweckt und verstärkt werden. Gerade das in den Annahmen 4-10 angesprochene Verhalten gehörte zu den Verhaltensweisen, die die Erzieherinnen bestrebt waren, im Unterricht auch tatsächlich zu verwirklichen. Dieses Verhalten sollte dem Kind das Gefühl vermitteln, daß seine Person, sein Denken und Handeln akzeptiert und für wichtig befunden wird.

Annahmen 4-10:

– Inhaltliche Beiträge des Gesprächspartners ernst nehmen (ihn da abholen, wo er gerade steht und darauf aufbauen), daraus folgt
Annahme 4: Die Erzieherin wird verstärkt thematische Beiträge eines Kindes beachten und aufgreifen (Beobachtungskategorie A3).

– ihm gut zuhören und ihm das Verstandene einfühlend wiederholen (Wertschätzung und Einfühlung zeigen), daraus folgt
Annahme 5: Die Erzieherin wird bemüht sein, dem Kind zunehmend intensiver zuzuhören und seine Äußerungen dementsprechend einfühlend zu wiederholen (Beobachtungskategorie A4).

– es loben (erwünschtes Verhalten verstärken, zu weiteren Fortschritten ermuntern), daraus folgt
Annahme 6: Lob und Bestätigung wird die Erzieherin insgesamt "angemessener" einsetzen (Beobachtungskategorie A7).

– seine unmittelbare Beziehungsumwelt in das Gespräch einbeziehen (das Eingebundensein in seine soziale Umwelt in Ansprüche und Erwartungshaltungen einbeziehen), daraus folgt

Annahme 7: Die Erzieherin wird bestrebt sein, einen Bezug zur Familie bzw. zum Elternhaus herzustellen, wenn sich die Gelegenheit dazu anbietet (Beobachtungskategorie A8).

– das Bedürfnis nach Selbstbestimmung und Eigeninitiative in der sozialen Bezugsgruppe anerkennen (Selbständigkeit, Auseinandersetzungsbereitschaft, kooperative Konfliktbewältigung und gegenseitige Rücksichtnahme verstärken), daraus folgt
Annahme 8: Die Erzieherin wird sich stärker bemühen, die Gruppe zur Selbstorganisation, zur Eigeninitiative und zur Rücksichtnahme gegenüber anderen anzuregen (Beobachtungskategorie B2).

– Eigenvorschläge würdigen (alternatives bzw. kindgemäßes Denken akzeptieren), daraus folgt
Annahme 9: Die Erzieherin wird Vorschläge zur Organisation häufiger aufgreifen (Beobachtungskategorie B3).

– soziales Verhalten verstärken (einfühlendes und verständnisvolles Verhalten üben und bekräftigen), daraus folgt
Annahme 10: Das Aussprechen von Lob für soziales Verhalten wird zunehmen (Beobachtungskategorie B4).

Folglich handelt es sich bei den Annahmen 4-10 um einen Transfer therapeutischer Interventionen auf die konkrete Unterrichtssituation durch die Erzieherinnen.

Das beobachtete Unterrichtsverhalten der Erzieherinnen (siehe das Kategoriensystem S. 88ff.) wird also einmal bestimmten Inhaltskategorien zugeordnet, hinzu kommt aber noch eine zusätzliche Einstufung unter dem Aspekt der Art und Weise, wie die betreffende Äußerung erfolgt ist. Diese Zusatzkodierung bezieht sich auf das Ausmaß der Direktivität bzw. des vom Beobachter wahrgenommenen Einfühlungsvermögens, das durch die betreffende Äußerung der Erzieherin zum Ausdruck gebracht wurde. Erfahrungsgemäß ist es für ein Kind nicht nur wesentlich, *was* die Erzieherin sagt, sondern vor allem, *wie* sie es sagt.

In der vorausgegangenen Zusammenarbeit hatte ich immer wieder feststellen können, daß die eine oder andere Erzieherin das eine oder andere Verhalten mehr oder weniger häufig zeigt. Die wünschenswerte Zunahme bestimmter Verhaltensweisen kann demnach immer nur auf das jeweilige Ausgangsverhalten jeder Erzieherin bezogen werden. Eine Erzieherin, die von Anfang an schon relativ viele Beiträge der Kinder aufgegriffen hat, wird ihr Verhalten nicht unendlich steigern können, was seinen Sinn verlieren würde. Es handelt sich demnach immer um eine Relativierung der Zu- bzw. Abnahme von Verhalten hinsichtlich des Ausgangsverhaltens jeder Erzieherin. In diesem Sinne müssen die Annahmen vier bis zehn verstanden werden.

In welchem Zusammenhang stehen die drei allgemeinen zu den spezifischen Annahmen 4-10?

Wenn es der Erzieherin mit Hilfe der Beratung gelungen ist, zu einer differenzierteren Wahrnehmung ihrer selbst und ihrer Umwelt zu kommen, so wird sich das auf das Verhalten der Schüler insofern auswirken, daß die Erzieherin ihnen gegenüber eine größere Bereitschaft zeigen wird, die unterschiedlichen Wahrnehmungswelten der Kinder aufmerksamer zu beobachten und in ihr Unterrichtskonzept aufzunehmen; d.h. zum Beispiel die thematischen Beiträge des Kindes mehr zu beachten (Annahme 4), ihm besser zuhören (Annahme 5) usw.

Die allgemeine Annahme 2 stellt eine konkrete Ergänzung zur Annahme 1 dar. Wenn die Erzieherin sich selbst kritischer betrachtet und z.B. bereit ist, sich Fehler einzugestehen, und positive Erfahrungen gemacht hat trotz oder vor allem wegen zugegebener Schwächen und ferner erlebt hat, daß sie Verständnis und Anteilnahme entgegengebracht bekommt, dann wird es ihr leichter fallen, anderen – ihren Kollegen und Schülern – einfühlsamer zu begegnen. Dies wird sich wiederum in der Realisierung der Verhaltensweisen, die in den Annahmen 4-10 angesprochen werden, niederschlagen.
Annahme 3 gibt der Beobachtung Ausdruck, daß die Änderungen in einem bestimmten Verhalten eine Änderung eines anderen Verhaltensaspektes nach sich zieht. In welchem Ausmaß dies geschieht, ist von der Art des Zusammenhanges zwischen diesem speziellen Verhalten und einer anderen Verhaltensweise abhängig. Annahme 3 kann demnach grundsätzlich für jedes in den Annahmen 4-10 benannte Verhalten im Hinblick auf andere Verhaltensweisen angenommen werden.

8 DIE EINZELNEN BERATUNGSPHASEN VORGEHENSWEISEN; PROBLEME UND ERGEBNISSE

8.1 Erste Phase (etwa drei Monate)

8.1.0 Warming-up

Einleitend begannen wir mit Assoziationen zu bestimmten, im pädagogischen Umfeld bekannten Begriffen, um unseren eigenen Wahrnehmungs- und Erfahrungsraum etwas kennenzulernen und abzustecken. Die Erzieherinnen und ich gaben mehr oder weniger ausführliche Erläuterungen zu Begriffen wie z.B. "repressionsarm", "praxisnah", "unartiges Verhalten", "angepaßtes Verhalten" ab (siehe Fragebogen "Wort-Assoziationen" im Anhang S. 165). Wesentlich dabei war, eigene Gedanken in Ich-Form niederzuschreiben und dabei möglichst konkret zu bleiben. Zwei Erzieherinnen folgten meinem Vorschlag, schriftliche Kommentare zu den genannten Begriffen abzugeben, die beiden anderen Erzieherinnen verwiesen auf ihre mündlichen Beiträge in der kommenden Teamsitzung. Die Erzieherinnen erklärten durchgängig, daß sie Probleme dabei hatten, zu den Reizwörtern Stellung zu nehmen. Alle Erzieherinnen hatten sich – ihren eigenen Aussagen folgend – relativ eingehend mit Vorstellungen über repressionsarme Erziehung auseinandergesetzt und taten es noch laufend.
Zu einem späteren Zeitpunkt der Beratung konnte ich feststellen, daß die schriftlichen Stellungnahmen von den Erzieherinnen gekommen waren, die in ihrer Selbsteinschätzung und ihrem konkreten Verhalten mehr übereinstimmten als die beiden anderen, und die insgesamt in beiden Situationen (Selbsteinschätzung und Verhalten im Unterricht) ein differenzierteres Verhalten zeigten. Vielleicht ist dieses Zusammentreffen zufällig, unter Umständen aber drückte sich hier ein höheres Engagement in der Sache aus.

Ausgehend von den genannten Begriffen und deren beispielhafter Erläuterung wurde in weiteren Gesprächen deutlich, daß die täglich ablaufenden Erziehungshandlungen der Erzieherinnen zum großen Teil recht un-

reflektiert geschahen. Immer wieder tauchten Fragen auf wie: Was wollte ich eigentlich mit der und der Handlung erreichen? Warum habe ich mich so verhalten?
Schon jetzt zeichnete sich ein Prozeß ab, in dem die Erzieherinnen ein Gefühl dafür entwickelten, daß ein Mehr an Selbstkontrolle und Reflexion über das eigene pädagogische Handeln notwendig wurde. Auch Widersprüche zwischen eigenen erzieherischen Zielvorstellungen und vorfindbaren Umwelten der Kinder (z.B. Elternhaus, Kindergarten) wurden offenkundig und ließen die eine oder andere Erzieherin resignieren und an den eigenen Zielen zweifeln. Auf die Frage: Was verstehen Sie unter "praxisnah"?, schrieb Erzieherin 4: "Diese Frage stelle ich mir sehr häufig. Wenn ich z.B. meinen Kindern erkläre, daß ein Konflikt nicht durch Schlägerei gelöst werden kann, dann mag das vielleicht (!) noch innerhalb der Gruppe möglich sein. Doch wie häufig erfahre ich von Kindern oder von einem Elternteil, daß der Vater zuhause Schläge ausgeteilt hat. D.h. ich versuche den Kindern etwas klarzumachen, was sich gar nicht durchführen läßt. Ihre Umgebung reagiert häufig so aggressiv, daß sie mit meinem Vorschlag häufig den Kürzeren ziehen."
Aufgrund solcher Erfahrungen hatte das ursprüngliche Engagement für bestimmte Erziehungsziele bereits gelitten, damit auch das konsequente Verfolgen und das Bemühen um Durchsetzung. Dieses Gefühl, mit den eigenen Vorstellungen und Bemühungen aufzulaufen bzw. realitätsfern zu handeln, ist sicher *ein* Faktor in der pädagogischen Arbeit, der zu Resignation, Gleichgültigkeit und zu einer Haltung des "Laufenlassens" führen kann. Manchmal aber werden Unterrichtsprobleme zu schnell einseitig auf die schlechte Zusammensetzung der Klasse und/oder auf das trostlose Zuhause verschoben; d.h. die eigene Person wird zunehmend weniger in den Reflexionsprozeß miteinbezogen, die eigenen Zielvorstellungen verlieren an Gewicht und das eigene Verhalten ist vorwiegend durch Routine geprägt. Als Folge negativer Erfahrungen erschien uns ein solches Verhalten zwar nachvollziehbar, aber wenig konstruktiv. Ferner wurde allen Beteiligten deutlich, daß die Bereitschaft, Zusammenhänge zwischen nicht erwünschtem Verhalten der Schüler und eigenem Verhalten herzustellen, häufig zu kurz kam. Dieser Vorgang des Aufgebens eigener Handlungsspielräume scheint sich nach den Berichten der Erzieherinnen ganz unmerklich hier und dort einzuschleichen. So war es u.a. ein Resultat dieser Diskussionen, daß die Erzieherinnen mich baten, sie verstärkt auf Verhaltensweisen hin zu beobachten, die für Starrheit (z.B. Nicht-Aufgreifen von Ideen der Kinder), für mangelnden Einfalls-

reichtum (z.B. einzelne Kinder immer wieder in der gleichen Art und Weise auf ihr störendes Verhalten anzusprechen) oder für Ungeduld (z.B. nicht zuhören zu können) sprechen könnten.

8.1.1 Selbsteinschätzung der Erzieherinnen

Um die alltägliche Arbeitssituation der Erzieherinnen besser kennenzulernen und beurteilen zu können, vereinbarten wir als ersten Schritt, daß ich zunächst Unterrichtsbeobachtungen durchführen sollte.
Ich machte den Vorschlag, vor Beginn der Unterrichtsbeobachtung, eine Selbsteinschätzung des eigenen Verhaltens vorzunehmen. Damit hatten wir eine Möglichkeit, das konkrete Unterrichtsverhalten mit dem selbsteingeschätzten in Beziehung setzen zu können. Feststellbare Diskrepanzen sollten uns Anregungen für Verhaltensänderungen bieten. Die Erzieherinnen waren damit einverstanden. Zu der Selbsteinschätzung verwendete ich einen von mir und anderen in einer anderen Beobachtungsstudie entwickelten Beobachtungsbogen (Graudenz/Altmeyer 1982).
Der Beobachtungsbogen enthält neun erzieherische Verhaltensweisen mit jeweils unterschiedlich vielen Operationsalisierungen, z.B. "Freundlich sein": "lächelt Kind an", "berührt Kind freundlich" oder "soziale Anteilnahme zeigen": "zeigt Interesse an Persönlichem", "bietet Hilfe an", "hilft", "tröstet", "tritt ein für Kind" (siehe Fragebogen zur Selbsteinschätzung im Anhang, S. 131f.). Die erfragten Verhaltensweisen lassen sich in zwei Bereiche gliedern, einmal den bestätigenden bzw. akzeptierenden, zum anderen in den lenkenden bzw. strafenden Bereich. Die Erzieherinnen konnten zwischen den Antwortmöglichkeiten "wenig" (1), "manchmal" (2), "mitteloft" (3), "öfter" (4), "viel" (5) wählen. Bei der Einschätzung des eigenen Verhaltens hat jede Erzieherin – wie wir immer wieder feststellen werden – ihr eigenes Bezugssystem. Dies zeigt sich auch in dem Trend jeder Erzieherin, bestimmte Skalenpunkte beim Ankreuzen zu bevorzugen; die eine neigt dazu, extreme, die andere wiederum dazu, eher mittlere Positionen anzustreichen usw. Welchen Aussagewert diese Trends möglicherweise haben, werde ich bei der Gegenüberstellung des selbsteingeschätzten Verhaltens mit dem beobachteten Verhalten im Unterricht näher beleuchten.

In Tabelle 1 wird zur Übersicht die Häufigkeit des jeweils gewählten Skalenpunkts pro Erzieherin für den bestätigenden/akzeptierenden und den lenkenden/strafenden Bereich zusammengestellt.

Tabelle 1
Wahlhäufigkeit der Skalenpunkte für jede Erzieherin

Erz.	1					2					3					4				
Skalenpunkte	1	2	3	4	5	1	2	3	4	5	1	2	3	4	5	1	2	3	4	5
bestätigender/ akzeptierender Bereich	1	1	1	10	12	0	5	5	8	7	1	16	0	8	0	1	3	2	12	7
lenkender/ strafender Bereich	2	2	1	2	1	2	3	2	1	0	2	3	0	3	0	2	3	0	3	0

Erzieherin 1 neigt am stärksten zu einer extremen Selbsteinschätzung im bestätigenden und akzeptierenden Bereich, es folgt Erzieherin 4, Erzieherin 3 liegt in dem mittleren Bereich beiderseits des Skalenpunkts 3. Die Häufigkeitsverteilung über alle Skalenpunkte bei Erzieherin 2 ist relativ ausgeglichen (verteilt über die Skalenpunkte 2-5).
Bei dem lenkenden und strafenden Bereich sieht es etwas anders aus. Erzieherin 1 hat ihr Verhalten relativ gleichmäßig über alle Skalenpunkte verteilt eingestuft. Die Erzieherinnen 3 und 4 haben beide die mittleren Skalenpunkte rechts und links von 3 gewählt. Erzieherin 2 ordnet ihr Verhalten schwerpunktmäßig auf der linken Hälfte der Skala ein und fällt nach rechts ab.

Bezogen auf die einzelnen *Kategorien* kann die Selbsteinschätzung der Erzieherinnen wie folgt beschrieben werden:
Erzieherin 1 *regt* insgesamt viel an, zur Reflexion nur manchmal. Sie *beschäftigt* sich insgesamt viel mit den Kindern, hört zu oder unterhält sich öfter mit ihnen. Sie ist öfter oder viel *freundlich*. Sie zeigt insgesamt viel *Anteilnahme*, zeigt öfter Interesse an Persönlichem, tröstet öfter. Sie äußert sich viel anerkennend, macht öfter Mut (*Bestätigen*). Sie *akzeptiert* öfter, geht "mitteloft" auf Vorschläge ein, beantwortet viel Fragen. Sie

begründet Lenken wenig mit Autorität des Erwachsenen, öfter mit Sitte und viel mit sachlichen Argumenten.

Erzieherin 1 *lenkt* viel im Sinne von Anordnen, mitteloft im Sinne von Verbieten. *Strafendes* Verhalten wird von E 1 so eingeschätzt: sie schaut öfter strafend; tadelt, kritisiert und schimpft öfter, manchmal beachtet sie absichtlich nicht und manchmal ordnet sie Strafe an. Bloßstellen, Blamieren und Benachteiligen kommen bei ihr nicht vor.

Erzieherin 2 *regt* insgesamt manchmal an, öfter durch Vormachen. Sie *beschäftigt* sich öfter mit den Kindern, manchmal hört sie zu, unterhält sich mit dem Kind. Manchmal ist sie *freundlich*. Auch *soziale Anteilnahme* zeigt sie insgesamt manchmal. Sie äußert sich manchmal anerkennend, öfter macht sie Mut (*Bestätigen*). Ihr akzeptierendes Verhalten liegt zwischen manchmal und öfter. Sie geht öfter auf einen Vorschlag ein, beantwortet Fragen und geht auf Zärtlichkeit ein; sie akzeptiert manchmal Kritik, Widerspruch, Aggression und nimmt manchmal hin, daß ein Vorschlag nicht aufgegriffen wird und erfüllt manchmal einen Wunsch oder eine Bitte. Sie *begründet Lenken* wenig mit Autorität der Erwachsenen, manchmal mit Sitte und öfter mit sachlichen Argumenten. *Lenken* tut sie insgesamt öfter, *strafendes Verhalten* ist verteilt auf: öfter strafend schauen, manchmal tadeln, kritisieren, schimpfen, absichtlich nicht beachten und Strafen anordnen, wenig Bloßstellen und Benachteiligen.

Erzieherin 3 *regt* insgesamt viel an, manchmal durch Vormachen, öfter zur Reflexion. Sie hört viel zu oder unterhält sich mit dem Kind, zeigt oder erklärt öfter etwas, macht mitteloft etwas gemeinsam mit einem Kind (*sich mit dem Kind beschäftigen*). Sie ist mitteloft oder öfter *freundlich*. Sie äußert sich öfter anerkennend, macht viel Mut (*bestätigen*). *Akzeptierendes Verhalten* ist gekennzeichnet durch: Öfter auf Fragen antworten, auf Zärtlichkeit eingehen, mitteloft einen Wunsch oder eine Bitte erfüllen, auf einen Vorschlag eingehen und manchmal Kritik, Widerspruch, Aggression akzeptieren sowie Hinnehmen, daß ein Vorschlag nicht aufgegriffen wird.

Lenken wird viel *begründet* mit Sitte und sachlichen Argumenten, manchmal mit Autorität des Erwachsenen. *Gelenkt* im Sinne von Anordnen wird öfter, im Sinne von Verbieten manchmal. *Strafendes Verhalten* kommt mitteloft in Form von strafend schauen, tadeln, kritisieren und schimpfen vor; manchmal in Form von absichtlich nicht beachten und Strafe anordnen; wenig kommt Bloßstellen, Blamieren und Benachteiligen vor.

Erzieherin 4 *regt* öfter verbal zur Reflexion an, viel zum Konfliktlösen und zu sozialen Beziehungen, mitteloft durch Vormachen und manchmal durch Material. Sie *beschäftigt sich* insgesamt viel mit dem Kind, öfter tut sie etwas gemeinsam mit dem Kind; öfter ist sie *freundlich*, und auch *soziale Anteilnahme* zeigt sie insgesamt öfter. Das *akzeptierende* Verhalten verteilt sich so: viel Fragen beantworten und auf Zärtlichkeit eingehen, öfter Wunsch oder Bitte erfüllen und auf Vorschläge eingehen, mitteloft Kritik, Widerspruch und Aggression akzeptieren, manchmal hinnehmen, daß Vorschläge nicht aufgegriffen werden.
Begründen von Lenken fällt viel mit sachlichen Argumenten aus, manchmal mit Sitte und wenig mit Autorität des Erwachsenen. Erzieherin 4 *lenkt* öfter, sie *straft* öfter im Sinne von Tadeln, Kritisieren, Schimpfen; manchmal im Sinne von strafend schauen, absichtlich nicht beachten und Strafe anordnen; Bloßstellen, Blamieren und Benachteiligen kommt wenig vor.

8.1.2 Systematische Beobachtung der Erzieherinnen im Unterricht

Jede der Erzieherinnen wurde von mir an zwei Vormittagen in vergleichbaren Situationen für je 10 Minuten mit Hilfe des Beobachtungsbogens beobachtet. Für die Beobachtungen hatten wir feste Termine vereinbart.
Folgende Trends konnte ich feststellen: Die Erzieherinnen 2 und 4 zeigten nach meinen registrierten Beobachtungen (Strichlisten und Zusatzkommentare) mit Abstand die meisten Verhaltensweisen im bestätigenden, akzeptierenden Bereich. Darauf folgte Erzieherin 1 und noch einmal mit Abstand Erzieherin 3. Im lenkenden, strafenden Bereich waren die Unterschiede gering, etwas häufiger zeigte Erzieherin 3 strafendes Verhalten.
Neben diesen recht globalen Trends möchte ich einige Differenzierungen anfügen. Z.B. zeigten Erzieherin 2 und 4 gehäuft akzeptierendes Verhalten, was in der Erziehungsdiskussion des Teams einen wesentlichen Stellenwert einnahm. Die beiden anderen zeigten dieses Verhalten kaum bzw. gar nicht. Erzieherin 2 zeigte als einzige anteilnehmendes Verhalten, was für uns ebenfalls eine wichtige Dimension darstellte.

8.1.3 Gegenüberstellung von Selbsteinschätzung und Fremdbeobachtung

In einer über mehrere Stunden verlaufenden Teambesprechung diskutierten wir – ausgehend von meinen Auswertungen – über die z.T. offensichtlichen Diskrepanzen zwischen Selbsteinschätzung und dem real gezeigten Verhalten. Zum Beispiel: Erzieherin 1 hatte sich im bestätigenden/akzeptierenden Bereich besonders positiv eingeschätzt, zeigte aber in der Beobachtungssituation gegenüber Erzieherin 2 und 4 wenig Verhalten in dieser Richtung, besonders wenig akzeptierendes und anteilnehmendes Verhalten. Erzieherin 3 hatte sich insgesamt recht zurückhaltend eingestuft, ihr Verhalten in der Beobachtungssituation hatte ebenfalls wenige Schwerpunkte, im Vergleich zu den anderen Erzieherinnen nahm jedoch das lenkende und strafende Verhalten in der konkreten Unterrichtsituation und gegenüber bestätigendem Verhalten einen vergleichweise großen Stellenwert ein.
Bei Erzieherin 2 und 4 stimmte die Selbsteinschätzung mit dem gezeigten Verhalten weitgehend überein: Besonders Erzieherin 2, deren Selbsteinschätzung über die Skalenpunkte im bestätigenden und akzeptierenden Bereich relativ gleichmäßig streuten, zeigte auch in der Beobachtungssituation ein relativ differenziertes Verhalten.
Aufgrund dieser Beobachtungen stellten sich folgende Fragen: Sind diese Diskrepanzen für die einzelne Erzieherin nachvollziehbar oder bewertet sie sie selbst als zufällig? Kann sie erlebnismäßig etwas damit anfangen, kann sie die aufgezeigten Unterschiede bisweilen auch bei sich selbst oder ihren Kolleginnen beobachten?
Die Fragen und Probleme, die mit den Diskrepanzen zwischen Selbst- und Fremdwahrnehmung zusammenhängen, beschäftigten uns immer wieder während unserer Arbeit. Die Tatsache, daß beobachtetes Verhalten von dem selbst eingeschätzten Verhalten abweichen kann, wurde durch den genannten Einstieg sowie die geschilderten Erhebungen deutlich bewußt und förderte zugleich angeregte Diskussionen über Hintergründe und Erklärungsmöglichkeiten. Nach diesen Erfahrungen wurde der Wunsch nach verstärkter Selbstbeobachtung und kritischer Selbstreflexion zum langfristigen Lernziel. Damit verband sich das Bestreben nach klar definierten Zielen zur Verhaltensänderung. Anfänglich diffuses Unbehagen gegenüber den Kindern, dem Lehrstoff und sich selbst gegenüber gewann zunehmend mehr an Konturen.

8.1.4 Die Unterrichtsatmosphäre

Bisher hatten wir uns auf das Feststellen "harter" Daten beschränkt. Mir erschien es aber auch wichtig, Stimmungen mitzuerfassen, z.B. die Unterrichtsatmosphäre. Die Frage war, anhand welcher Kriterien können wir sie festmachen? Nach erneuten, hierauf abzielenden Beobachtungen schienen mir die Tonlage der Erzieherin, Bewegungsverhalten, Mimik u.a. dazu geeignet, Eindrucksqualitäten wie Ruhe, Gelassenheit, Wärme, Geduld, Echtheit und Härte näher zu bestimmen. Diese Eigenschaften stellen Dimensionen dar, die die Atmosphäre des Unterrichtsgeschehens entscheidend mitprägen. Auch aus dem klinischen Bereich und aus der meist unreflektierten Alltagswahrnehmung ist bekannt, daß Sprache, Tonlage, Mimik und Gestik eines Menschen Einfluß auf die Wirkung seiner Worte haben. Das ganze "Drumherum" – wir sprechen auch von der Ausstrahlung einer Person – kann sich auf ihre Mitmenschen, ihr Publikum eher positiv bzw. eher negativ auswirken. Eindrücke über die Atmosphäre in einer bestimmten Situation fallen bei unterschiedlichen Menschen sicher unterschiedlich aus. Bei vorgegebenen Urteilskriterien, wie den bereits genannten, kann davon ausgegangen werden, daß die Kombination verschiedener Verhaltenselemente Eindrücke transportiert, die im Kontext mit dem Inhalt des gesprochenen Wortes das Verhalten anderer Personen beeinflußt. Wie das geschieht, kann je nach Person und Situation beschrieben werden. So wurde jede Erzieherin in der freien Spielzeit an drei verschiedenen Vormittagen je 20 Minuten lang beobachtet. Die Kinder kannten mich inzwischen, so daß meine Anwesenheit in der Klasse kein besonderes Interesse mehr erweckte. In den vier Kindergruppen vermittelten sich mir recht unterschiedliche Eindrücke über die Gruppenatmosphäre. Ich werde zunächst anhand meiner Beobachtungsnotizen (Stimmlage, Sprechweise und nonverbale Verhaltensaspekte) jede Erzieherin beschreiben und dann meinen Gesamteindruck über die Gruppenatmosphäre adverbial zusammenfassen. Wie bereits dargestellt, gehe ich davon aus, daß sich hier Beziehungen nachweisen lassen. Daß diese Beziehungen aufgrund wechselseitiger Beeinflussung von Kindern und Erzieherin sich vollziehen, muß dabei nicht betont werden. In meiner Studie beschäftige ich mich jedoch schwerpunktmäßig mit dem Verhalten der Erzieherinnen. Die Erzieherinnen sind die Lehrenden, die einen Wissens- und Erfahrungsvorsprung gegenüber den Kindern haben und für ihre Aufgabe pädagogisch

ausgebildet wurden. Insofern erscheint mir mein Vorgehen unter den genannten Bedingungen berechtigt.
Um Unterschiede deutlicher werden zu lassen, handelt es sich um eine pointierte Darstellung.

a) Beobachtetes Verhalten von E 1:
Laute Stimme; schnelle, oft etwas hektische Sprechweise, häufig stolperndes Sprechen (z.B. nicht Beenden eines Satzes, Auslassen von Wörtern, mehrmaliges Beginnnen desselben Satzes); vorwiegend vor der Klasse stehend. Eher heftige Mimik und Gestik.
Atmosphäre in der Gruppe:
Spontan, unkonzentriert, unruhig, laut, eher ziellos.
b) Beobachtetes Verhalten von E 2:
Leise Stimme (manchmal etwas zu leise); langsame Sprechweise, betont gute Aussprache; ruhiges Umhergehen zwischen den Gruppentischen; sparsame Gestik und Mimik.
Atmosphäre in der Gruppe:
Leise, konzentriert, freundlich, manchmal etwas langweilig.
c) Beobachtetes Verhalten von E 3:
Weder leise noch laute Stimme; deutliche Sprechweise; der Tonfall eher abfallend und etwas leiernd; wenig Mimik (öfter etwas unmutig) und wenig Gestik.
Atmosphäre in der Gruppe:
Eher leise, zielgerichtet, etwas träge, wenig lebhaft.
d) Beobachtetes Verhalten von E 4:
Die Stimmlage häufiger wechselnd, mal etwas lauter, mal etwas leiser; gute Aussprache; ausgeprägte Mimik und Gestik; häufiges Umhergehen zwischen den Gruppentischen.
Atmosphäre in der Gruppe:
Lebhaft, engagiert, anregend, handlungsintensiv, mal laut, mal leise.

In der auf die Beobachtungen folgenden Teambesprechung reflektierten wir die Bedingungen, die zu der einen oder anderen Atmosphäre beitrugen. Die Erzieherinnen konfrontierten sich auch untereinander mit ihrer gegenseitigen Wahrnehmung. Fragen, wie wirke ich, warum wirke ich so etc., standen im Vordergrund. Wir konnten feststellen, daß nicht ein bestimmtes Merkmal sich positiv auf die Atmosphäre auswirkt, sondern daß es immer eine Kombination vieler Merkmale ist. Auf der einen

Seite muß sich eine eher laute Sprechweise nicht nur negativ auswirken, im Gegenteil, wenn sie an den entsprechenden Punkten im Wechsel mit einer leisen Tonlage auftritt, ist der Effekt günstig. Die recht laute Stimme von E 1 wie auch die sehr leise und manchmal monotone Stimme von E 2 hatten beide positive Aspekte, da sie zu Anfang aber relativ durchgängig so sprachen, war der Effekt auf die Kinder häufig unruheauslösend bzw. einschläfernd.
Beide Wirkungen waren so nicht erwünscht und sollten verändert werden. Wichtig zu betonen bleibt, daß die globale Bestimmung des Gruppenklimas viele unterschiedliche Komponenten einer Gruppenstruktur deutlich werden ließ, einerseits spielte z.B. die Zusammensetzung der Gruppe und ihre Ansprechbarkeit, ihre Lebhaftigkeit und ihre intellektuelle Beweglichkeit eine Rolle, andererseits aber waren unterschiedliche Reaktions- und Aktionsmöglichkeiten der Erzieherinnen auf diese durchaus veränderbaren Bedingungen entscheidend.
Trotz vieler "störender" Komponenten in der einen oder anderen Gruppe, durch die sich die Erzieherinnen an einer befriedigenderen Bewältigung des Unterrichts gehindert sahen, nahmen wir uns vor, immer wieder die Situation auf ihre Veränderbarkeit durch entsprechendes erzieherisches Verhalten abzuklopfen.
Um zu verhindern, daß Änderungsversuche vorschnell abgebrochen bzw. aufgrund festgefahrener Sichtweisen gar nicht erst in Angriff genommen werden, formulierten wir eine Art *Leitsatz:*
Das Kind ist nicht gestört, es drückt sich für mich nur häufig unverständlich aus.
Dieser Satz sollte dazu motivieren, immer wieder zu überprüfen, ob nicht andere erzieherische Vorgehensweisen doch noch zum Erfolg führen könnten.

8.2 Zweite Phase (knapp drei Monate) Konfliktsituationen im Unterricht

Jede Erzieherin wurde einen Vormittag lang beobachtet. Für jede Gruppe fertigte ich ein Protokoll über "kritische Situationen" im Unterricht an. Als kritisch wurden von mir folgende Situationen bezeichnet:

A. Das Kind reagiert anders als es die Erzieherin vermutlich erwartet oder gewünscht hat.

B. Einige Kinder erfahren gehäuft bestimmte pädagogische Maßnahmen (z.B. Beachtung) der Erzieherin. Beachtung kann als positive Verstärkung, aber auch als negative Verstärkung wirken, z.B. wenn es sich um einseitige Rollenzuschreibungen handelt i.S. von das unaufmerksame Kind, das störende Kind, das dumme Kind. Vor allem ist die negative Wirkung jeweils von der Situation der Klasse, der Selbstwahrnehmung des Kindes und der Stellung des Kindes im Klassenverband sowie von der Einstellung der Erzieherin zu diesem Kind abhängig. In jedem Fall aber besteht die Gefahr einer Stigmatisierung (einseitige Festlegung des Kindes auf bestimmte Verhaltensweisen).

C. Die Kinder bringen in ihren Beiträgen Diskussionsstoff, der von der Erzieherin nicht aufgegriffen wird.

Beispiele:

Zu A.: Die Erzieherin macht mit den Kindern ein Aufmerksamkeitsspiel im Kreis. Nach einigen Minuten ist ein Kind beleidigt und geht aus dem Kreis heraus. E: Ach komm, bleib doch hier. Das Kind reagiert nicht. E: Bin ich aber traurig, wenn du jetzt rausgehst...Oder eine andere Situation: Die Erzieherin läßt die Kinder Arbeitsblätter bearbeiten. Nach kurzer Zeit äußert ein Kind, daß es keine Lust mehr habe, an den Arbeitsblättern zu arbeiten. E: Wenn du das Arbeitsblatt nicht fertigmachst, mußt du es in der freien Spielzeit fertigmachen. Das Kind beachtet die Äußerung der Erzieherin nicht, sondern spielt weiter vor sich hin...

Zu B.: Die Erzieherin geht auf die Wünsche bestimmter Kinder nach Kontakt und Berührung ein. Besonders häufig streicht sie diesen Kindern über den Kopf, legt den Arm um ihre Schultern oder nimmt sie auf den Schoß...Oder:
Bestimmte Kinder werden bei nur kleinen Störungen nach hinten versetzt...

Zu C.: Die Kinder sprechen über das Fernsehen. Ein Kind erzählt, daß es einen Fernseher für sich allein in seinem Zimmer hat. Daraufhin fangen die Kinder an, sich gegenseitig zu überbieten in der Anzahl der Fernsehapparate, die sie angeblich oder tatsächlich zuhause haben. Das Thema des Konkurrenzwertes eines Gegenstandes und dessen Bedeutung wird von der Erzieherin nicht aufgegriffen.

Die beispielhaft genannten Verhaltenssequenzen aus dem Unterricht können in der Stunde aber auch daran anschließend zu den unterschiedlichsten Konflikten führen. Der Unmut z.B. über einen unmittelbar nicht erkannten, nicht ausgetragenen oder unbearbeiteten Konflikt kann an anderer Stelle unerwartet zum Ausbruch kommen. Das gilt für den nicht geäußerten Ärger der Erzieherin wie auch des Kindes. Problematisch an solchen Situationen ist, daß Ursache und Wirkung oftmals nicht mehr aufeinander bezogen erlebt werden können und somit zu weiteren Unstimmigkeiten und Fehlinterpretationen führen können. Zum Beispiel ärgert sich das Kind über das wiederholte nach hinten Versetzen (s. Beispiel B), da das Strafverhalten der Erzieherin ihm nicht angemessen erscheint. Der Ärger kann sich negativ verstärkend auswirken, d.h. unter Umständen wird das Kind sein Verhalten nicht ändern, sondern strafendes Verhalten der Erzieherin mit weiteren kleinen Störungen absichtlich herausfordern. Ein anderes Beispiel, die Erzieherin ärgert sich über den schlechten Verlauf der Stunde (s. Beispiel C). Da sie der Klasse insgesamt wenig zutraut, wird der unbefriedigende Unterrichtsverlauf von ihr als Bestätigung ihrer Vorannahme gewertet. Das heißt, sie kann möglicherweise keinen Bezug zwischen den von ihr gegebenen einseitigen Unterrichtshilfen und dem Verlauf der Stunde herstellen. Ihr Ärger trägt somit dazu bei, ihre negative Einstellung gegenüber der Klasse zu verfestigen, und positive Entwicklungen nicht zuzulassen.
In der folgenden Teamsitzung berichtete ich über meine Beobachtungen und die daraus abgeleiteten Hypothesen. Um andere Erfahrungen und Gefühle in den von mir beobachteten Situationen zu ermöglichen, schlug ich Rollenspiele vor. Zunächst sollte sich die jeweils betroffene Erzieherin in das entsprechende Kind hineinversetzen, das Kind sein. Ihre sich dabei abspielenden Empfindungen sollte sie der Erzieherin (eine Kollegin übernimmt die Erzieherrolle) mitteilen. Das Rollenspiel wurde in unterschiedlichen Besetzungen wiederholt. Es stellte sich eine lebhafte Diskussion über zum Teil recht unterschiedliche Empfindungen ein, z.B. wurden unterschiedliche Wahrnehmungen der Erzieherinnen von ein und demselben Kind deutlich. Demnach wäre es oftmals wichtig, das Kind nach seinen Gefühlen oder Meinungen zu fragen, um die eigene Sichtweise kontrollieren zu können.
Ferner konnten die Erzieherinnen erleben, daß es nicht immer leicht war, sich in die Kindrolle hineinzuversetzen. Als erschwerend stellten sich Faktoren wie ambivalente oder ablehnende Gefühle gegenüber dem Kind, Unsicherheit beim Erkennen kindlicher Motive, geringe Fle-

xibilität im Handeln, zu wenig Humor und Ideen sowie Blockierungen im eigenen Wahrnehmen und Erleben heraus.
Nachdem es aufgrund der unterschiedlichen Erfahrungen im Rollenspiel möglich geworden war, festgefahrene Wahrnehmungs- und Denkmuster zu erkennen und davon einmal abzuweichen, entwickelten sich spontan alternative Handlungsentwürfe, die im einzelnen aufgeschrieben und gegeneinander abgewogen wurden.
Die Reflexion über Wirkungen und Ursachen erzieherischen Verhaltens, die das Bemühen um einfühlendes Verstehen gegenüber dem Kind voraussetzt, wurde als weiteres wichtiges Arbeitsziel formuliert.

8.3 Übergang zur dritten Phase

Der dritten Phase ging viel Unruhe und Verunsicherung der Erzieherinnen voraus. Unklarheiten im Stellenplan sowie der bevorstehende Übergang ihrer Gruppen in das erste reguläre Schuljahr waren die Ursachen hierfür. Fragen nach dem Können der Kinder im Schreiben, Lesen und in Mathematik wurden immer dringlicher, und von mir wurden Beobachtungen und Beurteilungen ihres Wissenstandes sowie Ratschläge zu didaktischen Vorgehensweisen hinsichtlich der einzelnen Grundtechniken erwartet.
Diesen Erwartungen konnte ich z.T. nur unbefriedigend gerecht werden, da ich speziell für Fragen der Didaktik nicht ausgebildet bin. Einige allgemeine didaktische Grundregeln, die auch in der Themenzentrierten Interaktion verankert sind, konnte ich wiederholt als Hilfen anbieten und an Beispielen veranschaulichen. So z.B. die Regel, daß der Erzieher ein Thema möglichst person- und erlebnisnah vermitteln sollte, damit der Schüler die Möglichkeit hat, einen persönlichen Zugang zu dem Thema zu finden. Ferner sollte der Erzieher nicht zu sehr am Unterrichtsthema kleben, wenn Einzel- oder Gruppenbedürfnisse Abweichungen nahelegen (s. COHN: Zur Humanisierung der Schulen, S. 152ff.).
In dieser Umbruchsituation wurde wiederholt deutlich, daß die didaktische Ausbildung der Erzieherinnen völlig ungenügend war. Sie selbst beklagten sich häufig darüber, und je näher der Zeitpunkt des ersten Schuljahres rückte, desto mehr sahen sie sich mit ihren didaktischen Problemen konfrontiert. Besonders für die Sozialpädagoginnen trug dieser Zustand zu Minderwertigkeitsgefühlen und Versagensängsten bei. Zu

mehr kognitiver Flexibilität und mehr Zutrauen zu kreativen Einfällen konnte ich durch die verschiedenen bereits geschilderten Vorgehensweisen etwas beitragen; zur Didaktik des Rechnens, Lesens etc. im engeren Sinne aber wenig. Die Schulung beider Fähigkeitsbereiche – kognitive Flexibilität und Kreativität sowie spezifisch didaktische Kenntnisse in den Grundtechniken – müßte in der Ausbildung von Erziehern/Lehrern einen wesentlich größeren Raum einnehmen, vor allem sollte sie mit konkreten Erfahrungen verbunden werden, um nicht als bloßes theoretisches Wissen in Vergessenheit zu geraten.
In der geschilderten Umbruchsituation nahm ich mehr die Funktion der verständnisvollen Zuhörerin und Mut machenden Beraterin ein.

8.4 Dritte Phase (etwa vier Monate)

Die vorausgegangenen Erfahrungen ließen uns immer wieder bewußt werden, daß kritisches und eigenständiges Verhalten der Kinder viel mit dem Verhalten der Erzieherinnen zu tun hat. Fragen an sich selbst wie: Höre ich gut zu, greife ich Anregungen und Gedanken der Kinder auf, lasse ich Abweichungen vom Thema zu, teile ich den Kindern mit, daß ich sie verstanden habe (habe ich sie überhaupt verstanden), kann ich mich in ihr Anliegen einfühlen, kenne ich die Bedürfnisse der Kinder, akzeptiere ich Kritik? sollten zu Selbstverständlichkeiten werden. Sinnvolle pädagogische Ziele zu haben und sie eventuell auch formulieren zu können machen noch keinen "guten" Erzieher aus. Wichtig ist es vielmehr, daß er Mittel und Wege sucht und findet, diese zu erreichen. Ein wesentlicher erster Schritt auf dem Weg zur Zielerreichung besteht darin, zunächst einmal die eigenen Lehr- und Erziehungsfähigkeiten angemessen einschätzen zu lernen. Dies bedeutet, Erfahrungen über das eigene Verhalten und dessen Wirkungen auf andere zu sammeln und sich damit auseinanderzusetzen. Über Wege der Zielerreichung und deren Wahrnehmung wollten wir mit Hilfe der freien und gezielten Themenwahl im Stuhlkreis mehr erfahren.

8.4.1 Beobachtungen im Stuhlkreis (freie Themenwahl, Beobachtungszeit etwa ein Monat)

Wir beschlossen, daß sich die Erzieherinnen der Aufgabe stellen sollten, wichtige Erziehungsvariablen wie Zuhören, Aufgreifen, Sich-Einfühlen möglichst ziel-situations- und kindgerecht im Unterricht zu verwirklichen. Eine gute Möglichkeit, in einem begrenzten Zeitraum des Vormittags die genannten Variablen zu beobachten, sah ich in der Gesprächsrunde des sog. Stuhlkreises. Entweder schlug ein Kind oder die Erzieherin ein Thema vor oder es wurde eine kurze Geschichte vorgelesen oder erzählt und dann darüber gesprochen. Jede Erzieherin wurde an drei Vormittagen in dieser Situation beobachtet. Meine Beobachtungen und deren Auswertung dienten vorrangig dazu, Anstösse zu weiteren Erprobungen zu geben, Erfahrungsspielräume aufzuzeigen und Möglichkeiten alternativer Handlungen bewußter werden zu lassen. Meine Funktion bestand in diesem Untersuchungsabschnitt darin, Motor zu sein und die Erfahrungen der Erzieherinnen sortieren und analysieren zu helfen. Für alle Erzieherinnen waren diese Vormittage besonders anstrengend. Sie berichteten, und das stimmte mit meinen Beobachtungen überein, daß sie zeitweise sehr aufgeregt und angespannt gewesen seien, da sie zu sehr auf ihr eigenes Verhalten konzentriert waren und dabei das Thema zeitweise aus dem Auge verloren.

Alle Erzieherinnen zeigten sich erstaunt darüber, wie schwer es ihnen gefallen war, ihren Unterricht unter der genannten Vornahme zu gestalten. Überrascht waren sie über die unterschiedlichen Selbsterfahrungsmöglichkeiten und Anregungen, die sie durch diese Übung erhalten hatten. Die Erfahrungen, die sich zunächst auf die eigene Person konzentrierten, bezogen dann z.T. doch auch die Reaktionen der Kinder mit ein. Z.B. äußerte eine Erzieherin nach einem Stuhlkreisgespräch: "Hast du gesehen, der X, was der alles gebracht hat, hätte ich nicht gedacht." Die Erzieherin hatte sich bemüht, diesem Kind geduldig zuzuhören, es nicht zu unterbrechen, es nicht sofort zu korrigieren, sondern im Gegenteil, es in seinen Bemühungen positiv zu verstärken und zu loben, was ihr in der Vergangenheit besonders schwergefallen war. Durch die spezifische Gesprächssituation im Stuhlkreis hatten einige Kinder Gelegenheit, Fähigkeiten zu zeigen, die in anderen Unterrichtssituationen weniger gefragt waren, was eine weitere hilfreiche Erfahrung für die Erzieherinnen darstellte. Übereinstimmend hatte diese Übung dazu gedient, Erfahrungen zu sammeln, die Mut machten, dem eigenen Erziehungsanspruch näher zu kommen. Das durch die Vornahme angestrebte, zielgerichtete Vorgehen erforderte, vom Gewohnten abzuweichen und sich umstellen zu müssen, was zunächst verwirrende, aber letztlich positive Erfahrungen erbrachte. Die Erzieherinnen stellten fest, daß sie häufiger als vor dieser Untersuchungsphase z.B. erweiternde Beiträge der Kinder wahrgenommen hatten. Wiederholt wurde deutlich, daß "alte" Gewohnheiten durchbrochen werden können und daß die Erreichung des Unterrichtsziels z.B. nicht durch "Wegabweichungen" der Schüler gefährdet werden muß.

8.4.2 Beobachtungen im Stuhlkreis und Verhaltensvergleich (Gezielte Themenstellung, Beobachtungszeit etwa drei Monate)

Unmittelbar an die freie Themenwahl anschließend, einigten wir uns auf eine gezielte Themenstellung im Stuhlkreis. Alle Erzieherinnen sollten dasselbe Thema mit den Kindern besprechen. Ziel dieses Vorgehens war es, die vorausgegangenen Erfahrungen weiterzuverarbeiten und auf vergleichbare Situationen zu übertragen. Unterschiedliche Vorgehensweisen der einzelnen Erzieherinnen sollten gegenseitige Anregungen für mögliche Verhaltensänderungen bieten, aber auch bestehende Schwächen aufdecken.
Die Erzieherinnen hatten sich verschiedene Themen (z.B. Bilderbuchvorlesen „Alle meine Blätter"; mit Farbblättchen gemeinsam eine Schlange legen; das Lied „Wer im Januar geboren ist, tritt ein ...") ausgewählt, wobei sie sich jeweils für einen Vormittag auf dasselbe Thema einigten. Meine Aufgabe war es, jede Erzieherin bei der Behandlung desselben Themas im Unterricht zu beobachten. Fragestellungen waren, wie geht jede Erzieherin mit dem entsprechenden Thema um, wie baut sie die Stunde auf, und was hat sie erreicht, wie ist ihr Sprachverhalten, und vor allem, welchen Spielraum haben die Kinder für eigene Beiträge und Ideen. Für die besagten Stunden fertigte ich Protokolle an. Ich habe drei Bereiche: Aufgreifen von Beiträgen, Angehen und Erreichen von Unterrichtszielen, Umgehen mit Sprache, beispielhaft aus meinen Beobachtungen herausgegriffen, da sie mir für den Vergleich besonders geeignet und von ihrer inhaltlichen Relevanz wichtig erscheinen. Allen Aspekten gemeinsam ist, daß sie Lernen maßgeblich beeinflussen.

In den folgenden Teamsitzungen wurden speziell die genannten Bereiche thematisiert. Für jede der Erzieherinnen stellte einer dieser Aspekte einen Problemschwerpunkt dar.

8.4.3 Problem: Aufgreifen von Beiträgen

Das Aufgreifen von Beiträgen der Kinder wird vorwiegend unter dem Aspekt der Integration der Äußerungen des Kindes in das Unterrichtsthema betrachtet. Flexibilität und Einfühlungsvermögen der Erzieherinnen werden hier besonders angesprochen. Ein Beispiel: Die Erzieherin liest das Bilderbuch „Alle meine Blätter" vor. Das übergeordnete Thema des Buches ist die „Verwandlung" von Gegenständen unter unterschiedlichen Blickwinkeln des Beobachters oder durch andersartige Anordnung der Objekte; hier z.B. ging es um dargestellte Blätter von Bäumen oder Blumen, die durch Form, Farbe und Anordnung Assoziationen zu Tiergestalten oder anderen Figuren nahelegten. Die Kinder sollten die zum Text gehörigen Bilder beschreiben. Einige Kinder fingen an, wie Vögel zu piepsen. Von der Erzieherin wurde diese Reaktion nicht aufgegriffen, vielmehr wurde sie als störend kritisiert. In der folgenden Besprechung gingen wir auf das Problem des Aufgreifens ein. Wir versuchten gemeinsam, Vorstellungen und Ideen zu entwickeln, welche anderen Reaktionen der Erzieherin möglich gewesen wären. Alle Beteiligten waren sich am Ende einig darüber, daß die Kinder mit ihrem Piepsen einen durchaus angemessenen Beitrag zum Thema geleistet hatten, nämlich eine mögliche Darstellung der Verwandlung von Blättern in Vögel. Das Piepsen der Kinder hätte die Erzieherin z.B. zu folgender Stellungnahme auffordern können: „Ich glaube, ihr wollt mir mit dem Piepsen etwas mitteilen." Das Beispiel veranschaulicht, wie Kinder spontan auf eine solche Aufgabe reagieren. Zwar beginnen sie nicht damit, die Bilder verbal zu beschreiben, wie erwartet, avber sie bringen ihr Erleben auf andere Art zum Ausdruck.

Die Frage, was es so schwer macht, diese durchaus verstehbare Ausdrucksform zu akzeptieren und davon ausgehend zu einer verbalen Beschreibung der Bilder überzuleiten, ließ wiederholt deutlich werden, wie häufig festgefahrene Reaktionsmuster des Erziehers dazu beitragen, ein flexibles Eingehen auf die Kinder unmöglich zu machen.

Angemessene und kreative Einfälle der Kinder werden oftmals nicht bemerkt und manchmal auch mehr oder weniger bewußt übergangen.

Nicht immer ist der Lehrer bereit, von seiner Kompetenz etwas an die Schüler abzugeben, d.h. z.B. gute oder bessere Einfälle als die eigenen aufzugreifen. Auch solchen – wenig förderlichen –Motiven spürten wir nach. Die Erzieherinnen konnten solche Motive unter bestimmten Bedingungen bei sich selbst nicht ganz ausschließen (z.B. gegenüber einem Schüler, den sie aus irgendwelchen Gründen ablehnten oder als leistungsschwach einstuften). Für wahrscheinlicher hielten sie allerdings ihre eigene Festgefahrenheit und mangelnde Aufmerksamkeit gegenüber kindlichen Reaktionsweisen.

8.4.4 Problem: Angehen und Erreichen von Unterrichtszielen

Die Planungs- und Strukturierungsfähigkeit der Erzieherinnen spielen bei der Art des Vorgehens zur Zielerreichung eine wesentliche Rolle. Auch wenn die Erzieherin fähig ist, andere als von ihr erwartete Beiträge der Kinder mit in ihr Konzept einzubeziehen, ist doch eine genaue Vorstellung darüber erforderlich, was sie mit dem betreffenden Thema ansprechen und erreichen will. Damit verbunden sind die jeweiligen Vor- und Zwischeninformationen, die sie den Kindern zum Thema gibt und die die Reaktionen der Kinder beeinflussen und lenken. Die Geschichte: „Teeny will nicht mehr Teeny sein", ist eine Geschichte, die das Selbstvertrauen und das Selbstwertgefühl des Kindes anspricht. Fragen, wie nehme ich mich selbst wahr, mag ich mich, finde ich mich hübsch u.a. schienen hier nahezuliegen. Bei jedem Thema hängt der Diskussionsverlauf auch davon ab, welche einführenden Anregungen die Erzieherin den Kindern anbietet und inwieweit sie selbst Vorstellungen zu dem Thema entwickeln kann. Eine der Erzieherinnen fragte die Kinder nach dem Vorlesen der Geschichte: Wolltet ihr nicht schon mal etwas mehr können? Die Antworten der Kinder fielen ensprechend aus, es kamen Aufzählungen wie „Ich möchte Fahrradfahren können", „Ich möchte Rollschuhfahren können" usw.

Durch das einseitige Hinlenken der Erzieherin auf den Könnenaspekt war die Richtung der Kinderantworten vorgegeben und es kam auch im Laufe des weiteren Gesprächs keine andere Anregung hinzu. Unser Beispiel zeigt, wie eng ein durchaus wichtiges und interessantes Thema abgehandelt werden kann. Manchmal ist es das einseitige Ansprechen nur eines Aspektes (womit nicht gemeint sein soll, daß dies immer unangemes-

sen sein müßte), manchmal jedoch wird auch der eine Aspekt nicht wirklich bearbeitet, da es der Erzieherin zuweilen nicht zu gelingen scheint, eine inhaltliche Gestaltung des Themas vorzunehmen. Die Gründe dafür können verschieden sein. Blockierungen gegenüber bestimmten Vorgehensweisen schienen häufig nicht zufällig zustandezukommen. Zu den Zielen von Beratung gehört das Auffinden und Bewußtmachen möglicher Handlungsmotive und -ursachen, um individuelle Blockierungen auflösen zu können. Die Hervorhebung des Könnenaspektes hatte auch in diesem Fall etwas mit den individuellen Ansprüchen und Bewertungen der Erzieherin zu tun. Sie hatte das Bedürfnis, immer alles richtig zu machen, ließ sich aber leicht verunsichern und zweifelte dann schnell an ihren Fähigkeiten. Der Könnenaspekt war für sie von maßgebender Bedeutung. Dieses Gefühl, etwas zu können, verlieh ihr Halt und Sicherheit. Die damit verbundene Selbstunsicherheit war weder von ihren Kolleginnen noch zu Anfang von mir vermutet worden. Die Erzieherin gab sich tatkräftig, 'burschikos', und in der Sicht anderer neigte sie zu dominantem Verhalten.
Mein Vorschlag, einmal gemeinsam ein Thema vorzubereiten, wurde aufgegriffen, und alle drei Erzieherinnen zeigten sich wesentlich zufriedener mit dem darauffolgenden Unterricht, der auch nach meinen Beobachtungen konstruktiver und strukturierter ablief.
„Die positiven Möglichkeiten kooperativer Unterrichtsvorbereitung werden häufig ... übersehen und als ärgerlicher Eingriff in die eigene Autonomie interpretiert" (MEYER 1979, S. 144).
Der Vorschlag, gemeinsam Unterricht vorzubereiten, konnte – nach Erfahrungen aus Gesprächen mit den Erzieherinnen – deshalb spontan recht positiv aufgegriffen werden, da zu diesem Zeitpunkt das Besprechen einer Unterrichtsstunde ohne Leistungs- und Konkurrenzdruck geschehen konnte. D.h. unter Umständen, daß mein Vorschlag zu Anfang unserer Teamarbeit zu einem „ärgerlichen Eingriff" (s.o.) hätte werden können, da sich die Erzieherinnen zum damaligen Zeitpunkt wenig vertraut waren.

8.4.5 Problem: Umgehen mit Sprache

„Seit dem Mittelalter bis zum heutigen Tage ist es das Ziel des Sprachunterrichts ..., klarer denken zu lernen, um wirkungsvoller sprechen und schreiben und mit besserem Verständnis zuhören und lesen zu können"

(HAYAKAWA 1981, S. 9). Das anregende Buch von Hayakawa verdeutlicht mit vielen anschaulichen Beispielen, daß die Analyse von Sprache selten nur zu *einer* richtigen Antwort führt. „Vielmehr kommt es darauf an, sich dessen bewußt zu werden, was vorgeht, welche stillschweigenden Annahmen des Redners oder Schriftstellers und des Zuhörers oder Lesers dem jeweiligen Beispiel zugrunde liegen" (S. 31).
Da die Sprache das wichtigste Verständigungs- und Kommunikationsmittel darstellt, sollte sie auch besondere Beachtung im Lerngeschehen der Kinder finden. Das Lernen am Modell – hier der Erzieherin – trägt wesentlich dazu bei, das Sprachverhalten der Kinder zu fördern. Demnach wäre es wichtig, daß die Erzieherin ihre Funktion als Sprachmodell wahrnimmt und eine klare, verständliche und abwechslungsreiche Sprache pflegt.
In unseren Gruppensitzungen wurde Sprache immer wieder unter unterschiedlichsten Aspekten zum Thema. Die Sprache hat einen großen Einfluß nicht nur auf das intellektuelle, sondern auch auf das soziale und emotionale Lernen. Die Deutung der Dinge, die vor allem in unserer Sprache zum Ausdruck gebracht wird, sagt viel über unser Denken und Fühlen aus; so wundert es, daß die Sprache oft ein so kümmerliches Dasein führt.
Da eine Erzieherin größere Probleme mit dem Sprachverhalten ihrer Kinder hatte, entschlossen wir uns zu einer gezielten Beobachtung des Sprachverhaltens aller Erzieherinnen. Das Ergebnis der Beobachtungen ergab folgendes Bild: Das Sprachverhalten der Kinder spiegelte in vielen Aspekten das Sprachverhalten der Erzieherinnen wieder. Z.B. konnte ich bei einer Erzieherin häufig abgebrochene und unverständliche Sätze und das Geben von nicht eindeutigen Informationen beobachten. Diese Kindergruppe war nach Aussagen der Erzieherin schwieriger zu führen als die beiden anderen Gruppen, was auch von den anderen Erzieherinnen bestätigt wurde. Die Gruppe wurde als vergleichsweise auffällig und verhaltensschwierig eingestuft. Damit zusammenhängend zeigte sich jedoch, daß das Stigma „schwierig" einen geringen Anreiz für die Erzieherin darstellte, ihr eigenes Verhalten stärker zu kontrollieren. Das als schwach eingestufte Niveau der Kinder schien das Anspruchsniveau der Erzieherin zusätzlich ungünstig zu beeinflussen. Für sie war es äußerst hilfreich, darauf aufmerksam gemacht zu werden, daß ihr eigenes unkontrolliertes Sprachverhalten viel dazu beitrug, daß sich das Sprachverhalten der Kinder nicht änderte.

Zum Schluß dieses Kapitels möchte ich noch erwähnen, daß – da ja unsere Teamsitzungen vorwiegend durch Sprachhandeln (siehe THIELE, 1979) geprägt waren – auch unser sprachliches Umgehen miteinander anders aussah als zu Anfang. Diese Veränderungen kann ich nicht belegen, da die Erzieherinnen Tonbandaufnahmen über unsere Gruppensitzungen ablehnten. Meine Schilderung beruht demnach auf freien Beobachtungs- und Erlebnisdaten. Die persönliche Anredeform nahm zu und jedes Teammitglied wurde selbst zum Thema der Sprachhandlung, indem es sich bewußt in Ich-Form äußerte. Meine Beobachtungen lassen sich dahingehend zusammenfassen, daß die Sprache aller Gruppenmitglieder sich von einer eher formalen, abstrakten zu einer einfühlenderen, kommunikativeren und lebendigeren Sprache entwickelte.

8.5 Vierte Phase (Tonbandaufnahmen, etwa sechs Monate)

8.5.1 Stellenwert und Ziele

Die Tonbandphase, die sich aus den anderen Phasen entwickelte und zum Ziel hatte, im Längsschnitt Änderungen im Erziehungsverhalten zu evaluieren, beansprucht eine ausführliche Darstellung. Die an dem gesprächspsychotherapeutischen Basisverhalten orientierte Beratung wurde auch hier in den Teambesprechungen fortgesetzt, jedoch immer ausgehend von den auf Tonband aufgenommenen Unterrichtsausschnitten.

Diese Phase steht noch am ehesten in der methodologischen Tradition der Unterrichtsforschung. Erzieher-Lehrer-Äußerungen und/oder Schüler-Äußerungen werden mit Hilfe eines Kategoriensystems quantitativ analysiert, worauf aus der Analyse eines Unterrichtsausschnittes Aussagen über Verhaltenszusammenhänge und darüber hinaus über wünschenswertes und nicht-wünschenswertes Verhalten abgeleitet werden.

Nach Schulz, Teschner & Voigt (1970) werden im einzelnen folgende Fragenstellungen mit einem Beobachtungsverfahren bearbeitet:

a Das realisierte Verhalten eines Lehrers soll mit seinem Plan verglichen werden können.
b Die Effektivität des Unterrichts soll gesteigert werden, indem erfolgreiches Lehrerverhalten via Beobachtung erkannt und später wieder-

holt und verstärkt, nicht effektives Verhalten dagegen abgebaut wird.

c Die Lehrer sollen das tatsächlich eingetretene Schülerverhalten mit dem von ihnen erwarteten vergleichen und zur Verhaltensprognose befähigt werden.

d Die Ergebnisse von Experimenten können durch Unterrichtsbeobachtungen verifiziert oder verworfen werden.

e Die Auswirkung, die Lehrerverhalten auf Schülerverhalten hat oder umgekehrt, wird überprüft.

f Orientierungen und Verhaltensmuster, die im Unterricht beobachtet werden, können kontrolliert werden.

Die hier an ein Beobachtungsverfahren gestellten Erwartungen stimmen mit meinen Vorstellungen über Ziele und Funktionen eines Kategoriensystems weitgehend überein. Das Beobachtungsverfahren sollte es ermöglichen, die schrittweisen Annäherungen des Erzieherinnenverhaltens an selbst gesetzte Ziele festzuhalten (Punkt a, c, f). Die von dem Team erarbeiteten Zielvorstellungen über wünschenswertes erzieherisches Verhalten sollten inhaltlich in den Kategorien repräsentiert sein. Insofern gehen in unser Kategoriensystem bewußt Kategorien mit den entsprechenden Zusatzkodierungen ein, die unter Umständen nicht sehr häufig auftreten, die aber für das Team von inhaltlicher Bedeutung waren. Die Effektivität positiven erzieherischen Verhaltens, besonders in den Dimensionen sozialen und emotionalen Verhaltens als Grundbedingung für Lernen, sollte gesteigert werden (Punkt b). Ein wesentlicher Aspekt für den Einsatz des Kategoriensystems bestand darin, mögliche Erfolge der Beratung quantitativ nachweisen zu können (Punkt d). Punkt e, die Auswirkungen des Erzieherverhaltens auf das Schülerverhalten und umgekehrt, wurde von mir nicht explizitüberprüft. Meine Ausgangsfrage an die Erzieherinnen war die Frage nach ihren Erwartungen an das Kinderverhalten. Daran schloß ich die Frage an: Was kann jede Erzieherin durch ihr Verhalten dazu beitragen, das von ihr erwünschte Verhalten bei den Kindern besser zu erreichen? Die gegenseitige Abhängigkeit zwischen Erzieher- und Schülerverhalten geht demnach mit in meine Konzeption ein, der Schwerpunkt der Beobachtungen liegt jedoch auf dem Erzieherinnenverhalten und dessen Veränderungen. Unausgesprochen besteht hier die Annahme, daß verändertes Erzieherverhalten auch verändertes Kinderverhalten bewirkt.

Gedacht ist daran, daß das ausgearbeitete Kategoriensystem zukünftig auch direkt zur Unterstützung in Beratungsprozessen eingesetzt wird. Ansatzweise geschah die Einbeziehung der mit den Erzieherinnen gemeinsam inhaltlich entwickelten Kategorien bereits in der geschilderten Beratungstätigkeit. Die Kategorien hatten die Funktion, die Aufmerksamkeit der Erzieherinnen darauf zu lenken, inwieweit das von ihnen angestrebte Verhalten mit ihrem verwirklichten Verhalten im Unterricht übereinstimmte.

Mein Wunsch, nach einer etwa über zwei Jahre bestehenden Beratung im bereits geschilderten Sinne, das Erziehungsverhalten im Unterricht systematisch über einen längeren Zeitraum hinweg und unter kontrollierten Bedingungen zu erfassen, wurde von den Erzieherinnen durchaus interessiert aufgenommen.
Tonbandaufnahmen schienen mir im Rahmen meiner Eine-Frau-Möglichkeiten noch real machbar. Die Analyse der Unterrichtsmitschnitte mit Hilfe des Kategoriensystems sollte Aussagen über die Erziehungstrends jeder Erzieherin sowie über die durch die Beratung herbeigeführten Veränderungen ihres Verhaltens in Richtung angestrebter Erziehungsziele ermöglichen.

8.5.2 Vorgehen

Wir einigten uns für die letzte Beratungsphase auf Tonbandmitschnitte aus dem Unterricht, die es uns erlauben sollten, das Erziehungsverhalten mit dem entwickelten Kategoriensystem zu analysieren und zu evaluieren. Im Zeitraum von einem halben Jahr wurden pro Erzieherin sechs Tonbandmitschnitte (durchschnittlich zehn Minuten lang) aus Rundgesprächen im Stuhlkreis aufgenommen (s. Anhang, S. 168ff.). Die Aufnahmen wurden jeweils an einem Vormittag bei allen drei Erzieherinnen hintereinander durchgeführt. Zwischen jeweils zwei Tonbandaufnahmen fand außerhalb des Unterrichts eine Teambesprechung im Sinne der klientenzentrierten Gesprächsführung statt. Aus Gründen der Vermeidung eines Zeiteffektes (z.B. sind die Kinder um neun Uhr noch aufnahmefähiger als um elf Uhr) fand ein systematischer Wechsel in der Reihenfolge der Tonbandaufnahmen in den einzelnen Kindergruppen statt.

8.5.3 Erzieherische Zielvorstellungen – Erzieherisches Verhalten

In der vierten Phase stellten wir, auf die vorausgehenden Phasen und die hier gemachten Erfahrungen aufbauend, noch einmal unsere Erziehungszielvorstellungen zur Diskussion. Es sollte verstärkt Wert nicht nur auf veränderte Vorstellungen und Einsichten gelegt werden, sondern auf konkretes verändertes erzieherisches Verhalten. Ich stellte daraufhin zusammenfassend einen Katalog von wünschenswerten kindlichen Verhaltensweisen auf, von denen wir gemeinsam überzeugt waren, daß sie für die emotionale, soziale und auch kognitive Entwicklung der Kinder besonders relevant seien. Es war nicht zufällig, daß es sich um Verhaltensweisen handelte, die sich in unseren Teambesprechungen auch für unser eigenes Verhalten als bedeutsam herausgestellt hatten:

- Gefühle ausdrücken können; Gefühle dem anderen adäquat vermitteln; im Verhalten offen sein; Angst, Ärger, Unlust, auch so zu äußern, daß sie für ein anderes Kind und/oder die Erzieherin nachvollziehbar, verständlich werden.
- Um Hilfe bitten, Fragen stellen; Hilfe annehmen können; zugeben, etwas nicht verstanden zu haben.
- Anteilnehmen, einem anderen Kind zuhören, es ausreden lassen, sich nach seinem Befinden erkundigen, trösten, Hilfe anbieten.
- Reflektieren, überlegen, warum habe ich mich bzw. warum hat der andere sich so und so verhalten, wie komme ich zu einer bestimmten Ansicht; gefalle ich mir, so wie ich bin; was erwarte ich von anderen; was erwarte ich von mir; was weiß ich von meinem Mitschülern; was wissen sie von mir etc.

Eine Atmosphäre zu schaffen, in der die genannten Zielvorstellungen verwirklicht werden können, stellt an den einzelnen Erzieher hohe Ansprüche. Die genannten Verhaltensweisen können erst dann von den Kindern adäquat übernommen und gelebt werden, wenn der Erzieher diese selbst in seinem Verhalten verwirklichen und somit modellhaft anbieten kann. Eine Grunderfahrung im Erziehungsgeschehen ist wohl die, daß ein Erziehender erst dann für die Kinder etwas glaubwürdig vermitteln kann, wenn seine Überzeugung verhaltensrelevant wird. Als Bedingung zur Förderung emotionalen und sozialen Verhaltens von Kindern sehen wir, wie bereits mehrfach betont, ein offenes, echtes und einfühlsames Verhalten des Erziehenden an. Er muß selbst in der Lage sein, Wünsche nach Geborgenheit, nach Akzeptanz, nach Selbststeuerung, Eigenmotivation, Spaß am Lernen u.a. in sich zuzulassen, damit er sie nachvollziehen und damit umgehen kann. Er muß selbst in der Lage sein, sich gefühlsmäßig zu äußern und sein Verhalten zu reflektieren.

Wie schwer es offensichtlich ist, eigene Gefühle, Vorstellungen und Wünsche anzusprechen, zeigt ein Beispiel. Ich habe beobachten können, daß die Erzieherinnen Schwierigkeiten damit hatten, ihre Gefühle und Wünsche in Ich-Form zu äußern. Nach dem Aufmerksamwerden auf eine häufig verdeckende und unpersönliche Sprechweise wie „Das sollte man lieber nicht tun", „Ich glaube, man kann das ganz anders sehen", „Wir finden das jetzt aber nicht richtig" etc., bemühten sich die Erzieherinnen mehr in der Ich-Form zu sprechen. Die unpersönlichen Äußerungen sollten ersetzt werden durch „Ich möchte nicht, daß du das tust", „Ich z.B. sehe das so", „Was halten denn die anderen Kinder davon". Wir haben beobachten können, daß konkrete ich-bezogene Stellungnahmen der Erzieherinnen eine intensivere Kontaktaufnahme mit den Kindern förderte, daß die Kinder selbst mehr dazu angeregt wurden, ihre Gefühle auszusprechen und daß sie mehr Anteil nahmen.

Mein Bestreben war es, in dem Beratungsprozeß mehr und mehr bewußt zu machen, daß die Kinder das gewünschte Verhalten erst dann zeigen können, wenn es den Erzieherinnen gelingt, das von ihnen angestrebte Verhalten auch selbst im Unterricht zu verwirklichen. Die bereits erfahrenen Diskrepanzen zwischen gewünschtem und realisiertem Verhalten konnten von den Erzieherinnen besonders deutlich beim Anhören und Besprechen der Tonbänder erlebt werden. Das Ergebnis der Wahrnehmung dieser Diskrepanzen war: „Ich muß das eigene Verhalten kritischer betrachten, um das besser erreichen zu können, was ich bei den Kindern erreichen will." Hier setzte sich der Prozeß des Wunsches nach Selbstveränderung fort und zwar verstärkt im Hinblick auf wünschenswertes Verhalten der Kinder. Die bewußtere Wahrnehmung des kindlichen Verhaltens in Abhängigkeit vom eigenen erzieherischen Verhalten förderte auch ein intensiveres Beobachten der Kinder. Häufig ist es im Schulalltag so, daß der Erzieher das Verhalten der Kinder als störend, unangemessen und als veränderungsbedürftig erklärt. Die oftmals vorschnelle Klassifizierung kindlichen Verhaltens verhindert häufig die kritische Überprüfung eigenen Verhaltens. Vor allem werden Wirkungen des eigenen Verhaltens auf die Kinder nicht richtig eingeschätzt. Die eigenen Anteile am Zustandekommen des Unterrichtsklimas werden insgesamt gesehen zu wenig beachtet. Als Ursachen für nicht erwünschtes Verhalten in der Schule wurden bisweilen allzuleicht Außenbedingungen wie Elternhaus, Hort und/oder Mitschüler allein verantwortlich gemacht.

Ein weiteres Beispiel, daß die genannten Probleme verdeutlicht, möchte ich einfügen:
Eine Erzieherin kam mit einem Schüler nicht zurecht, er wurde mir als störend und schwierig geschildert. Er wurde häufig getadelt. Die Erzieherin erwog, ihm spezielle Einschränkungen aufzuerlegen. Wir berieten und einigten uns auf Beobachtungen des Kindes durch mich. Es stellte sich folgendes heraus: Die Erzieherin hatte sich von dem Kind ein Bild entworfen, das für sie in sich stimmig erschien, bei genauerer Betrachtung aber aus vielen unverbundenen Teilen bestand. Dem störenden Verhalten ordnete die Erzieherin Desinteresse am Unterricht und mangelnde Begabung zu, ohne aber die vermuteten Zusammenhänge überprüft zu haben. Meine Beobachtungen führten zu der Hypothese, daß das Kind unzufrieden und vorwiegend gelangweilt war. Der Junge hatte die Angewohnheit, in der Klasse mit leicht gesenktem Kopf herumzulaufen und plötzlich irgendein Kind zu boxen oder zu schubsen. Je nach Reaktion des betroffenen Kindes kam es dann zu gegenseitigen Beschimpfungen oder auch zu einer mehr oder weniger großen Rempelei. Die Art seiner Bewegungen, gelangweilt und dennoch unerwartet gezielt, seine Umwelt aus den Augenwinkeln intensiv beobachtend, ließen mich vermuten, daß dieses störende Verhalten unter Umständen aus Langeweile und Unterforderung entstanden sein könnte. Die Erzieherin und ich entwarfen gemeinsam einen Plan, ihm ab und zu Aufgaben zuzuweisen, durch die er gefordert wurde.
Die Erzieherin sollte ihn freundlich ansprechen und betonen, daß sie eine recht schwierige und/oder verantwortungsvolle Aufgabe für ihn habe. Ferner sollte sie dem Kind vermitteln, daß sie annehme, daß er diese Aufgabe lösen bzw. bewältigen könne, und vor allem, daß sie gespannt sei, ob ihm die Aufgbe auch ein wenig Spaß mache. Der Schwierigkeitsgrad der Aufgaben sollte je nach Können und Interesse des Jungen langsam gesteigert werden. Diese Vorgehensweise wurde von uns zunächst für 14 Tage geplant, wobei das Kind einmal pro Tag mit einer solchen Aufgabe konfrontiert werden sollte. Das Kind sollte eine Möglichkeit haben, herauszufinden, was es sich zutrauen konnte, und was es gerne mochte. Nach kurzer Zeit ließen die Störungen im Unterricht nach, das Kind fühlte sich zufriedener und brachte Beiträge, die die Erzieherin

„nie von ihm erwartet hätte“. Daß das Kind mit der Aufgabenstellung auch eine positive Art der Beachtung von seiten der Erzieherin erfuhr, ist sicher ein zusätzlicher Faktor gewesen, der zu der erfolgreichen Verhaltensänderung des Kindes führte.

Der kritische Aspekt dieses Beispiels liegt in der vorschnellen Stigmatisierung des kindlichen Verhaltens, d.h. seine negative Festlegung durch die Erzieherin. Relativ schnell und ohne großen Aufwand gelang es, eine Verhaltensänderung herbeizuführen.
Es sollte demnach ein wesentlicher Gesichtspunkt erzieherischen Handelns sein, eigene, möglicherweise verengte und verhärtete Sichtweisen immer wieder in Frage zu stellen, zu überprüfen und gegebenenfalls zu revidieren. Anhand des Geschilderten wurde den Erzieherinnen recht eindrucksvoll bewußt, wie beinahe unbemerkt ein Kind in ein Kästchen gesteckt wird, in das es nicht hineinpaßt und aus dem es – ist es erst einmal drin – von allein nur schwer wieder herauskommen kann.

8.5.4 Erfahrungen mit dem Tonband

Die Tonbandsituation stellte die Erzieherinnen zunächst unter eine stärkere psychische Belastung als die anderen Vorgehensweisen. Bisher waren sie nie so direkt und konkret mit ihrem eigenen Verhalten konfrontiert worden. Die Tatsache, die eigene Stimme auf Tonband zu hören, wurde als mehr oder weniger fremd erlebt, und die Konfrontation mit der eigenen Stimme und mit den eigenen sprachlichen Unsicherheiten berührte anfangs empfindlich das eigene Selbstwertgefühl. Eine Tonbandaufnahme gibt unerbittlich einen Ausschnitt eigenen Verhaltens wieder, ein Ausweichen in Form von Vergessen, Nicht-erinnern, Leugnen etc. ist schwer möglich.
Da mir persönlich solche Erfahrungen durch meine psychotherapeutische Ausbildung vertraut waren, konnte ich den Erzieherinnen aus dem eigenen Erleben heraus berichten, was den Umgang mit ihren Zweifeln und Ängsten erleichterte.

8.5.5 Zur Analyse von Unterrichtsausschnitten

Bevor ich das für diese Studie entwickelte Kategoriensystem darstelle, möchte ich einige wenige Analyseverfahren vorstellen und diskutieren. Da ich mich entschieden hatte, neben der allgemeine Prozeßanalyse (Beschreibung meines Beratungsvorgehens) auch das verbale Verhalten der Erzieherinnen mit Hilfe eines Kategoriensystems zu evaluieren, beschäftigte ich mich in diesem Zusammenhang mit den Verfahren von Flanders (1970), Tausch & Tausch (1979), Wagner (1976) und auch mit verschiedenen Ansätzen, Sprache zu analysieren, z.B. Der „Analyse der Unterrichtsprache" (Sinclair & Coulthard 1977), „Verbale Daten" (Huber & Mandl (Hrsg.) 1982).

8.5.5.1 Ausgewählte Ansätze aus der Literatur

A *Das Flanders'sche Verfahren*

Das Interaktionsanalyseverfahren von A. Flanders (1970) gehört zu den meistverbreiteten und diskutierten Methoden der direkten Unterrichtsbeobachtung. Es wurde ursprünglich für die Unterrichtsforschung entwickelt, wird heute aber vorwiegend in der Lehrerbildung zur Selbstkontrolle für Lehrer verwendet. Das Verfahren ist relativ leicht zu handhaben und soll eine Reihe von Aussagen über das Lehrerverhalten ermöglichen. Die Grundintention bei Flanders ist es, die Hauptmerkmale des Lehrereinflusses in Klassen zu erfassen. Das Verfahren berücksichtigt explizit nur verbales Verhalten, wobei es voraussetzt, daß das verbale Verhalten eine Individuums eine repräsentative Stichprobe des Gesamtverhaltens darstellt. Bei der Kodierung werden dennoch neben sprachlichen auch andere Informationen mitberücksichtigt. Der Beobachter wird zwar vorwiegend an dem sprachlichen Verhalten von Schülern und Lehrern entscheiden, in welche Kategorie des Analysesystems die Äußerung fällt, doch nimmt er durch die direkte Beobachtung auch mimisches und gestisches Verhalten war, was zwangsläufig bei der Zuordnung des verbalen Verhaltens Berücksichtigung findet.
Das Kategoriensystem besteht aus 10 Kategorien. Sieben Kategorien dienen dazu, Lehrerverhalten, zwei dazu Schülerverhalten zu erfassen, und eine Kategorie dient als Restkategorie. Die sieben Kategorien, die das Lehrerverhalten beschreiben, sind in vier Kategorien aufgeteilt, die

den indirekten Einfluß und in drei Kategorien, die den direkten Einfluß des Lehrers auf das Unterrichtsgeschehen erfassen sollen. Als indirekter Einfluß des Lehrers auf die Schüler werden dessen Fragen, Lob für Schulleistung und ermutigendes, die Gefühle der Schüler akzeptierendes Verhalten angesehen. Lehrervortrag, Anweisungen und Befehle, Tadel und Kritik werden als direkter Einfluß des Lehrers kategorisiert. Daraus ergibt sich folgendes Kategoriensystem (übersetzt von und zit. nach Köttl u. Sauer 1980, S. 270-271):

Tabelle 2
Kategorien der Flander'schen Interaktionsanalyse

Lehrer-äußerungen	indirekte Beeinflussung	(1)	Akzeptiert Gefühle: akzeptiert und klärt die Gefühlshaltungen der Schüler, ohne zu drohen. Die Gefühle können positiv oder negativ sein. Das Voraussagen von oder Sich-Erinnern an Gefühlshaltungen ist eingeschlossen.
		(2)	Lobt und ermutigt: lobt den Schüler für seine Handlungsweise oder sein Verhalten oder ermutigt ihn; Scherze zur Verminderung der Spannung, jedoch nicht auf Kosten eines anderen, Kopfnicken und Äußerungen wie 'Hm' und 'weiter' sind eingeschlossen.
		(3)	Geht auf Gedanken (Ideen) von Schülern ein: klärt und entwickelt Anregungen von Schülern; wenn der Lehrer mehr eigene Ideen verwendet, benutzt man Kategorie 5.
		(4)	Stellt Fragen: stellt Fragen nach Inhalt und Verfahren, die die Schüler beantworten sollen.
	direkte Beeinflussung	(5)	Trägt vor (doziert): nennt Tatsachen oder Meinungen über Inhalte und Verfahren; äußert seine eigenen Gedanken, stellt rhetorische Fragen.
		(6)	Gibt Anweisungen: befiehlt, ordnet an, steuert den Unterricht und erwartet, daß die Schüler Folge leisten.

	(7)	Kritisiert oder rechtfertigt Maßnahmen: will mit seinen Äußerungen das Verhalten des Schülers in seinem Sinne verändern, schreit den Schüler an, gibt die Gründe für sein Verhalten an, extreme Selbstdarstellung.
		Einfluß sozialen Klimas auf Lehrerverhalten
Schüleräußerungen	(8)	Schüler antwortet: Schüler antworten dem Lehrer: Lehrer initiiert den Kontakt oder bitte um Schüleräußerung.
	(9)	Schüler sprechen aus eigener Initiative (freiwillig):
	(9a)	Eigeninitiative der Schüler zum Unterrichtsinhalt; z.B. vom Schüler angeregte Fragen oder Ergänzen zum Unterricht.
	(9b)	Eigeninitative von Schülern, die den Unterricht stören; z.B. unkontrolliertes Herausrufen, schwätzen, Konflikte provozieren.
	(10)	Ruhe oder Durcheinander:
	(10a)	Ruhe: Stillarbeit, Nachdenken, Denkpausen usw.
	(10b)	Durcheinander: viele reden durcheinander, Beobachter kann nichts verstehen.

Diskussion des Analyseverfahrens von Flanders

Ein Problem des Flanders'schen Kategoriensystems besteht in der Art der Datengewinnung. Das Unterrichtsgeschehen wird z.B. in Zeiteinheiten von drei Sekunden zerteilt. Die verbale Äußerung, die in dieser Zeiteinheit erfolgt, wird einer seiner 10 Kategorien zugeordnet. Mit dieser Methode hat zwar der Beobachter ein einfaches Zuordnungskriterium, mit dem er leicht entscheiden kann, wann die einzuordnende Interaktion beginnt und wann sie aufhört, die Bedeutung einer Äußerung wird jedoch unter Umständen falsch eingeschätzt, wenn die einzelnen verbalen Beiträge wesentlich länger oder kürzer sind als die festgelegte Registrierzeit. Sehr kurze oder sehr wichtige Ereignisse haben keine Chance mitkodiert zu werden und die sehr lange Äußerung muß mehrfach in die gleiche Kategorie eingeordnet werden. Durch die Drei kann nicht der inhaltliche Zusammenhang und damit die gesamte Bedeutung der Sprachhandlung kodiert werden. Der Unterricht wird in atomistische Elemente zerteilt, so daß er aus den einzelnen kodierten Einheiten nicht mehr als ganzheitlicher Prozeß rekonstruiert werden kann. Betrachtet man die einzelnen Kategorien, so fällt deren ungenügende Operationalisierung auf. Im Grunde stellen sie Globalkategorien dar, mit denen eine differenziertere Analyse im Sinne einer Mikroanalyse des Unterrichtsgeschehens nicht erfolgen kann. Als Beispiel dafür mag die Kategorie „Lehrer fragt" angeführt werden. Hier wird nicht zwischen direkten und indirekten Fragen unterschieden, sondern alle Fragen werden als indirekte Beeinflussung eingestuft. Die Ziele der beteiligten Interaktionspartner finden in diesem System keine Berücksichtigung. Insgesamt bot mir das Kategoriensystem von Flanders eine grobe Orientierungshilfe für die Festlegung eigener Kategorien. Wegen der oben beschriebenen Schwächen konnte es jedoch nicht von mir übernommen werden.

B *Die Schätzskalen von Tausch & Tausch*

Tausch & Tausch umreißen ihren Forschungsgegenstand mit der Frage „Durch welche Bedingungen, insbesondere durch welche Haltungen, Aktivitäten und Tätigkeiten können Personen in zwischenmenschlichen Begegnunen die bedeutsamen seelischen Grundvorgänge bei Kindern und Jugendlichen fördern und befriedigend mit ihnen zusammenleben (TAUSCH & TAUSCH 1977, S. 99). Mit diesem Forschungsansatz stehen sie in der Tradition von LEWIN, LIPPITT & WHITE (1939), die in einer experimentellen Untersuchung aufzeigen konnten, daß das Interaktionsverhalten innerhalb von Klassen weitgehend vom Erziehungsstil des Lehrers abhängt. Der Erziehungsstil wurde dabei als die charakteristische Art der Haltung und Aktivitäten des Lehrers definiert. Aufbauend auf diesen Ergebnissen von Levine et al. konnten Tausch & Tausch durch viele Unterrichtsanalysen aufzeigen, daß die Verwirklichung des von ihnen so benannten „sozialintegrativen Erzieherstils" im Gegensatz zu dem „autokratischen Erzieherstil" zur Schaffung eines Lernklimas beiträgt, in dem das partnerschaftliche Lernen und die Förderung „bedeutsamer" und emotionaler Verhaltensweisen bei Schülern begünstigt werden.

In ihren späteren Untersuchungen kamen die Autoren von einer globalen Einschätzung des Erzieherverhaltens in Form von Verhaltensstilen ab und bemühten sich mit Hilfe einer Mehrzahl von Merkmalen die Grundtendenz des Erzieherverhaltens zu erfassen. Sie (1977, S. 108) bemerkten selbst, daß globale nicht genügend definierte Erzieherstile wie autokratischer versus sozial-integrativer Erziehungsstil zu komplex sind und kaum umfassend beobachtet werden können. In ihrer neuesten Ausgabe des Buches Erziehungspsychologie (1979) stellen TAUSCH & TAUSCH (1977) die folgenden Dimensionen vor, um die Grundtendenz des Erzieherverhaltens angemessen erfassen zu können. Die vier wesentlichen Dimensionen in zwischenmenschlichen Beziehungen nach Tausch & Tausch (1979, 100) sind:

Tabelle 3
Die vier Dimensionen nach Tausch & Tausch (1977, S. 100)

Mißachtung – Kälte – Härte	Achtung – Wärme – Rücksichtnahme
kein einfühlendes Verstehen	vollständiges einfühlendes Verstehen
Fassadenhaftigkeit – Nicht-Übereinstimmung –	Echtheit – Übereinstimmung – Aufrichtigkeit
keine fördernden nicht-dirigierende Tätigkeiten	viele fördernde nicht-dirigierende Tätigkeiten

Zur Erfassung dieser Dimensionen verwenden Tausch & Tausch vier Schätzskalen. Drei dieser Schätzskalen gehen auf ROGERS (1957) zurück, die vierte Dimension „Fördernde nicht-dirigierende Tätigkeiten" wurde von den Autoren zusätzlich entwickelt.
Ich beschränke mich beispielhaft auf die Darstellung der Dimensionen „Achtung – Wärme – Rücksichtnahme" (S. 120) und „Fördernde nicht-dirigierende Tätigkeiten" (S. 247), die für meine Arbeit besonders wichtig waren.

Tabelle 4
Schätzskalen für die Dimension Achtung-Wärme-Rücksichtnahme von Person zu Person (Tausch u. Tausch 1979, S. 120)

Mißachtung – Kälte – Härte	Achtung – Wärme – Rücksichtnahme
– den anderen geringachten, ihn teilnahmslos behandeln	– den anderen wertschätzen, an ihm anteilnehmen
– ihn abwerten, ihn abweisen, ihn ablehnen, ihn mißbrauchen	– ihm Geltung schenken, ihn anerkennen, ihn willkommen heißen, ihm zugeneigt sein
– mit ihm unfreundlich, herzlos umgehen, mit ihm unnachsichtig sein, ihn demütigen	– mit ihm freundlich, herzlich umgehen, mit ihm nachsichtig sein
– ihn grob, verächtlich, lieblos behandeln	– ihn rücksichtsvoll, zärtlich, liebevoll behandeln
– ihn entmutigen, ihn mißgünstig behandeln	– ihn ermutigen, ihn wohlwollend behandeln
– ihm mißtrauen	– ihm vertrauen
– ihn fallenlassen, ihn kaltstellen, ihm Angst einjagen, ihm drohen, ihn strafen, ihn verletzen	– zu ihm halten, ihm beistehen, ihn beschützen, ihn umsorgen, ihm helfen, ihn trösten
– ihm gegenüber distanziert, verschlossen bleiben	– sich ihm gegenüber öffnen, ihm nahe sein
Mißachtung-Kälte-Härte 1 2 3 4 5	Achtung-Wärme* Rücksichtnahme

* Stufe 1 und 5 = deutliche Ausprägung
Stufe 2 und 4 = schwächere Ausprägung
Stufe 3 = etwa gleich viel Mißachtung-Kälte-Härte wie Achtung-Wärme-Rücksichtnahme

Tabelle 5
Schätzskalen für die Dimension Fördernde nicht-dirigierende Tätigkeiten von Person zu Person (TAUSCH & TAUSCH 1977, S. 247)

Keine fördernden nicht-dirigierenden Tätigkeiten	Viele fördernde nicht-dirigierende Tätigkeiten
– dem anderen keine Angebote machen, ihm keine Anregungen geben, keine Alternativen vorschlagen, ihm keine informierenden Hinweise geben	– dem anderen Angebote machen, ihm Anregungen geben, ihm Alternativen vorschlagen, ihm informierende Hinweise geben
– für den anderen keine Materialien und menschlichen Hilfsquellen ausfindig machen, sich für ihn nicht einsetzen, sich für ihn nicht verfügbar halten	– für den anderen Materialien (z.B. verständliche Texte) und menschliche Hilfsquellen (z.B. Tutoren) ausfindig machen, sich für ihn verfügbar halten (z.B. für Gespräche)
– dem anderen keine Rückmeldungen geben, ihm keine klärenden Konfrontationen ermöglichen, mit ihm keine Vereinbarungen, Absprachen, Regelungen treffen	– dem anderen Rückmeldungen geben, ihm klärende Konfrontationen ermöglichen, mit ihm Vereinbarungen Absprachen, Regelungen treffen
– dem anderen keine fördernden Bedingungen durch Vorleben gewähren für ein günstiges Selbstkonzept, für Selbstachtung, für die psychosozialen Lebenswerte und für die 3 humanen zwischenmenschlichen Dimensionen	– dem anderen durch Vorleben fördernde Bedingungen gewähren für ein günstiges Selbstkonzept, für Selbstachtung, für die psychosozialen Lebenswerte und für die 3 humanen zwischenmenschlichen Haltungen
– mit dem anderen nicht mitlernen, mit ihm keine fördernde Lernumwelt schaffen, mit ihm keine gemeinsamen Aktivitäten ausüben, mit ihm keine erleben-aktivierenden gemeinsamen Ereignisse suchen	– mit dem anderen mitlernen, eine gemeinsame förderliche Lernumwelt schaffen, mit ihm gemeinsame Aktivitäten ausüben, mit ihm gemeinsame gefühlsmäßig bereichernde Erlebnisse haben

– dem anderen erschweren, selbst fördernde nicht-dirigierende Tätigkeitten gegenüber Mitmenschen, die Grundwerte und die humanen Verhaltensdimensionen zu leben und diese in Mitmenschen zu fördern	– dem anderen erleichtern, selbst für seine Mitmenschen fördernd und nicht-dirigierend tätig zu sein, selbst die Grundwerte und die humanen Verhaltensdimensionen zu leben und in Mitmenschen zu fördern
– insgesamt: Die Tätigkeiten und Aktivitäten sind nicht in Übereinstimmung mit einfühlendem Verstehen, Achtung-Wärme und Echtheit	– insgesamt: Die Tätigkeiten und Aktivitäten stimmen überein oder entsprechen dem einfühlenden Verstehen, der Achtung sowie Echtheit; sie widersprechen diesen Haltungen nicht.

Keine fördernden nicht-dirigierenden Tätigkeiten	1 2 3 4 5	Viele fördernde nicht-* dirigierende Tätigkeiten

* Stufe 1 = keine fördernden nicht-dirigierenden Tätigkeiten
Stufe 2 = mäßig fördernde nicht-dirigierende Tätigkeiten
Stufe 5 = viele fördernde nicht-dirigierende Tätigkeiten

Diskussion der Schätzskalen von Tausch & Tausch

Tausch & Tausch kommt das Verdienst zu, als eine der ersten die emotionalen und sozialen Aspekte im Unterricht hervorgehoben und durch Konstruierung ihrer Skalen erfaßbar gemacht zu haben.
Wesentlich beim Zusammenstellen der Kategorien war für mich die unmittelbare, im Untersuchungsfeld stattfindende Diskussion über die inhaltlichen Aspekte und deren Bewertung durch die Erzieherinnen. Bei Tausch & Tausch sind die Ziele bereits vorgegeben und unter diesen Gesichtspunkten wird dann das Erzieherverhalten beurteilt. Die Erziehungsziele sind demnach durch den Untersucher festgelegt. Da mein Vorgehen sich prozeßhaft entwickelte und immer orientiert war an den Vorstellungen der Erzieherinnen, ihren individuellen Bedingungen sowie ihrem konkreten Berufsalltag, konnte ich die „fertigen" Erziehungsziele für diese Studie so nicht übernehmen. Ein anderer kritischer Gesichtspunkt war für mich die Definition der Beobachtungseinheit durch die Autoren. Die isolierte Analyse von Vier-Minuten-Stichproben, von schriftlichen Protokollauszügen und ausgewählten Lehreräußerungen

erschwert eine detaillierte Erfassung der unterrichtlichen Kommunikation. Dem Lehrer wird empfohlen, sich stärker emotional und weniger direktiv zu verhalten. Zu wenig wird dabei Bezug genommen zu der konkret umgrenzten Sprachäußerunng sowie dem situativen Kontext, in dem sie geschieht. Es werden fast ausnahmslos Merkmale des emotionalen und sozialen Verhaltens des Lehrers berücksichtigt, wobei Informationen über die Unterrichtsinhalte ausgeklammert bleiben.

Für eine kontinuierliche Beratungsarbeit erschien mir dieses Vorgehen zu global und individuumunspezifisch. Die Angemessenheit bzw. Unangemessenheit einer emotionalen Aussage ist von dem situativen Kontext sowie von dem individuellen Bezugssystem der einzelnen Erzieherin abhängig.

Die Skalen von Tausch & Tausch waren für mich allerdings eine nützliche Richtschnur bei der Formulierung und Ausgestaltung derjenigen Kategorien, die soziale und emotionale Aspekte des Unterrichtsgeschehens erfassen sollten.

C Das Kategoriensystem von Wagner

Ausgehend von vielen Erfahrungen und Berichten von Lehrern aus dem Schulalltag über gescheiterte Versuche mit schülerzentriertem Unterricht kam Wagner (1976) dazu, ein Kategoriensystem zu entwickeln, das es angehenden Lehrern ermöglichen sollte, schülerzentriertes Vorgehen im Unterricht einzuüben.

Die detaillierte systematische Analyse des Kommunikationsprozesses im Unterricht zur Schulung von Lehrerstudenten im kritischen Wahrnehmen von Unterrichtsgeschehen nennt Wagner sozio-emotionales Kategoriensystem (SIK). Sie definiert schülerzentrierten Unterricht als: „einen Prozeß, in dessen Verlauf Schüler und Lehrer gemeinsam die unterrichtliche Struktur so verändern, daß ein zunehmend größeres Ausmaß an Selbständigkeit und Mitbestimmung möglich wird“ (S. 19).

Die sozio-emotionale Ebene des schülerzentrierten Unterrichts hebt Wagner besonders hervor. Die emotionale Ebene jeder Äußerung wird im Kategoriensystem so erfaßt, daß ihr emotionaler Aussagewert durch eine Zusatzkodierung festgehalten wird. „Jede Äußerung wird unter dem Gesichtspunkt „Interaktion“ in eine von 10 Kategorien eingeordnet und anschließend zusätzlich danach beurteilt, inwieweit Freundlichkeit bzw. Unfreundlichkeit in ihr zum Ausdruck kommen“ (S.110). Somit wird jede Äußerung doppelkodiert, zum einen in die entsprechende Kategorie, zum anderen in die affektive Dimension. Die zu kodierende Beobachtungseinheit in dem SIK-System ist die gesamte Lehrer-oder Schüleräußerung; d.h. sowohl kurze wie auch lange Sätze, in denen z.B. mehrere Inhalte vorkommen, bilden nur eine Einheit und werden demnach nur einmal nach Inhalt und Gefühlsausdruck kodiert.

Folgende Kategorien kommen in dem SIK-System von Wagner (S. 110 –111) vor:

1 *Unterstützung, Lob, Zustimmung, Akzeptieren*
Fragen und Äußerungen, die Übereinstimmung mit den Ideen, Meinungen eines anderen ausdrücken, ihnen zustimmen, den anderen loben oder ihm ein Gefühl der Sicherheit geben, ihn akzeptieren.

2. *Reflektieren, verständnisvolles Wiedergeben* einer Äußerung eines anderen.
Fragen und Äußerungen, die inhaltliche und/oder gefühlsmäßige Aspekte der Äußerung eines anderen wiedergeben mit dem Ziel des Klärens des vorher gesagten, ohne es inhaltlich weiterzuführen. (Versteh ich dich richtig ...; Du meinst also ...) Diese Äußerung sollen den anderen inhaltlich nicht beeinflussen.

3. *Verbalisieren von eigenen Gefühlen und Verhalten. Kommentieren eigener Aussagen und Handlungen*
Der Sprecher spricht explizit über eigene Gefühle oder über das, was er sagt, tut bzw. sagte oder getan hat oder er fordert andere dazu auf.

4. *Gesprächsstrukturierende Äußerungen bzw. Fragen*, die inhaltlich nichts Neues beitragen; die mehrere Äußerungen bzw. den bisherigen Diskussionsverlauf zusammenfassen, die auf das Thema zurückführen, die das Recht, eine abweichende Meinung zu vertreten, unterstützen; die eine Abstimmung anregen; die andere ins Gespräch miteinbeziehen, die Vorschläge zum Verfahren machen. Außerdem Aufforderungen an andere, die genannten Funktionen wahrzunehmen.

5. *Problemstrukturierende Äußerungen bzw. Fragen*, die zur Strukturierung des inhaltlichen Problems in einer nicht bedrohlichen Art und Weise beitragen sollen. Dazu gehören Informationen, Vorschläge, Vermutungen, Meinungen; auch von der Sachlogik her begründete Vorschläge zur Methode.
6. *Neutrale Äußerungen*, die in keine der übrigen Kategorien passen, z.B. Vorlesen, routinemäßige Wiederholung einer Schülerantwort etc.
7. *Direktive Äußerungen* (Einwände, Widerspruch)
   Diese Äußerungen und Fragen sollen die Meinung eines anderen inhaltlich beeinflussen oder den anderen zu einem bestimmten (anderen) Verhalten oder Vorgehen bewegen. Die überwiegende Absicht ist es dabei, den anderen dazu zu bringen, die eigene Ansicht zu übernehmen.
8. *Enge Fragen und Äußerungen, die den anderen auf eine bestimmte eng umgrenzte Antwort hinführen sollen („Lückentext"); außerdem Antworten auf diese Fragen.*
9. Dominante und gesprächshemmende Äußerungen und Fragen, die den Gesprächsfortgang blockieren oder einseitig zu dominieren suchen.
   Dazu gehören z.B. auch
   – nicht zum Thema gehörende Äußerungen, sofern sie nicht ein wichtiges Interesse der Gruppe zur Sprache bringen
   – beharrliche Selbstrechtfertigung oder Vertretung einer Idee, obwohl zusätzliche Daten vorliegen, die eine Überprüfung dieser Idee verlangen
   – Ignorieren eines Schülers während eines Lehrervortrags
   – nicht aussprechen lassen.
10. *Tadel, Mißbilligung, Ironie und Sarkasmus*, die ein negatives Urteil über eine vorhergehende Äußerung oder Verhaltensweise zum Ausdruck bringen.

Diskussion der sozio-emotionalen Kategorien von Wagner

Das Kategoriensystem von Wagner lieferte mir bei der Entwicklung des eigenen Kategoriensystems die meisten Anregungen. Vor allem ihre Berücksichtigung der emotionalen Dimension durch die Doppelkodierung entsprach meinen Zielen bei der Erfassung von Unterrichtsausschnit-

ten. Die Doppelkodierung stellt für mich eine gelungene Methode für die gleichzeitige Erfassung sowohl der inhaltlichen als auch der emotionalen Aspekte einer sprachlichen Äußerung dar. Wegen der anders gelagerten Zielsetzung und Verwendung des SIK-Systems war es für mich zwar hilfreich, konnte aber nicht übernommen werden, da ich Raum brauchte für die aktuellen Wünsche und Ziele der Erzieherinnen. Ein weiteres Problem stellte für mich die Definition der Beobachtungseinheit bei Wagner dar. Dadurch, daß die Beobachtungseinheit weit definiert und formal ausschließlich durch eine neue Aussage begrenzt wird, ist eine differenzierte Auswertung einer so definierten Beobachtungseinheit unter Umständen nicht möglich.
Ferner schien mir die Definition der emotionalen Dimension für die eigene Zielsetzung nicht hinreichend differenziert und operationalisiert.

Kurz erwähnen möchte ich noch die Arbeit von Kern (1979). Er hat unter Verwendung des SIK-Systems von Wagner ein Video-Selbsttrainingprogramm (VIP) für Lehrerstudenten und Referendare entwickelt. Es besteht aus drei Videokassetten/Videobändern und dem Buch „Lehrer-Selbsttraining“.
Was die emotionale Dimension des Lehrertrainings betrifft, geht Kern über das Konzept von Wagner hinaus. Er gibt ausführliche und differenzierte Übungen vor, die „das Erkennen und Einüben hilfreicher Kommunikation (S. 277)“ fördern soll. Kern spricht hier besonders die Dimension „Einfühlungsvermögen“, „Respekt“ und „Wärme“ an. Die Darstellung von Kern war für mich insofern anregend, als er versucht, mehrere Aspekte (Analyse, methodisch-didaktischer Maßnahmen, Strukturierung von Unterrichtsinhalten, therapeutisches und non-verbales Lehrerverhalten) unterrichtlichen Geschehens in Übungen anzugehen, und zwar in gut strukturierter und differenzierter Form. Er betont mehrfach, daß keine „perfekten Modelle“ (S. 35) angeboten werden, sondern daß seine Beispiele zur Selbstreflektion und Diskussion mit anderen auffordern sollen, um mehr über das eigene Verhalten zu erfahren. Es ist nicht zu übersehen, daß Kern einen hohen Anspruch an die Motivationsbereitschaft, Arbeitsfreudigkeit und das Bedürfnis zur Selbstaktualisierung der Lehrerstudenten bzw. Lehrer stellt. Inwieweit dieses Angebot genutzt wird und Lehrer genügend Selbstvertrauen entwickeln, um sich mit den Anregungen und Übungen kritisch, flexibel und selbständig auseinanderzusetzen, bleibt abzuwarten.

D *Das Analysemodell von Sinclair und Coulthard*

Das Analysemodell von Sinclair und Coulthard soll die Interaktionsmuster im Unterricht abbilden. Von den Autoren wird die Kommunikation im Unterricht unter linguistischen Aspekten untersucht. Sie betrachten Sprache nicht unter pädagogisch-didaktischen Gesichtspunkten, sondern als einen Typ gesprochener Sprache, den sie genau abbilden und beschreiben möchten. Es handelt sich demnach grundsätzlich um einen anderen Ansatz als bei den pädagogisch motivierten Analysesystemen von Flanders (1979), Wagner (1976), Tausch und Tausch (1979).

Die von Sinclair und Coulthard entwickelte Diskursanalyse ist hierarchisch aufgebaut, d.h. die Einheiten auf jeder Stufe weisen Strukturen auf, die durch Einheiten der darunter liegenden Stufe konstitutiert werden. Die Basiseinheit der Diskursanalyse und damit die kleinste Einheit ist der Akt. Jeder Satz oder Teilsatz, der eine eigenständige Funktion in der Kommunikation hat, ist ein Akt. Die drei wichtigsten Akte, die die Grundbausteine für die Einheiten der höheren Modellebenen darstellen, sind: Auslösen (z.B. zu einer sprachlichen Reaktion auffordern), Anweisen (z.B. zu einer nicht-sprachlichen Reaktion auffordern „alle Augen zu mir"), Informieren (Informationen werden bereitgestellt).

Ohne näher auf das Analysemodell von Sinclair und Coulthard eingehen zu wollen, wird doch deutlich, daß dieses zunächst unter linguistischen Aspekten aufgebaute Analyseverfahren auf den höheren Ebenen zu Akten kommt, die auch in meinem Kategoriensystem eine große Rolle spielen, z.B. interaktive Akte: Erläutern, Akzeptieren, Bewerten usw.

Ich habe mich zwar nicht von linguistischen Aspekten leiten lassen, dazu fehlen mir die Kenntnisse, auch habe ich kein Interaktionsmuster im engeren Sinne erfassen wollen, dennoch bin ich durch die Beachtung des Kontextes sicher häufig zu einer anderen Kategorienzuordnung gekommen, als ohne diese Schwerpunktbildung. Die Untersuchungseinheiten dieser Studie sind inhaltlich vergleichbar den Akten von Sinclair & Coulthard, da sie immer dann als Einheit bewertet werden, wenn ein Satz oder Teilsatz der Erzieherinäußerung eine eigenständige Funktion in der Kommunikation einnahm. Die Diskursanalyse von Sinclair und Coulthard hat mich angeregt, ein Kategoriensystem zu entwickeln, welches unter bestimmten pädagogisch orientierten Hypothesen zur Erfassung unterrichtlichen Erziehungsgeschehens hilfreich sein kann.

E *Zur Analyseeinheit bei Huber und Mandl*

Wie auch Huber & Mandl feststellen, habe auch ich die Erfahrung gemacht, daß Versuche, allgemeine abstrakte Kategorien für jede Inhaltsanalyse entwickeln zu wollen, sich als nicht fruchtbar erweisen kann. „Jede Untersuchung stellt dem Forscher besondere Probleme, die der jeweiligen Fragestellung entsprechende Kategorien notwendig machen" (S. 27).

Das immer wieder diskutierte Problem der „Untersuchungseinheit" (z.B. Krakauer 1972, zit. nach Huber & Mandl), d.h. seiner formalen oder inhaltlichen Festlegung habe ich nach erfolgter Festlegung der Untersuchungseinheiten (s. Graudenz/Proba 1982) versucht, dadurch zu kontrollieren, indem ich fünf Psychologiestudenten gebeten habe, diese Untersuchungseinheiten zu kategorisieren. In der sog. D-Kategorie (eine Art Restkategorie) konnten sie Einheiten einordnen, die ihnen aus irgendwelchen Gründen nicht eindeutig zuordnungsfähig erschienen.
Das Verfahren der kommunikativen Validierung kann nach Köckeis-Stangl (zit. nach Huber & Mandl) auf die Einbeziehung weiterer Personen und Situationen aus dem Forschungsfeld sowie durch die Einbeziehung weiterer Mitglieder der Scientific Community ausgeweitet werden und bleibt nicht nur auf die Übereinstimmung über die Interpretation zwischen Interviewten und Interpreten beschränkt.

8.5.5.2 Zur Entwicklung eines für diese Studie geeigneten Beobachtungsverfahrens

Die Kategorien lagen zu Beginn der Tonbandphase nur im groben Entwurf vor. Sie hatten sich nach und nach im Rahmen unserer Zusammenarbeit entwickelt und wurden von mir zum Teil immer wieder umformuliert und differenziert. Ursprünglich waren sie nicht gezielt gesammelt worden, sondern stellten Orientierungshilfen bei der ständigen Überprüfung und Klärung der im Team vorhandenen Erziehungsvorstellungen und ihren praktischen Konsequenzen dar.

Nach MEDLEY & MITZEL (1963) unterscheidet man unter dem Gesichtspunkt, in welchem Ausmaß vom Beobachter selbst Schlußfolgerungen erwartet werden, drei Gruppen von Beobachtungssystemen:

a Zeichensysteme,
b Kategoriensysteme,
c Schätzskalen.

a Zeichensysteme verlangen vom Beobachter nur, das Auftreten einer oder mehrerer vorher festgelegter Ereignisse (die Ereignisse, die der Beobachter kodiert, sind vor allem visuell-akustischer Art) zu registrieren. Der Beurteiler hat hauptsächlich Urteile auf Nominalskalenniveau zu treffen. Er hat hier lediglich zu registrieren, ob ein Ereignis, wie z.B. “Hand hochheben“, aufgetreten ist oder nicht aufgetreten ist. Zeichensysteme werden häufig zur Kodierung nonverbaler Verhaltensweisen herangezogen.

b Kategoriensysteme sind so konstruiert, daß jedes auftretende Verhalten während des Beobachtungszeitraums in vorher festgelegte Kategorien eingeordnet wird, wobei jede Verhaltensweise in eine der vorgegebenen Kategorien eingeordnet werden muß. Vom Beobachter wird verlangt, daß er von den visuell oder akustisch oder auch visuell-akustisch registrierten Ereignissen Schlußfolgerungen auf die Absicht des Senders, die Wirkung beim Empfänger und so weiter ziehen kann. Im Unterschied zu einem Zeichensystem muß der Beobachter hier nicht nur feststellen, ob ein Verhalten aufgetreten ist oder nicht, sondern er muß zusätzlich entscheiden, welche Funktion oder inhaltliche Bedeutung dieses Ereignis hat. Beispielsweise muß der Beobachter den Satz “Was wißt ihr über Tiere im Winter“ bei einem Zeichensystem nur als aufgetreten registrieren. Bei einem Kategoriensystem hingegen muß er zusätzlich eine Zuordnung treffen, ob der Satz z.B. eine Lehrerfrage darstellt oder ob es sich um eine Wiederholung einer Kindäußerung handelt, oder ob der Lehrer mit diesem Satz einen Gedanken aufgreift. Bei der endgültigen kategorialen Zuordnung orientiert sich der Beobachter an dem Kontext, in dem die Äußerung eingebettet ist, sowie an den operationalisierten Definitionen der einzelnen Kategorien.

c Bei Schätzskalen muß der Beobachter über die Schlußfolgerungen der kategoriellen Beobachtung hinaus noch den Grad der Ausprägung eines Merkmals im unmittelbaren Zusammenhang mit seiner Beobachtung einschätzen (bekannte Schätzskalen sind die von TAUSCH & TAUSCH 1977). Bei Schätzskalen ergibt sich das Problem der oft unzureichenden Operationalisierung der Merkmalsausprägung.

Bei dem in dieser Studie verwendeten Beobachtungsverfahren handelt es sich um eine Kombination zwischen Schätzskalen- und Kategoriensystem, da die kodierten Äußerungen zusätzlich hinsichtlich ihres Ausprägungsgrades eingestuft werden sollen.
Das gewählte kategorielle Beobachtungsverfahren gewährleistet eine vergleichsweise differenzierte und ausführliche Analyse der vorliegenden Tonbandmitschnitte von Unterrichtsstunden.

8.5.5.3 Zur Aufnahmesituation

Für die Tonbandaufnahmen erschien mir das freie Rundgespräch im Stuhlkreis besonders geeignet. Mein Vorschlag wurde von den Erzieherinnen zunächst etwas skeptisch aufgenommen. Die Skepsis beruhte auf der Annahme der Erzieherinnen, daß das freie Rundgespräch evtl. zu wenig anspruchsvoll, zu untypisch, zu unstrukturiert sei. Bis auf den Punkt "zu untypisch" war ich aus folgenden Gründen anderer Meinung: Das Rundgespräch mit freier Themenwahl oder ein Gespräch über eine vorgelesene oder erzählte Geschichte schien mir besonders geeignet, Verhaltensweisen zu registrieren, die wir im Team gemeinsam als wesentlich für die Förderung emotionalen und sozialen Verhaltens bei Kindern herausgestellt hatten.
Nach einigen Rundgesprächen stellten die Erzieherinnen überrascht fest, daß diese Form des Unterrichtsgesprächs nicht einfach ist, eine gewisse Struktur erfordert und viele Möglichkeiten bietet, bei Kindern emotionales und soziales Verhalten anzusprechen und zu üben. Die Erzieherinnen waren zeitweise von sich selbst enttäuscht und mutlos, besonders nach dem Anhören der Aufnahmen und der sich anschließenden Besprechungen. Hier stellten sie zu ihrem Erstaunen häufig fest, daß ein gut geführtes Rundgespräch ein hohes Maß an Flexibilität und Offenheit erfordert und einer gezielten Unterrichtsplanung bedarf.

8.5.6 Darstellung des eigenen Beobachtungsverfahrens

Bevor ich die Kategorien im einzelnen detailliert beschreibe, werde ich auf die Transkription der Tonbandtexte und die Definition der Beobachtungseinheit eingehen.

8.5.6.1 Zur Transkription

Die Tonbandtexte wurden wörtlich niedergeschrieben. In die Texte wurden manchmal Bemerkungen in Klammern hinzugefügt, wie z.B. Ton heftig, laut oder strafend. Es handelte sich hier um Ausdrucksverhalten, daß durch Stimmlage und Art der Betonung auf dem Tonband gut zu identifizieren war. Eine Zusatzbemerkung wurde nur dann in die Texte eingefügt, wenn die entsprechende Äußerung durch Stimmlage und Betonung der Erzieherin an inhaltlicher Eindeutigkeit gewann. Für die Studenten wurden die Einstufungen dadurch erleichtert. Die jeweils einzustufenden Beobachtungseinheiten wurden durch Querstriche (/.../) im Text gekennzeichnet.

8.5.6.2 Zur Definition der Beobachtungseinheit

Die Definition der Beobachtungseinheit, d.h. die Festlegung des Punktes, an dem eine Verhaltensweise aufhört und eine andere beginnt, ist von großer Bedeutung. Sie ist im allgemeinen abhängig vom Beobachtungszweck.

Da es darum ging, kontextabhängig den natürlichen Redefluß berücksichtigend und inhaltsangemessen zu kategorisieren, kamen für mich als Beobachtungseinheiten nur Sinneinheiten in Frage, die sowohl nach inhaltlichen als auch formalen Gesichtspunkten gebildet werden. Eine mechanisch festgelegte Analyseeinheit, z.B. eine Zeiteinheit, wurde nicht gewählt, da sie zu einer kontextunabhängigen Zerstückelung des Textes führt. Bei dem Kategoriensystem von FLANDERS (1970) z.B. wird das Unterrichtsgeschehen in Einheiten von drei Sekunden aufgeteilt. Wie bereits ausgeführt, kann durch die Drei-Sekunden-Aufteilung nicht die gesamte Bedeutung einer Sprachhandlung kodiert werden.

Da die Protokolle der Rundgespräche in Dialogform vorlagen, wurde als erste funktionale Einheit für die Sequenzbildung die gesamte Erzie-

herinäußerung gewählt, die formal durch zwei Kindäußerungen eingegrenzt wird. Solche Äußerungen können mehr oder weniger komplex sein, da sie meist mehrere Botschaften enthalten. Aus diesem Grund fiel die Entscheidung für eine kleinere Analyseeinheit, die gleichzeitig eine Sinneinheit darstellt: Immer dann, wenn sich der formale oder beziehungsstiftende Charakter innerhalb einer Äußerung ändert, wird eine neue Sinneinheit festgelegt. Eine Erzieherinäußerung lautet Z.B.: "Hm/Jochen mach Du jetzt weiter." Diese Äußerung besteht aus zwei Sinneinheiten, der Bekräftigung hm, die sich auf die Äußerung des vorangehenden Kindes bezog, und der Aufforderung an ein anderes Kind weiterzumachen.
Die zeitliche Ausdehnung der Beobachtungseinheiten ist demnach unterschiedlich. Bei längeren Ausführungen der Erzieherin besteht die Schwierigkeit darin, die Sinneinheit angemessen festzusetzen. Dies ist ein Problem des Wissenschaftlers, der bestimmen muß, was eine Sinneinheit darstellen soll.
Bei der Kategorisierung von sehr kurzen Sinneinheiten (z.B. Ein-Wort-Äußerungen) ist es für die Studenten oftmals schwierig zu entscheiden, welcher Kategorie diese Einheit zuzuordnen ist. Die kurze Beobachtungseinheit enthält zu wenig Informationen über die Bedeutung der Aussage. Durch die kontextabhängige Kodierung der Sinneinheit kann diesem Problem weitgehend begegnet werden. Aufgrund der Beobachtungseinheit, in deren Rahmen das Verhalten registriert und kategorisiert wird, läßt sich das Unterrichtsgeschehen als eine zeitliche Aufeinanderfolge von Sinneinheiten der Schüler- und Erzieherinäußerungen darstellen. Dieses Vorgehen kommt dem Vorgehen der Interaktion im Klassenraum noch am nächsten. Um den Organisationsablauf der Rundgespräche möglichst genau durch die Beobachtungseinheiten erfassen zu können, wurde die Festlegung jeder Beobachtungseinheit mit dem Abhören des Tonbandes und dem gleichzeitigen Lesen des niedergeschriebenen Protokolls vorgenommen (s. GRAUDENZ & PROBA 1982).

8.5.6.3 Zur Kategorisierung der Rundgespräche durch Studenten

Die Kategorisierung der Texte wurde von fünf Psychologiestudenten vorgenommen. Die ausführliche Anweisung zur Kategorisierung werde ich noch darstellen. Die Studenten hatten Gelegenheit, nach eingehenden

Besprechungen zunächst einen Text zur Probe einzustufen, um mit dem Kategoriensystem vertraut zu werden. Die hierbei auftretenden Schwierigkeiten wurden aufgegriffen und führten zur nochmaligen Veränderung einzelner Operationalisierungen. Die Studenten bearbeiteten die Texte unabhängig voneinander. Die unabhängige Kategorisierung durch mehrere Studenten diente als Maß der Zuverlässigkeit des Kategoriensystems. Die statistisch berechnete Beobachterübereinstimmung gibt einen Hinweis darauf, ob die Studenten die Tonbandprotokolle anhand der vorgegebenen Kategorien weitgehend übereinstimmend bzw. unterschiedlich eingestuft haben. Die Beobachterübereinstimmung, berechnet nach FLEISS (1971), liegt zwischen .80 und .98.
Die Tabellen für die absoluten Häufigkeiten der Sinneinheiten pro Erzieherin pro Beobachtungskategorie – mit und ohne Zusatzkodierungen – finden sich im Anhang (S. 182ff.).

8.5.7 Das Kategoriensystem

Von der Zielsetzung – wie bereits ausgeführt – des Beratungskonzeptes ausgehend, ist das Kategoriensystem ausschließlich für das Erzieherinnenverhalten entwickelt worden. Zur ersten Information werde ich die drei Hauptkategorien (A, B, C), die sich auf unterschiedliche Aspekte des Unterrichts beziehen, vorstellen. Ein weiterer wesentlicher Aspekt in dem Kategoriensystem sind die Zusatzkodierungen, die ich an die Hauptkategorien anschließend erläutern werde.

8.5.7.1 Die A-Kategorien

In den A-Kategorien werden alle Äußerungen der Erzieherin erfaßt, die sie selbt zum Unterrichtsthema macht und die sich auf inhaltliche Beiträge der Kinder beziehen. Wenn zum Beispiel das Thema “Tiere im Winter“ zur Diskussion steht und die Erzieherin einen thematischen Beitrag eines Kindes lobt, dann muß dieses Lob in eine der A-Kategorien eingeordnet werden.

8.5.7.2 Die B-Kategorien

Unterricht besteht nicht nur aus Äußerungen zum Unterrichtsgegenstand. Es werden auch viele Äußerungen gemacht, die die Unterrichtsorganisation und das soziale Verhalten der Kinder betreffen. Für diese Klasse von Äußerungen wurden die B-Kategorien gebildet. Sie erscheinen mir deshalb besonders wichtig, weil hier die emotionale und soziale Dimension des Unterrichtsgeschehens gezielt erfaßt wird. Die erzieherischen Äußerungen, die in die B-Kategorien fallen, stellen für das Eingangsstufen- und Grundschulalter eine wesentliche Bedingung für Lernen dar. Das Einüben und Fördern sozialer Verhaltensweisen in der Gruppe, verbunden mit dem Entwickeln und Einhalten bestimmter Spielregeln, sind eine Voraussetzung nicht nur für sinnvolles schulisches Lernen im engeren Sinne, sondern auch für das Hineinwachsen des Kindes in eine größere Gemeinschaft.

8.5.7.3 Die C-Kategorien

Die C-Kategorien beziehen sich auf Äußerungen der Erzieherinnen, ihr eigenes Verhalten betreffend. Dieser Aspekt ist insofern wichtig, da es u.a. um die Durchschaubarkeit erzieherischen Verhaltens geht und zwar aus der Sicht der Kinder. Eine Erzieherin, die so gut wie nie ihr eigenes Verhalten in Frage stellt, die davon ausgeht, das Kind immer richtig verstanden zu haben, wird als Bezugsperson für die Kinder einen anderen Stellenwert einnehmen, als eine Erzieherin, die auch einmal sagt "Ach Kinder, das habe ich aber vorhin nicht richtig gemacht", d.h. die bereit und fähig ist, die Kinder auch mit ihren eigenen Schwächen zu konfrontieren und nicht nur die Kinder mit deren Fehlern und Schwierigkeiten. Modellhaft hat hier die Erzieherin die Möglichkeit, den Kindern zu zeigen, daß fehlerhaftes Verhalten eine Gegebenheit ist, mit der Erwachsene und Kinder lernen müssen umzugehen.

8.5.7.4 Die D-Kategorien

Zu den Hauptkategorien A, B, C kommt noch die D-Kategorie hinzu, eine Restkategorie, in die alle Äußerungen fallen, die in keine der anderen Kategorien eingeordnet werden können. Die Notwendigkeit dieser

Kategorie ergibt sich, da in einem Kategoriensystem alle Äußerungen eingestuft werden müssen.

8.5.7.5 Die Zusatzkodierung

In dem Kategoriensystem sollte verstärkt der emotionale Bereich im Unterrichtsgeschehen berücksichtigt und erfaßt werden. Dafür wurden für die einzelnen Inhaltskategorien Zusatzkodierungen (siehe WAGNER 1976) geschaffen, die es ermöglichen, jede Äußerung in Hinblick auf ihren emotionalen Gehalt einzuordnen.
Jede Äußerung der Erzieherin muß demnach zweifach beurteilt werden. Erstens soll die Äußerung in eine der Inhaltskategorien eingeordnet werden und zweitens soll dieselbe Äußerung hinsichtlich ihres emotionalen Aussagewertes bewertet werden.

In den A-Kategorien kommt sowohl eine zweistufige (1,9) als auch eine dreistufige (1,0,9) Zusatzkodierung vor. Die dreistufige Zusatzkodierung erfolgt bei denjenigen A-Kategorien, bei denen eine eindeutige Bewertung der Äußerungen mit "1" oder "9" nicht möglich ist, d.h. die Aussage kann z.B. weder als "direktiv" noch als "nicht-direktiv" eingestuft werden. Sie bekommt die Zusatzkodierung "0". Bei den B-Kategorien handelt es sich bis auf eine Ausnahme um vierstufige Zusatzkodierungen. Dimensionen wie Wärme, Anteilnahme und Akzeptierung sollen hier in differenzierterem Ausmaße bestimmt werden.

8.5.7.6 Zur Operationalisierung der Kategorien

Ein wichtiges Ziel war es, die Operationalisierungen der einzelnen Kategorien und vor allem der Zusatzkodierungen möglichst konkret und differenziert zu formulieren. Für die Einstufung der Tonbandtexte sollten eindeutige Kriterien vorliegen.

Während der einzelnen Beratungsphasen ergaben sich immer wieder Anregungen zu weiteren Differenzierungen der ursprünglich entworfenen Hauptkategorien. Die Erfahrungen im Prozeß der Beratung trugen dazu bei, daß die Operationalisierungen der Zusatzkodierungen z.T. Formulierungen darstellen, die erstrebenswertes, aber noch nicht unbe-

dingt verwirklichtes Verhalten repräsentieren; das hat zur Folge, daß Verhaltensweisen beispielhaft beschrieben werden, unabhängig davon, wie oft oder ob sie überhaupt im Unterricht auftreten. Insofern gehen in die Operationalisierungen auch die Ziele des Beratungskonzeptes mit ein.
Die Operationalisierungen, speziell die der Zusatzkodierungen in den B-Kategorien, erscheinen mir als Orientierungshilfe für zukünftige Beratungsprozesse besonders geeignet, da sich das angestrebte erzieherische Verhalten in der häufigeren Verwendung differenzierter Äußerungen niederschlagen müßte.

8.5.8 Ausführliche Darstellung der Kategorien und ihrer Zusatzkodierungen

In der folgenden Darstellung werde ich beide Begriffe, Erzieher und Lehrer verwenden, erstens um nicht ständig einen Begriff wiederholen zu müssen, und zweitens ist das Kategoriensystem für Erzieher/innen und Lehrer/innen gedacht.
An die Beschreibungen der Kategorien schließen sich Beispiele zu den entsprechenden Zusatzkodierungen an (Allgemeine Richtlinien zur Kategorisierung siehe Anhang S. 173ff.).

A-Kategorien

Kategorie A 1:

Einführen und Fortführen eines Gedankens mit Zusatzinformation

In diese Kategorie werden einführende Worte und längere Ausführungen des Lehrers zum Unterrichtsthema eingestuft. Grundsätzlich muß jeder Lehrer das zu bearbeitende Thema der Unterrichtsstunde in der Klasse einführen. In welcher Form dies geschieht, ist einmal vom Thema selbst abhängig, zum anderen aber auch vom Stil des Lehrers, d.h. die Breite und Art der Ausführungen ist von seinem Ermessen abhängig.
Alle Äußerungen, die unter A 1 fallen, werden zusätzlich unter dem Gesichtspunkt direktiv (1), nicht-direktiv (9) kodiert.

Kodierung 1: direktiv
bedeutet, daß die Äußerungen des Erziehers die Kinder in eine bestimmte Richtung lenken oder festlegen.
Z.B.: Heute unterhalten wir uns darüber, wie Regen entsteht.

Kodierung 9: nicht-direktiv
bedeutet, daß die Äußerung so formuliert ist, daß sie für die Kinder eine Anregung darstellt, sie aber nicht darauf festlegt, diesen Gedanken aufzugreifen. Kodierung 9 "nicht-direktiv" wird nur dann gewählt, wenn die Äußerung eindeutig als "nicht-direktiv" wahrgenommen wird.
Z.B.: Was haltet Ihr davon, wenn wir uns heute über die Entstehung des Regens unterhalten?

Kategorie A 2:

Themenbezogene Fragen an das Kind oder die Gruppe

Fragen des Lehrers stellen nach den Untersuchungen von R. TAUSCH (1960) und TAUSCH & TAUSCH (1977) den wesentlichen Teil der Lehrer-Schülerkommunikation dar. Die Frage des Lehrers bietet zunächst die Möglichkeit, eine Kommunikation mit dem Schüler herzustellen. Dabei kann der Lehrer auf unterschiedliche Art und Weise Fragen stellen, z.B. direktiv oder nicht-direktiv, eng oder weit etc. Die unterschiedliche Art und Weise des Fragenstellens beeinflußt die Möglichkeit des Schülers, den Unterricht aktiv mitzubestimmen. Die Funktion der Lehrerfragen im Unterricht besteht im wesentlichen darin, den Unterricht thematisch zu lenken, Schülerwissen zu aktivieren und eine Erfolgskontrolle über die vorausgegangene Wissensvermittlung durchzuführen.

Alle A 2-Äußerungen werden zusätzlich unter dem Aspekt "enge" (1) oder "offene" (9) Fragen eingestuft.

Kodierung 1: enge Fragen
Es handelt sich um Fragen des Erziehers, auf die die Kinder nur mit "Ja" oder "Nein" antworten können. Zum anderen fallen in diese Kodierung Fragen, in denen Wissen abgefragt wird.

Z.B.: E: Bleiben alle Tiere im Winter bei uns?
K: Nein.
Z.B.: E: Was fressen die Tiere im Winter?

Kodierung 9: offene Fragen
Die Fragen sind so formuliert, daß die Kinder zu Äußerungen eigener Beiträge und Meinungen angeregt werden.
Z.B.: E: Wie helft Ihr den Tieren im Winter?

Kategorie A 3:

Aufgreifen des Gedankens eines Kindes

In diese Kategorie werden alle Erzieher-Äußerungen eingestuft, in denen der Erzieher einen neuen Gedanken eines Kindes zum Thema aufgreift. Durch das Aufgreifen eines Gedankens des Kindes wird die Möglichkeit gegeben, den Unterricht partnerschaftlich zu gestalten, d.h. der Lehrer schenkt dem Gedanken des Kindes Beachtung, nimmt es ernst; somit trägt nicht nur der Lehrer zum Thema bei, sondern gleichwertig das Kind.
Es hängt weitgehend von der Person und dem Stil des Erziehers ab, inwieweit er Anregungen des Kindes wahrnimmt, aufgreift und zu fördern bereit und fähig ist. In der Häufigkeit des Auftretens dieser Kategorie kommt auch zum Ausdruck, inwieweit der Lehrer einen schülerzentrierten partnerschaftlichen Unterricht verwirklichen kann.
Alle A3-Äußerungen können mehr oder weniger verständnisvoll ausfallen.

Kodierung 1: Wenig warm, wenig verständnisvoll, wenig einfühlend.
Z.B.: K: Die Hirsche holen sich das Futter aus der Krippe.
E: Wie kommt denn das Futter in die Krippe hinein?

Kodierung 9: Warm, verständnisvoll, einfühlend.
Z.B.: K: Die Tiere im Wald gehen im Winter unter die Bäume.
E: Gell, und so können sie sich auch schützen.

Kategorie A 4:

Wiederholen der Äußerung eines Kindes

Es geht hier vor allem um die Wiedergabe der Information des Kindes durch den Erzieher, indem er die Äußerung im Wortlaut oder mit eigenen Worten wiedergibt. Vergleichbare Elemente finden wir auch in der Gesprächspsychotherapie, wobei zum Ausdruck kommt, daß das Gegenüber– hier der Lehrer– aufmerksam zugehört und den Inhalt der Äußerung verstanden hat. Durch das Wiederholen der Aussage zeigt er dem Schüler, daß sein inhaltlicher Beitrag beachtet wird und für das Unterrichtsgeschehen wichtig ist. Die Wiederholung einer Äußerung, besonders aber auch die einfühlsame Wiederholung in eigenen Worten, hat demnach die Funktion, die Kindäußerung hervorzuheben. Sie soll auch dazu führen, daß die Mitschüler sie zur Kenntnis nehmen.
Das Wiederholen einer Äußerung kann sich auf das reine Wiederholen beschränken oder aber auf eine einfühlende Weise geschehen.

Kodierung 1: Reines Wiederholen der Äußerung eines Kindes.
Z.B.: K: Mir hat gefallen, daß die Mutter gesagt hat, mach dir nichts draus.
E: Dir hat gefallen, daß die Mutter gesagt hat, mach dir nichts draus. (1)

Kodierung 9: Wiederholen der Äußerung des Kindes in eigenen Worten, ohne Zusatzinformation zu geben.
K: Wo die Mutter rausgekommen ist und hat das Geschenk gesehen gehabt, und da, da hat sie sich nicht mehr über die Frisur geärgert.
E: Das fand sie toll von ihrem Sohn, da hat sie sich gar nicht mehr über die Frisur geärgert. (9)

Kategorie A 5:

In Frage stellen einer Äußerung oder Behauptung des Kindes

Kategorisiert werden alle Beiträge des Erziehers, in denen er die Äußerung eines Kindes in ihrer Richtigkeit anzweifelt. Die Funktion der Infragestellung ist es, den Schüler auf eine nicht richtige Aussage aufmerksam zu machen und ihm Gelegenheit zum Überdenken seiner Äußerung zu geben. Dies kann auf unterschiedliche Weise geschehen. Wünschenswert erscheint es, den Schüler so anzusprechen, daß er die Korrektur annehmen kann und sich z.B. nicht verletzt fühlt.

Alle A 5-Äußerungen können mehr oder weniger verständnisvoll formuliert werden.

Kodierung 1: Wenig warm, wenig verständnisvoll, wenig einfühlend.
Beispiel:
K: Wir können im Winter für die Vögel auch Vögelnester machen.
E: Vogelnester? (1)

Kodierung 9: Warm, verständnisvoll, einfühlend. E: Ich glaube, da hat was nicht gestimmt, was der Andi gesagt hat. (9)

Kategorie A 6:

Zurückführen zum Thema

Schüler äußern gelegentlich Beiträge, die keinen unmittelbar erkennbaren Bezug zum gerade besprochenen Unterrichtsthema haben. Die Äußerungen, in denen der Erzieher das Kind auffordert, zum Thema zurückzukehren, werden in die Kategorie A 6 eingestuft. Bei einer starken Besetzung dieser Kategorie sollte nachgeprüft werden, welche Ursache dem zugrunde liegen könnte, z.B., ob die Erzieherin unter Umständen dazu neigt, Beiträge der Kinder, die durchaus in das Thema integrierbar wären, nicht aufzugreifen.

A 6 wird nur dann gewählt, wenn vor der Erzieheräußerung vom Thema abgewichen worden war, was z.B auch durch Durcheinanderreden und Geschrei geschehen kann.

Kodierung 1: Alle Äußerungen des Erziehers, in denen er die vorausgegangene Aussage des Kindes unberücksichtigt läßt.
Z.B.: K: (Durcheinanderreden)
E: Wir wollen jetzt weiter über Tiere im Winter reden.

Kodierung 9: Alle Äußerungen, bei denen der Erzieher die vorausgegangenen Äußerungen eines Kindes oder mehrerer Kinder mitberücksichtigt.

Z.B: E: Aber Ihr erzählt jetzt immer von Tieren im Sommer, wir wollen doch von Tieren im Winter reden.

Kategorie A 7:

Aussprechen von Lob und Bestätigung

Eingestuft werden hier alle Äußerungen, in denen der Erzieher die thematischen Beiträge durch Lob hervorhebt, sie bekräftigt und dadurch zum Ausdruck bringt, daß die Beiträge wichtig sind. Viele erziehungswissenschaftliche Untersuchungen konnten nachweisen, daß Loben, Bestätigen und Ermutigen sich positiv auf die Motivation der Kinder, ihre Lernbereitschaft und die Beteiligung am Unterricht auswirken.

Das Lob kann kurz oder aber auch ausführlicher ausfallen.

Kodierung 1: Der Lehrer lobt das Kind oder die Gruppe durch ein Wort.
Z.B.: hm, oder gut.
Kodierung 9: Der Lehrer geht ausführlich lobend auf das Kind ein.
Z.B.: Das finde ich sehr gut, was Du da gesagt hast.

Kategorie A 8:

Bezug herstellen zur Familie und zum Elternhaus

Diese Kategorie wurde in das Kategoriensystem miteinbezogen, weil es gerade für Kinder dieser Altersstufe sehr wichtig ist, daß die Verbindung zwischen Elternhaus und Schule thematisch immer wieder hergestellt wird. Der Übergang der Kinder vom Elternhaus zur Schule sollte keinen Bruch darstellen. Die Schule sollte nicht als etwas Fremdes, Isoliertes erlebt werden, sondern als Erweiterung ihres häuslichen Umfeldes. Das Herstellen einer Verbindung zwischen Elternhaus und Schule kann mehr oder weniger einfühlsam geschehen.

Kodierung 1: Weniger verständnisvoll, weniger einfühlend,
z.B.: Habt Ihr zuhause schon mal über Tiere im Winter gesprochen?

Kodierung 9: Warm, verständnisvoll, einfühlend,
z.B.: Aber erzählt doch mal, wie Ihr zuhause den Vögeln helft. (9)

B-Kategorien

Alle Unterkategorien der B-Kategorie enthalten die organisatorischen und das soziale Verhalten betreffenden Äußerungen des Erziehers. Sie werden wie die A-Kategorien doppelkodiert, jedoch geschieht die Zusatz-Kodierung in der Regel in vier Stufen, die wiederum eine differenziertere Bewertung der Erzieheräußerung zuläßt.

Kategorie B 1:

An das Kind gerichtete Aufforderung zu beginnen oder fortzufahren

Im Unterricht ist es in der Regel der Lehrer, der den Schüler aufruft. Entweder meldet sich der Schüler zu Wort oder der Aufruf geht vom Lehrer aus, ohne daß sich der Schüler von selbst gemeldet hat.

Die B 1– Kategorie umfaßt alle Aufrufe und Aufforderungen des Erziehers, in denen das Kind aufgefordert wird, sich am Unterrichtsgeschehen zu beteiligen. Wesentlich ist die Art und Weise der Aufrufe. Sie wird durch die vierstufige Zusatzkodierung erfaßt.
Die Art der Aufforderung läßt dem Kind mehr oder weniger viel Spielraum, darauf einzugehen oder auch nicht. Je strenger die Aufforderung von Lehrerseite formuliert ist, desto weniger Freiheit bleibt dem Kind, dieser nicht nachzukommen. Andererseits wird es ihm leichter fallen, eine Antwort zu geben, wenn es freundlich und/oder höflich fragend aufgefordert wird.

Kodierung 1: Die Äußerung des Erziehers ist so gewählt, daß sie nur den Namen des Kindes enthält. Der Erzieher fragt einzelne Kinder ab.
Z.B.: Martin, Jochen usw.

Kodierung 2: Die Äußerung des Erziehers ist ausführlicher formuliert als bei Kodierung 1.
Z.B.: Jetzt sag Du mal was Martin.

Kodierung 3: Die Aufforderung des Erziehers geschieht in Form einer Bitte,
z.B.: Bitte mach Du jetzt weiter,
oder in Möglichkeitsform
z.B.: Würdest Du jetzt bitte weitermachen.

Kodierung 4: Die Äußerung ist so formuliert (in der Regel in Frageform), daß das Kind die Freiheit besitzt, darauf einzugehen oder nicht einzugehen,
z.B.: Möchtest Du auch etwas dazu sagen, Jochen?

Kategorie B 2:

Anregen der Gruppe zur Selbstorganisation, zur Eigeninitiative, zur Rücksichtnahme gegenüber anderen

Hier handelt es sich um eine der wichtigsten Kategorien. Es werden alle Äußerungen des Erziehers registriert, die das Verantwortungsgefühl der Kinder, ihr Selbstvertrauen, ihre Bereitschaft, Stellung zu beziehen wecken und fördern. Die Kinder sollen in Eigeninitiative Organisationsaufgaben übernehmen. Der Lehrer delegiert bestimmte Aufgaben an die Schüler, z.B. ein Gespräch strukturieren, Regeln aufstellen, deren Beachtung gewährleisten. Durch diese Delegation wird die Monopolstellung des Lehrers aufgelockert, und der Schüler wird zur Selbständigkeit und selbstverantwortlichem Handeln angeleitet.
Das Anregen der Gruppe kann recht unterschiedlich geschehen. Die Anregung kann relativ allgemein formuliert werden im Sinne von “denkt doch mal nach“, oder aber sie kann direkt ein bestimmtes soziales Verhalten ansprechen.
Die allgemeine Formulierung kann wiederum in Form einer eher freundlichen und einfühlsamen Art vorgenommen werden. Das gezielte Anregen zu sozialem Verhalten kann wiederum begründet oder nicht begründet werden.

Kodierung 1: Die Äußerung des Erziehers ist eine reine Aufforderung an die Gruppe, sich etwas zu überlegen,
Z.B.: Überlegt doch mal oder denkt doch mal nach.

Kodierung 2: Die Aufforderung des Erziehers geschieht in Form einer Bitte,
z.B.: Jetzt denkt doch bitte mal nach.

oder: Nimmst Du dann bitte den nächsten dran, dann brauche ich das nicht immer zu sagen.

Kodierung 3: Die Äußerung des Erziehers ist so formuliert (in der Regel in Frageform), daß die Gruppe die Freiheit besitzt, darauf einzugehen oder nicht einzugehen,
z.B.: Möchtet Ihr noch etwas dazu sagen?
oder: Wer kann dem Jochen helfen?

Kodierung 4: Der Erzieher fordert zur Rücksichtnahme auf (ausgehend von einem einzelnen Kind oder mehreren Kindern der Gruppe).
Z.B.: Bitte sprecht nacheinander,
oder: Der Karl möchte etwas erzählen, aber er kommt nicht dazu, weil Ihr dauernd dazwischen redet.
oder: Du Angela, jetzt denk doch mal an die anderen.

Kategorie B 3:

Aufgreifen eines Vorschlags zur Organisation

In Kategorie B 3 wird registriert, in welcher Form der Erzieher Vorschläge zur Organisation aufgreift.

Kodierung 1: Der Vorschlag wird aufgenommen. Der Erzieher erwähnt jedoch nicht, daß er von den Kindern stammt.
Z.B.: Wir machen das jetzt so.

Kodierung 2: Der Vorschlag wird aufgenommen, der Erzieher erwähnt, daß er ihn von den Kindern übernommen hat, spricht aber kein Lob aus.
Z.B.: Machen wir das so wie X es vorgeschlagen hat.

Kodierung 3: Der Erzieher lobt die Kinder wegen des guten Vorschlags, den er übernimmt.
Z.B.: Den Vorschlag von X finde ich sehr gut, das machen wir jetzt so.

Kategorie B 4:

Aussprechen von Lob für soziales Verhalten in der Gruppe an eines oder mehrere Kinder der Gruppe gerichtet

Die Kategorie B 4 ist eine Kategorie, in der alle Erzieher-Äußerungen eingeordnet werden, in denen das soziale Verhalten der Kinder positiv bewertet und verstärkt wird.

Kodierung 1: Der Erzieher lobt das Kind oder die Gruppe durch ein Wort.
Z.B.: hm, oder gut.
oder:
K: Der M. wollte auch noch was sagen!

Kodierung 2: Der Erzieher geht auf das soziale Verhalten des Kindes oder der Gruppe ausführlicher lobend ein.
Z.B.: Das hast Du aber wirklich schön gemacht
oder:
K: Nicht immer Ihr hier vorne, die dahinten wollen auch mal dran.
E: Die wollen auch mal dran, stimmt!

Kategorie B 5:

Kritik, Tadel sowie Aufforderung, etwas zu unterlassen

Alle Äußerungen des Erziehers, die in recht unterschiedlicher Form Kritik, Tadel, Mißfallen zum Ausdruck bringen, werden hier eingeordnet. Wünschenswert ist es, wenn der Lehrer Kritik, Tadel und Mißfallen als von seiner Person ausgehend klar zum Ausdruck bringt und sie begründet.

Kodierung 1: Aufforderung, etwas zu unterlassen ohne Begründung,
z.B.: Laß das jetzt.

Kodierung 2: Aufforderung, etwas zu unterlassen ohne Begründung, aber als Bitte oder in Möglichkeitsform ausgesprochen,
z.B.: Laß das doch bitte.
oder: Könntest Du das bitte lassen.

Kodierung 3: Aufforderung, etwas zu unterlassen mit Begründung,
z.B.: Laß das doch bitte, Du störst die anderen.

Kodierung 4: In der Kritik drückt der Erzieher aus, daß ihm persönlich ein bestimmtes Verhalten des Kindes nicht gefällt; er begründet, warum ihm das Verhalten des Kindes nicht gefällt. Es handelt sich um Äußerungen des Erziehers, die er in Ich-Form abgibt.

Z.B.: Mir gefällt das nicht, was Du da machst, weil Du die anderen störst.
oder:
Ich könnte mir vorstellen, daß es Dir schwerfällt, dies zu lassen, es stört aber die anderen, darum bitte ich Dich, damit aufzuhören.

C-Kategorien

Äußerungen des Erziehers, sein eigenes Verhalten betreffend

Beide Unterkategorien dienen der Erfassung selbstkritischen Verhaltens des Erziehers. Selbstkritik und Infragestellen der eigenen Wahrnehmung stellen Verhaltensweisen dar, die zum Ausdruck bringen, daß auch Lehrer irren und Fehler machen können.
Durch die Korrektur des eigenen Verhaltens stellt sich der Erzieher als natürliches Modell für die Kinder dar; es bedeutet quasi "Fehler machen gehört dazu."

Kategorie C 1: Der Erzieher korrigiert sein eigenes Verhalten.
Z.B.: Ich hatte Dich wohl falsch verstanden.
oder:
Entschuldigung, ich hatte wirklich vergessen, Euch daran zu erinnern.

Kategorie C 2: Der Erzieher fragt, ob er die Information richtig verstanden hat.
Z.B.: Was hast Du gesagt?

Eine Zusatzkodierung findet in C 1 und C 2 nicht statt.

D-Kategorien

Die D-Äußerungen der Erzieher sind solche, die keiner der anderen genannten Kategorien eindeutig zugeordnet werden können.

In Tabelle 6 werden noch einmal alle Beobachtungskategorien zusammengefaßt dargestellt.

Tab. 6: Kategoriensystem zur Erfassung von Erzieher-/Lehrer-Äußerungen

A *"Äußerungen des Erziehers zum Unterrichtsthema"*

A1: Einführen und Fortführen eines Gedankens mit Zusatzinformation.

A2: Themenbezogene Fragen an das Kind oder die Gruppe.

A3: Aufgreifen des Gedankens eines Kindes.

A5: In Frage stellen einer Äußerung oder Behauptung des Kindes.

A6: Zurückführen zum Thema.

A7: Aussprechen von Lob und Bestätigung.

A8: Bezug herstellen zur Familie und zum Elternhaus.

B *"Äußerungen des Erziehers zur Organisation und zum sozialen Verhalten der Kinder"*

B1: An das Kind gerichtete Aufforderung, zu beginnen oder fortzufahren.

B2: Anregen der Gruppe zur Selbstorganisation, zur Eigeninitiative, zur Rücksichtnahme gegenüber anderen.

B3: Aufgreifen eines Vorschlages zur Organisation.

B4: Aussprechen von Lob für soziales Verhalten in der Gruppe an eines oder an mehrere Kinder der Gruppe gerichtet.

B5: Kritik, Tadel sowie Aufforderung, etwas zu unterlassen.

C *"Äußerungen des Lehrers, sein eigenes Verhalten betreffend"*

C1: Der Lehrer korrigiert sein eigenes Verhalten.

C2: Der Lehrer fragt, ob er die Information richtig verstanden hat.

D *"Alle Äußerungen, die keiner der anderen genannten Kategorien eindeutig zugeordnet werden können"*

9 ERGEBNISSE DER TONBANDPHASE

Über die Ergebnisse der Tonbandphase (vierte Phase) werde ich unter einem neuen Gliederungspunkt berichten und insofern von der Darstellung der anderen Phasen abweichen, da dort Vorgehen und Ergebnisse unter einem Punkt beschrieben wurden.
Die vierte Phase der Studie unterscheidet sich von allen anderen Phasen nicht nur hinsichtlich des zeitlichen Aufwandes, sondern auch in bezug auf das methodische Vorgehen. Es handelt sich um eine Längsschnittuntersuchung, deren Ziel es ist, Verhalten über einen längeren Zeitraum hinweg systematisch zu beobachten und auf Veränderungen hin in der Zeit auszuwerten.

9.1 Zur Auswertung

Eine quantitative Analyse meiner Beobachtungsdaten muß zwangsläufig unbefriedigend bleiben, da ein komplexes Geschehen wie "Unterricht" in seiner dynamischen Struktur auf Einzelelemente reduziert wird. Aussagen, die dennoch auf dieser Ebene gemacht werden, können leicht zu Interpretationen führen, die dem ganzen Geschehen nicht gerecht werden. Hier liegen auch bei der Analyse der Tonbänder Gefahren. In meinem Auswertungsvorgehen stellt die quantitative Analyse bzw. die Darstellung der Ergebnisse in relativen Häufigkeiten eine Hilfe für die Veranschaulichung von Veränderungsprozessen in bestimmten Verhaltensbereichen dar. Diese aber sind wenig aufschlußreich ohne Kenntnis zusätzlicher Informationsquellen, die in ihrer Gesamtheit den Kontext des Erziehungsgeschehens darstellen. Beispielsweise sind das Ausgangsverhalten der Erzieherin, ihr Lernverhalten, die konkrete Unterrichtssituation und vor allem die Beratung zwischen zwei Tonbandaufnahmen von entscheidendem Einfluß. Der Stellenwert kleinerer Änderungsschritte im Verhalten läßt sich demnach nicht unabhängig von vergangenen Erfahrungen und Informationsverarbeitungen, situativen Bedingungen und Erwartungshaltungen bestimmen. So ist davon auszugehen, daß das der Tonbandaufnahme vorausgegangene Beratungsgespräch für jede einzelne Erzieherin von spezifischer Wirkung ist; das heißt, jede Erzieherin wird aus dem Gespräch, den Übungen usw. andere Anregungen für ihr Verhalten im Unterricht entnehmen und entsprechend ihrer eigenen Gewichtung in ihrem Verhalten zu verwirklichen suchen. Weiter ist der Inhalt des zu bearbeitenden Themas, sein Aufforderungscharakter für die Erzieherin wie für die Schülergruppe von Bedeutung zur Aktivierung bestimmten erzieherischen Verhaltens; nicht immer kann das als wünschenswert beurteilte Verhalten sofort verwirklicht werden, wenn die spezifische Situation es nur schwer zuläßt. Ferner wird eine Erzieherin, die schon vor der Beratung z.B. Wert auf das 'Aufgreifen eines Gedankens' gelegt hat, dieses Verhalten nicht wesentlich steigern. Eine andere Erzieherin wiederum kann durch die Beratung von der Wichtigkeit dieses Verhaltens überzeugt worden sein, dennoch muß das nicht besagen, daß sich diese Einsicht sofort in konkretem Verhalten niederschlägt. Im Gegenteil konnte ich oft beobachten, daß diejenige Erzieherin, die ein bestimmtes Erziehungsverhalten für erstrebenswert hielt, dieses aufgrund der Beratungsgespräche noch durchaus steigern konnte, während diejenige, die erst während der Beratung darauf aufmerksam wurde, es oftmals schwer hatte, von ihrem eingefahrenen Verhalten abzuweichen. Nicht zuletzt spielt auch die spezifische Klassensituation und die tagesabhängigen Schülerbefindlichkeiten eine Rolle.

Die genannten Faktoren stellen den jeweiligen Kontext dar, in dem Verhalten verwirklicht wird. Das Zusammenwirken dieser verschiedenen Elemente führt zu einem immer anderen Ergebnis. In einer als Prozeß angelegten Beratungsarbeit soll die gezielte Intervention zwischen zwei Tonbandaufnahmen zu einem positiv veränderten Verhalten führen (dies sollte sich dann in der folgenden Tonbandaufnahme niederschlagen). Ausgewertet wird von mir nur das verbale Erzieherinnenverhalten, das die beobachtbare Essenz aus diesen voneinander abhängigen Faktoren darstellt. Das heißt aber auch, daß die Erzieherinnen nur bedingt vergleichbar sind, eben aufgrund der genannten Faktoren sowie des grundsätzlich unterschiedlichen Ausgangsniveaus in einzelnen Verhaltensbereichen. Aus dem Gesagten ergibt sich, daß eine quantitative Auswertung in dem von mir gesetzten Untersuchungsrahmen nur einen ganz bestimmten Bereich widerspiegeln kann, nämlich nur den des tatsächlich erfaßten Erziehungsverhaltens.

Nach Beendigung der vierten Beratungsphase standen mir insgesamt 20 Tonbänder zur Auswertung zur Verfügung. Für die Ergebnisse relevant waren 18 Tonbänder, da beim siebten Durchgang trotz mehrerer Verschiebungen eine der Erzieherinnen leider für längere Zeit erkrankt war. Für jedes Tonband wurden zunächst die absoluten und die relativen Häufigkeiten für jede einzelne Kategorie ausgezählt bzw. berechnet.

Da ich Veränderungen im Längsschnitt überprüfen wollte, stellte sich die Frage nach der Aufteilung der Tonbandphase in einzelne Abschnitte: sollte jedes einzelne oder mehrere Tonbänder als Einheit aufgefaßt werden? Aus folgenden Überlegungen heraus entschloß ich mich für eine 2:2:2-Aufteilung. Dieses Vorgehen erschien mir inhaltlich am besten vertretbar, da die erste Tonbandaufnahme die Grundrate im Sinne eines Basisverhaltens darstellt, worauf dann eine Behandlung in Form eines Beratungsgesprächs erfolgte. Daraufhin fand wiederum eine Aufnahme statt, die durch das erfolgte Beratungsgespräch bereits einen Effekt zeitigen sollte. Die Zusammenfassung jeweils von zwei Tonbändern erschien somit gegenüber anderen Alternativen (1:1:1:1... ; 3:3) sinnvoll. Die Abfolge von Tonbandaufnahme – Beratungsgespräch – Tonbandaufnahme konnte demnach dreimal für jede Erzieherin ausgewertet werden.
Ich werde im weiteren Text entweder von den verschiedenen Tonbandabschnitten oder vom ersten, zweiten und dritten Drittel der Tonbandphase sprechen, was gleichzusetzen ist mit der Zusammenfassung von jeweils zwei Tonbandaufnahmen in der zeitlichen Folge 1, 2, 3.
Die Vorgehensweise wird so sein, daß ich bei der Darstellung der Ergebnisse nur die relativen Häufigkeiten berücksichtigen werde, um eine Vergleichbarkeit zwischen den Erzieherinnen herstellen zu können. Die prozentualen Häufigkeiten für die drei Tonbandabschnitte sind bei der Ergebnisdarstellung in Klammern eingefügt. Die Analyse der Beobachtungswerte geschieht erstens auf der individuellen Ebene, d.h. das Verhalten jeder Erzieherin wird im Rahmen ihres individuellen Bezugssystems behandelt und zweitens auf der Vergleichsebene, d.h. das Verhalten der Erzieherinnen wird miteinander verglichen, wobei wiederum das spezifische Ausgangsniveau der einzelnen Erzieherin eine Rolle spielt. Noch einmal möchte ich in Erinnerung rufen, daß die Art meines Vorgehens in der Beratung nicht darauf abgezielt hat, isolierte Verhaltensweisen herauszugreifen und nur diese mit der Erzieherin zu üben, sondern daß mein Vorgehen immer integrativ angelegt war, d.h. immer wurden Verbindungen zwischen verschiedenen Verhaltensweisen, Einstellungen und Gefühlen hergestellt. Bei der Diskussion der einzelnen Verhaltensänderungstendenzen werde ich bemüht sein, den Kontext zu anderen Verhaltensweisen herzustellen und entsprechende Abhängigkeiten aufzudecken und zu interpretieren. Daß die Darstellung der Er-

gebnisse so erfolgt, daß eine Kategorie nach der anderen gleichsam unabhängig voneinander beschrieben wird, dient der Übersichtlichkeit.

9.2 Ergebnisse zum Erziehungsverhalten

Ich habe die Kategorien inhaltlich in zwei Gruppen aufgeteilt, die unabhängig sind von der A, B, C – Einteilung des Kategoriensystems. Zum einen geht es um die anteilnehmenden und zu sozialem Handeln anregenden, zum anderen um die strukturierenden und lenkenden Erzieheräußerungen.

Den Kategorien, die das anteilnehmende und sozial anregende Verhalten der Erzieherinnen repräsentieren, galt in den Beratungsgesprächen das größte Interesse. Sie geben angestrebte Erziehungsziele wieder, die von den Erzieherinnen übereinstimmend positiv bewertet wurden und die sie im Laufe des Beratungsprozesses mehr und mehr im Unterricht verwirklichen wollten.

Ein Überblick über die Gesamtzahl der Erzieherinnen- und Kinderäußerungen pro Text bzw. pro Thema und die Anzahl der Sinneinheiten pro Text/Thema ist im Anhang (S. 181) zu finden.

Ich beschreibe zuerst die Verhaltensänderungen der Erzieherinnen in diesen besonders beachteten und angestrebten Verhaltensweisen. (Es sind die Kategorien A 3, A 4, A 7, A 8, B 2, B 3, B 4).

9.3 Veränderungstendenzen in den Kategorien, die anteilnehmendes und zu sozialem Handeln anregendes Verhalten erfassen

Die Darstellung erfolgt für jede Beobachtungskategorie in drei Schritten:

1. Annahme,
2. Beschreibung der Beobachtungskategorie,
3. Ergebnisse

.

Die Darstellung der Ergebnisse erfolgt einmal als Beschreibung des beobachteten Verhaltens, zum anderen werden Verhaltensänderungen im Laufe der verschiedenen Tonbandphasen unter dem Aspekt der Auswirkungen von Beratung beschrieben und interpretiert. Dies geschieht einmal als Kurzfassung der Ergebnisse aller Erzieherinnen und zum ande-

ren als Verhaltensbeschreibung der einzelnen Erzieherin. Hierbei spielt die Diskussion der Verhaltensänderung im Kontext des individuellen Erziehungsgesamtverhaltens eine besondere Rolle.
(Die Tabelle der relativen Häufigkeiten für die einzelnen Kategorien pro Tonbandabschnitt und pro Erzieherin befindet sich im Anhang S. 188.)

9.3.1 A 3 – Aufgreifen des Gedankens eines Kindes

I. Annahme: Die Erzieherin wird die Gedanken von Kindern häufiger aufgreifen

II. Beschreibung der Beobachtungskategorie:
Aufgreifen ist eine sinnvolle schülerzentrierte Tätigkeit des Erziehers, die unterschiedliche Aspekte umfaßt.
Indem der Erzieher Anteil an den Gedanken des Kindes zeigt, schenkt er seinen Äußerungen Beachtung und regt es gleichzeitig dazu an, weitere Gedanken zu entwickeln.

Einfühlungs- und Umstellungsfähigkeit des Erziehers sind besonders gefordert, wenn es darum geht, von seinen eigenen Vorstellungen zur Erreichung des Unterrichtszieles abzuweichen und auch auf solche Schülerbeiträge einzugehen, die spontan nicht in die eigenen Vorstellungen hineinpassen. Durchaus interessante Gesichtspunkte zum Thema werden häufig durch das rigide Festhalten an dem eigenen Unterrichtsplan übergangen.

Das Aufgreifen bietet auch eine gute Gelegenheit, das Thema in einer möglichst ich-nahen Form an die Kinder heranzutragen. Ein gemeinsames und anschauliches Erarbeiten des Themas kann somit erleichtert werden. Ein solches Vorgehen verhindert, daß das Thema im abstrakten Raum abgehandelt wird und schnell in Vergessenheit gerät.

III. Ergebnisse
Kurzfassung der Ergebnisse aller Erzieherinnen
Beobachtetes Verhalten:
Insgesamt betrachtet verhielten sich alle Erzieherinnen häufiger warm und verständnisvoll als weniger warm und weniger verständnisvoll. Die drei Erzieherinnen gingen jedoch mit diesem Verhalten sehr unterschiedlich um, obwohl sie alle von der pädagogischen Wichtigkeit des Aufgreifens des Gedankens eines Kindes überzeugt waren. E 2 verwirklichte dieses Verhalten am häufigsten und zwar in einer warmen und verständnisvollen Art, E 5 lag etwa zwischen E 2 und E 1, E 1 verwendete am häufigsten die wenig einfühlsame Art des Aufgreifens.
Verhaltensänderungen:
Was die Veränderungstendenzen in diesem Verhalten betrifft, so konnte nur eine Erzieherin (E 2) ihr Verhalten in Richtung Zielvorstellung verändern. Bei den beiden anderen Erzieherinnen schienen diesbezügliche Zielvorstellungen und veränderte Einstellungen zeitlich nicht unmittelbar parallel zu ihrem Verhalten zu verlaufen. Erst gegen Ende der Tonbandphase wurde eine leicht positiv zu bewertende Tendenz erkennbar.

Verhaltensbeschreibung der einzelnen Erzieherinnen

E 1: Verhaltensänderungen von Erzieherin 1 (Annahme nicht bestätigt):
Die Häufigkeit des Aufgreifens nimmt bei E 1 im Laufe der Beratung prozentual ab; (8,7 % – 4,8 % – 5,4 %). Es zeigen sich gegenläufige Veränderungen, die nicht in Richtung Zielvorstellung tendieren. Der relative Endwert fällt drei Punkte niedriger aus als der Ausgangswert. Die Werte im zweiten und dritten Drittel bleiben in sich relativ konstant, erreichen aber nicht die Ausgangshöhe. Ein positiver Akzent in dieser Verhaltenskategorie ist darin zu sehen, daß das insgesamt wenig verständnisvolle Aufgreifen von E 1 im Verlauf der Beratung leicht abnimmt und das einfühlende, warme dafür ansteigt.

Diskussion im Kontext des Erziehungsgesamtverhaltens von E 1:
E 1 war es, die besonders hohe Diskrepanzen zwischen ihrer Selbstwahrnehmung und der Fremdwahrnehmung aufwies. Nach meinen Beobachtungen fiel es dieser Erzieherin besonders schwer, ihren Unterricht zu strukturieren und konsequent ein Ziel zu verfolgen; das konnte das Verhalten eines bestimmten Kindes, ein allgemein angestrebtes Verhalten

im Unterricht oder das Unterrichtsziel selbst betreffen. Ihre Bemühungen, sich mehr und mehr einer Fremdwahrnehmung sowie einer kritischen Selbstwahrnehmung zu stellen, waren sehr groß. E 1 war nach den Gruppensitzungen meist voller Veränderungswünsche. Vergleichsweise fiel es ihr aber wiederum besonders schwer, kleine Schritte in Angriff zu nehmen, Schwerpunkte zu setzen und vor allem Geduld mit sich selbst zu üben. In der Beratung war ihr zum ersten Male bewußt geworden, daß ihr Unterrichtsverhalten recht ziel- und planlos verlief. Allein um diese Wahrnehmung verarbeiten zu können, beanspruchte sie viel psychische Energie. Die Veränderungsansätze von E 1, so konnte insgesamt festgestellt werden, unterlagen in der Praxis vielen Schwankungen.

E 2: Verhaltensänderungen von Erzieherin 2 (Annahme bestätigt).
Die kontinuierliche Zunahme der Auftretenshäufigkeiten dieser Kategorie bei E 2 entspricht der angestrebten Zielvorstellung.
In den drei Abschnitten tritt das Verhalten "Aufgreifen eines Gedankens" in 7,1 % – 11,8 % – 11 % der Beobachtungseinheiten auf. Das überwiegend einfühlende Aufgreifen steigt bedeutsam an (6 % – 11,8 % – 11 %). Dies drückt sich auch darin aus, daß im 2. und 3. Drittel der Tonbandphase nur noch das einfühlende Aufgreifen vorkommt.

Diskussion im Kontext des Erziehungsgesamtverhaltens von E 2:
E 2 war von Anfang an motiviert, ihre Aufmerksamkeit auf die Beiträge der Kinder zu lenken. Sie versprach sich davon einen hohen Lerngewinn auf intellektueller wie auf emotionaler Ebene. In den Teamsitzungen zeigte sie sich besonders engagiert und aufgeschlossen für alternative Vorgehensweisen. Für E 2 bestanden keine Probleme darin, die Aspekte Zielerreichen und Aufgreifen zu integrieren. Bei ihr war es vielmehr so, daß im Zweifelsfall das Aufgreifen vor der Zielerreichung die Priorität hatte. Ihr gelang es am besten, dieses Verhalten in die Praxis umzusetzen und zwar in einer einfühlenden und akzeptierenden Art und Weise. Sie hatte die höchste Grundrate in dieser Kategorie, die sie noch deutlich steigern konnte. Durch die hohe Affinität zwischen der Bewertung dieser Kategorie und dem Bedürfnis, sie in konkretes Verhalten umzusetzen, war es für E 2 offensichtlich leichter als für E 5 einstellungskonform zu handeln. Bei dieser Erzieherin stimmte die Selbstwahrnehmung mit der Fremdeinschätzung weitgehend überein.

E 5: Verhaltensänderungen von Erzieherin 5 (Annahme nicht bestätigt)
Die Werte von E 5 zeigen nicht die erwartete Zunahme in dieser Verhaltenskategorie.
In den drei aufgezeichneten Abschnitten tritt das Verhalten in 5,2 % – 3,2 % – 5,1 % aller Beobachtungseinheiten auf. Die Häufigkeit nimmt im 2. Drittel zunächst etwas ab, um jedoch im letzten Drittel den Ausgangwert wieder zu erreichen. Wenn E 5 die Gedanken oder Anregungen der Kinder aufgreift, geschieht dies bevorzugt in einer verständnisvollen Art. Insgesamt aber verändert sich die Form des Aufgreifens bei ihr nicht wesentlich.

Diskussion im Kontext des Erziehungsgesamtverhaltens von E 5:
Erzieherin 5 ging in ihrem Unterricht am zielgerichtesten vor. Sie hatte für jede Stunde ein klares Konzept und wollte die von ihr gesteckten Unterrichtsziele erreichen. Zwei Aspekte unterrichtlichen Geschehens kamen hier miteinander in Konflikt: "Aufgreifen" und "Zielerreichen". Die Bedenken von Erzieherin 5 waren, daß sie, wenn sie auf alles eingehe, ihr Stundenziel nicht erreiche. Nun ist aber eine Pauschalierung zu der einen oder anderen Seite einem Sachverhalt selten angemessen. Es muß jeweils von Fall zu Fall entschieden werden, ob sich die Äußerung eines Kindes in den Unterrichtsablauf integrieren läßt oder nicht. Solch ein Vorgehen erfordert viel Aufmerksamkeit, Flexibilität und Sensibilität. Nach meinen Beobachtungen fiel es E 5 besonders schwer, diese beiden Aspekte "Aufgreifen" und "Zielerreichen" zu integrieren, insbesondere weil ihr das Zielerreichen zunächst wichtiger erschien. Sie war sich jedoch zu Anfang der Beratung nicht bewußt, wie sehr ihr konsequentes Verfolgen des Unterrichtszieles sie daran hinderte, Beiträge der Kinder wahrzunehmen und aufzugreifen. Im Laufe der Beratung wurde für E 5 eine Annäherung von Aufgreifen und Zielerreichen immer mehr denkbar, vor allem stellten diese beiden Aspekte keinen Widerspruch mehr dar. Wie die quantitativen Daten jedoch zeigen, konnte die sich verändernde Einstellung gegenüber der Bewertung von Aufgreifen sich nicht oder noch nicht in einer veränderten Häufigkeit des Aufgreifens im Unterricht nierderschlagen. An diesem Beispiel läßt sich deutlich zeigen, wie individuell verschieden langer Zeiträume es häufig bedarf, Veränderungsprozesse in Gang zu bringen, wobei veränderte Einstellungen nicht sofort handlungswirksam werden müssen. Die Angaben von E 5 in der Nachbefragung (siehe Graudenz 1982) sprechen jedoch dafür, daß sie auf Möglichkeiten des Aufgreifens bewußter achtete und bemüht

war, integrierbare Äußerungen der Kinder häufiger in ihr eigenes Konzept einzubeziehen. D.h. ein Jahr nach Beendigung der Beratung war E 5 noch mit “ihrem Problem“ beschäftigt und an der Umsetzung ihrer neu gewonnen Einstellung interessiert.

9.3.2 A 4: Wiederholung der Äußerungen eines Kindes

I. Annahme:
Die Erzieherin wird bemüht sein, dem Kind zunehmend mehr und intensiv zuzuhören und seine Äußerung dementsprechend zu wiederholen. Dies soll nicht bedeuten, daß die Anzahl der Wiederholungen gesteigert werden muß. Erwartet wird, daß die Art und Weise der Wiederholungen sich qualitativ verändert, so daß die Wiederholungen in eigenen Worten häufiger vorkommen als die reinen wörtlichen Wiederholungen.

II. Beschreibung der Beobachtungskategorie:
Wiederholungen können als die einfachste Form des Aufgreifens betrachtet werden. Zugleich stellen sie aber auch eine Form von Lob dar. Denn durch die Wiederholung bestätigt die Erzieherin, daß der Beitrag eines Kindes beachtenswert und sinnvoll ist. Die Erzieherin zeigt dem Kind, daß sie seine Äußerung bemerkt hat und bekräftigt sie durch einfache Wiederholung. Durch die Wiederholung in eigenen Worten kommt ihr eigenes Verständnis von der Aussage des Kindes zum Ausdruck. Für das Kind bedeutet diese Art des Wiederholens eine intensivere Anteilnahme an seinem Beitrag. Es fühlt sich persönlicher angesprochen und erfährt dadurch, daß seine Äußerung richtig verstanden wurde und beachtenswert ist. Es kommt hinzu, daß das Hervorheben der Aussage des Kindes in eigenen Worten ihren Stellenwert bei den Mitschülern hebt.

III. Ergebnisse
Kurzfassung der Ergebnisse aller Erzieherinnen:
Beobachtetes Verhalten:
Das Wiederholen in eigenen Worten wird von E 2 mit Abstand am häufigsten verwendet, von E 1 hingegen noch weniger als von E 5.
Das einfache Wiederholen einer Äußerung wird am meisten von E 1 gebraucht (Verhältnis 5:1), von E 5 (Verhältnis 1:1) etwas weniger als von E 2 (Verhältnis 1:2). Bei E 2 nimmt das Wiederholen in eigenen Worten vergleichsweise den größten Raum ein, während bei E 5 beide Formen

des Wiederholens etwa gleich häufig verwendet werden.
Verhaltensänderungen:
Bei Erzieherin 5 und Erzieherin 1 können leichte Verhaltensänderungen in Richtung der Zielvorstellung beobachtet werden; bei Erzieherin 2 verläuft die Änderung nicht im Sinne der Erwartung, wobei aber ihr relativ hohes Ausgangsniveau beim Wiederholen in eigenen Worten berücksichtigt werden muß.

Verhaltensbeschreibung der einzelnen Erzieherinnen:

E 1: Verhaltensänderungen von Erzieherin 1 (Annahme teilweise bestätigt):
Die prozentuale Häufigkeit der Wiederholungen (3,0 % – 3,8 % – 2,6 %) in dieser Kategorie verändert sich bei E 1 nur minimal. Im letzten Drittel ist ein leichter Abwärtstrend zu verzeichnen. Die bevorzugte Form des Wiederholens ist bei ihr das reine Wiederholen, das aber im letzten Drittel leicht abnimmt (3,0 % – 3 % – 1,7 %), während das zuerst nicht vorhandene Wiederholen in eigenen Worten leicht zunimmt (0 % – 0,8 % – 0,9 %). Diese Veränderungen gehen in Richtung der geäußerten Erwartung.

Diskussion im Kontext des Erziehungsgesamtverhaltens von E 1:
Gezielt wurde zweimal ausgehend von dem Tonband von E 1 auf das Wiederholen der Äußerungen eines Kindes in den Teambesprechungen eingegangen. E 1 neigte zu Wiederholungen, die sich im Kontext als überflüssig herausstellten. Sie hatten den Charakter von Auffüllsätzen. Hinzuzufügen ist, daß diese Kategorie im Zusammenhang mit E 1 schon vor Beginn der Tonbandaufnahmen öfter zum Thema geworden war. Im Vergleich zu den beiden anderen Erzieherinnen neigte sie am stärksten dazu, die Äußerungen eines Kindes in der reinen Wiederholungsform wiederzugeben, das Wiederholen in eigenen Worten verwendete sie selten (4:1). Dennoch ist das leichte Ansteigen des Wiederholens in eigenen Worten bereits positiv zu bewerten und als Auswirkung der Beratung anzusehen.

E 2: Verhaltensänderungen von Erzieherin 2 (Annahme nicht bestätigt):
Das Wiederholen nimmt bei E 2 insgesamt ab, besonders im zweiten Drittel der Studie (9,5 % – 0,7 % – 2,6 %). Die Form des Wiederho-

lens verändert sich kaum, d.h. beide Arten des Wiederholens nehmen in gleicher Weise ab. So nimmt das Wiederholen in eigenen Worten von 5,6 % über 0,7 % auf 1,7 % im letzten Drittel ab. Entsprechendes gilt auch für das reine Wiederholen. Die Veränderungen in dieser Kategorie verlaufen nicht im Sinne der Erwartung.

Diskussion im Kontext des Erziehungsgesamtverhaltens von E 2:
Die Abnahme in dieser Kategorie muß unter Berücksichtigung des relativ hohen Ausgangsniveaus dieser Erzieherin interpretiert werden. Die relativ hohe Anzahl von Wiederholungen im ersten Drittel der Tonbandstudie war eindeutig auf ein etwas ungeschicktes Wiederholen in Form von Abfragen der Kinder entstanden, und zwar bei dem Thema Schatzkästchen. Z.B. E: Peter hat gesagt, ein Ring, was meinst Du, Jürgen? K: Ein Armband. E: Ein Armband, ja und was meinst Du, Christoph etc. etc.
Das genannte Verhalten fiel aus dem Rahmen des sonst praktizierten Vorgehens von E 2 und muß deshalb hier einschränkend erwähnt werden. Der auf diese Weise entstandene hohe Ausgangswert der Erzieherin 2 entspricht offensichtlich nicht ihrem sonst üblichen Verhalten, welches bei alleiniger Betrachtung der Werte des zweiten und dritten Drittels in dieser Kategorie deutlich unterhalb der Werte ihrer Kolleginnen angesiedelt ist (E 2 3,3 %, E 5 5,4 %, E 1 6,4 %). Obwohl sich auch die Form des Wiederholens bei ihr nicht im Sinne der Erwartung verändert, hat das Wiederholen in eigenen Worten für sie einen höheren Stellenwert als das reine Wiederholen, was in dem Verhältnis vom reinen Wiederholen zum Wiederholen in eigenen Worten (1:2) positiv zum Ausdruck kommt.

E 5: Verhaltensänderungen von Erzieherin 5 (Annahme teilweise bestätigt):
In den drei aufgezeichneten Abschnitten nimmt der prozentuale Anteil der Wiederholungen leicht ab (3,3 % – 3,1 % – 2,3 %). Bei der Art des Wiederholens kann eine leicht positive Veränderung festgestellt werden: Das anfangs stärker vertretene reine Wiederholen nimmt ab und das Wiederholen in eigenen Worten nimmt zu. Besonders auffallend ist die Zunahme des Wiederholens in eigenen Worten im zweiten Drittel der Studie (0 % – 3,1 % – 1,1 %) (9). Die tendenzielle Veränderung in Richtung einer qualitativen Änderung des Wiederholens entspricht der Annahme.

Diskussion im Kontext des Erziehungsgesamtverhaltens von E 5:
Die leichte Abnahme der prozentualen Häufigkeit in dieser Kategorie steht nicht im Widerspruch zu der geäußerten Erwartung. Die Veränderung in der Qualität des Wiederholens – nämlich in eigenen Worten – hat im Sinne der Erwartung stattgefunden.

9.3.3 A 7: Aussprechen von Lob und Bestätigung

I. Annahme:
Lob und Bestätigung werden insgesamt "angemessener" im Sinne der bewußten und gezielten Beachtung der Bedingungen Person, Inhalt und Situation eingesetzt .

II. Beschreibung der Beobachtungskategorie:
Grundsätzlich unbestritten ist die positive Funktion von Lob und Bestätigung im Unterrichtsgeschehen. Darauf will ich hier nicht weiter eingehen. So wichtig Lob und Bestätigung auch sind, so steht doch fest, daß eine wahllose Steigerung keine pädagogisch positiven Auswirkungen mehr zeitigen kann. Ein wesentlicher Akzent liegt auf dem bewußten Umgehen mit lobendem Verhalten, d.h. es soll individuell und situationsabhängig erteilt werden. Wir können davon ausgehen, daß Lob nur dann effektiv ist, wenn es in einem bestimmten Verhältnis zu den anderen unterrichtlichen Interaktionsformen steht. Der inflationäre Gebrauch von Lob wirkt unecht und verliert seinen positiven Bestätigungswert. Bei einer Erzieherin hingegen, die selten lobt und gleichzeitig einen eher direktiven Erziehungsstil praktiziert, ist eine häufigere Anwendung dieses Erziehungsmittels wünschenswert.

III. Ergebnisse
Kurzfassung der Ergebnisse aller Erzieherinnen:
Beobachtetes Verhalten:
Diese Kategorie ist hoch besetzt, besonders durch die kurze Form der Bestätigung, wie z.B. "hm" oder "gut". E 5 verwendet diese Bestätigungsart am häufigstgen, E 2 am wenigsten, E 1 liegt etwa dazwischen. Auch bei der ausführlicheren Form des Lobes liegt E 2 im Vergleich im unteren Bereich, E 5 und E 1 verhalten sich hier in etwa ähnlich.
Das interne Verhältnis beider Bestätigungsarten ist bei allen Erzieherinnen gleich (E 5 9:1, E 2 10:1, E 1 9:1).

Verhaltensänderungen:
Erzieherin 5 und Erzieherin 1 zeigen beide Tendenzen im Sinne der Erwartung. Es kann eine qualitative Veränderung des lobenden Verhaltens festgestellt werden. E 2 hingegen lobt insgesamt wenig, allerdings nimmt, gemessen an ihrem Ausgangsniveau, die einfache Form des Lobs im letzten Drittel der Untersuchung zu, eine Verhaltensänderung in Richtung der Zielvorstellung jedoch findet nicht statt.

Verhaltensbeschreibung der einzelnen Erzieherinnen:

E 1: Verhaltensänderungen von Erzieherin 1: (Annahme bestätigt):
Bei E 1 nimmt die prozentuale Häufigkeit der Kategorie Lob im dritten Drittel der Untersuchung ab (17,2 % – 19,5 % – 13,4 %). Das Verhältnis beider Lobformen zueinander ist 9:1. Andererseits ist bei ihr ein deutlicher Trend zur Steigerung des ausführlicheren Lobs im zweiten und dritten Drittel der Studie zu verzeichnen (0,9 % – 2,5 % – 2,2 %) (9). Diese Veränderungen sind im Sinne der Annahme zu betrachten.

Diskussion im Kontext des Erziehungsgesamtverhaltens von E 1:
Die Zunahme des differenzierteren Lobs im zweiten und dritten Drittel kann als wünschenswerte Veränderung in dieser Kategorie angesehen werden. Nach Aussagen von E 1 war das ausführlichere Lob für sie eine Verhaltensweise, die ihr nicht nur inhaltlich wichtig erschien, sondern mit der sie sich verstärkt und unterstützt durch die Beratung zunehmend mehr vertraut machen konnte, was ihr bei der Umsetzung in die Realität zugute kam.

E 2: Verhaltensänderungen von Erzieherin 2 (Annahme nicht bestätigt):
Bei E 2 nimmt das lobende Verhalten im dritten Drittel beachtlich zu (6,5 % – 2,1 % – 19,8 %), wobei durchgehend die einfache Form des Lobs vorrangig bleibt (Verhältnis 10:1). Gemessen an ihrem sehr niedrigen Ausgangsniveau erscheint die Zunahme des lobenden Verhaltens angemessen. Insgesamt betrachtet entspricht die Veränderung in dieser Kategorie nicht ganz der Erwartung, da die Zunahme auf das letzte Drittel konzentriert ist und die Form des Lobs auf das reine Wiederholen beschränkt bleibt.

Diskussion im Kontext des Erziehungsgesamtverhaltens von E 2:
E 2 lobte insgesamt am wenigsten. Lob in dem von uns definierten Sinne kam bei ihr selten vor. Durch die Tonbandaufnahmen wurde ihr zum ersten Mal bewußt, daß sie dieses Verhalten relativ zu ihren Kolleginnen wenig zeigte. Der zunehmende Gebrauch im letzten Drittel der Studie kann als positiver Trend beurteilt werden. Da sich aber die Form des Lobs nicht verändert hatte, kann unsere Annahme als nicht ganz bestätigt angesehen werden. Zu beachten ist aber, daß speziell E 2 andere Verhaltensweisen zur Verfügung hatte, die nicht in diese Kategorie eingestuft wurden, aber im Kontext eine ausgesprochen bekräftigende und unterstützende Funktion einnahmen. (Im Sinne von "Aufgreifen" und "Anregen der Gruppe zur Selbstorganisation, zur Eigeninitiative und zur Rücksichtnahme gegenüber anderen"). An diesem Verhalten von E 2 kann wiederum verdeutlicht werden, wie wichtig es ist, eine bestimmte Verhaltensweise im Kontext mit anderen zu betrachten. Jede Erzieherin hat ihr individuelles Zusammenspiel von Verhaltensweisen, so daß bei einer Erzieherin die Betonung eines bestimmten Verhaltens einen Mangel an einer anderen Verhaltensweise günstig kompensieren kann, ohne daß bestimmte erzieherische Elemente grundsätzlich fehlen müssen.

E 5: Verhaltensänderungen von Erzieherin 5 (Annahme teilweise bestätigt).
Die prozentuale Häufigkeit des Lobs nimmt bei E 5 ab (25,4 % – 19,3 % – 20,7 %). Sie verwendet die einfache Form des Lobs (Ein-Wort-Lob) viel häufiger als die differenziertere Form. Das interne Verhältnis beider Bestätigungsarten ist 9:1. Im letzten Drittel der Studie steigt die ausführlichere Form des Lobs (9) an (1,9 % – 0,8 % – 3,9 %) und die einfache Form (1) nimmt ab (23,5 % – 18,5 % – 16,5 %). Diese qualitative Veränderung des Lobs kann im Sinne der Annahme gewertet werden.

Diskussion im Kontext des Erziehungsgesamtverhaltens von E 5:
Lob wurde allein zweimal anhand der Tonbandaufzeichnungen von E 5 ausführlich in den Beratungen diskutiert, wobei es schwerpunktmäßig darum ging, nicht unbedingt sehr viel zu loben, sondern Lob differenziert zu gebrauchen und zu verteilen. Unter Beachtung des hohen Ausgangsniveaus von E 5 in dieser Kategorie kann die allgemeine Abnahme des Lobs weder positiv noch negativ bewertet werden. Die häufigere Verwendung des ausführlichen Lobs im letzten Drittel der Tonbandpha-

se, die mit einer gleichzeitigen Abnahme des einfachen Lobs einhergeht, läßt hingegen erkennen, daß E 5 beginnt, Lob öfter differenziert einzusetzen.

9.3.4 A 8: Bezug herstellen zur Familie und zum Elternhaus

I. Annahme:
Die Erzieherin wird bestrebt sein, einen Bezug zur Familie bzw. zum Elternhaus der Kinder herzustellen, wenn sich die Gelegenheit dazu anbietet.

II. Beschreibung der Beobachtungskategorie:
Für das Vorschul- und auch weitgehend noch für das Grundschulkind besteht ein starker Erlebniszusammenhang zwischen beiden Bezugssystemen, der Schule und dem Zuhause. Wir können davon ausgehen, daß es für das Kind, für sein Wohlbefinden und für seine Lernmotivation von Bedeutung ist, wenn es Schule und Elternhaus nicht als zwei getrennte Institutionen erlebt. Bei dieser Kategorie handelt es sich weniger darum, sie mehr in das erzieherische Verhalten miteinzubeziehen als vielmehr sie grundsätzlich bewußter anzusprechen, wenn die Situation sich dazu anbietet.

III. Ergebnisse
Kurzfassung der Ergebnisse aller Erzieherinnen:
Beobachtetes Verhalten:
Wenn von den Erzieherinnen ein Bezug zur Familie hergestellt wird, dann verständnisvoll und einfühlend. E 1 und E 2 zeigen dieses Verhalten häufiger als E 5.
Insgesamt gesehen tritt dieses Verhalten zu selten auf, als daß eindeutigere Aussagen darüber gemacht werden könnten.
Verhaltensänderungen:
Bei Erzieherin 2 und Erzieherin 1 kommt es – wenn auch selten – in jedem Drittel vor, mit minimal ansteigender Tendenz im 3. Drittel der Untersuchungsphase.

Verhaltensbeschreibung der einzelnen Erzieherinnen:
Diese Kategorie ist so selten besetzt, daß sich eine individuelle Diskussion der Daten nicht anbietet. Es erfolgt daher nach einer kurzen Be-

schreibung des Verhaltens jeder Erzieherin eine zusammenfassende Diskussion.

E 1, E 2, E 5: Verhaltensbeschreibung von Erzieherin 1, Erzieherin 2 und Erzieherin 5:

Erzieherin 1
Bei E 1 nimmt das A 8-Verhalten im dritten Drittel stärker zu (1,1 % – 1,2 % – 3,7 %).

Erzieherin 2
Bei E 2 verteilen sich die A 8-Äußerungen etwa gleichmäßig niedrig über alle Drittel (1,7 % – 1,4 % – 2,1 %).

Erzieherin 5
Bei E 5 kommt diese Kategorie nur im ersten Drittel vor (dreimal). Im Vergleich mit den anderen Erzieherinnen wendet sie dieses Verhalten am wenigsten an.

Zusammenfassende Diskussion im Kontext des Erziehungsgesamtverhaltens der Erzieherinnen:
Insgesamt gesehen kam das Verhalten "Bezug herstellen zur Familie" wenig vor, obwohl einige Themen ein solches Verhalten durchaus nahegelegt hätten (z.B. das Telefon, das Fernsehen, der Nikolausstiefel). Wenn ein Bezug zur Familie hergestellt wird, dann verständnisvoll und einfühlend. A 8 wurde wenig in den Teamsitzungen angesprochen, wenn, eher am Rande im Zusammenhang mit anderen inhaltlichen Problemen, z.B. bei dem Thema Fernsehen: Dieses Thema wurde von den Erzieherinnen insgesamt recht formal und oberflächlich behandelt. Sie fragten die Kinder danach, wann, wie oft und was sie sehen würden, es wurde aber so gut wie nie eine Beziehung zum Erleben der Kinder hergestellt, zum Stellenwert des Fernsehens in ihrem Tagesablauf, oder in Bezug zu ihren Geschwistern und Eltern. Beim Anhören der Tonbänder und der anschließenden Analyse mußten die Erzieherinnen zum Teil überraschend feststellen, daß inhaltlich gesehen sehr wenig bei diesem Thema herausgearbeitet worden war. Wir stellten uns die Frage, warum das so gelaufen ist, speziell bei einem Thema, das aktuell und konfliktbesetzt ist. Zum Teil war den Erzieherinnen ihr formales Vorgehen gar

nicht bewußt gewesen. Ein anderes Problem, das immer wieder einmal angesprochen wurde, war die nicht ausreichende Vorbereitung auf ein Thema. Immer wieder fanden in solchen Situationen Gespräche über die Ausbildung, insbesondere der Sozialpädagoginnen, statt. Beklagt und kritisiert wurde die mangelhafte Ausbildung hinsichtlich der Planung, Strukturierung und didaktischen Aufbereitung eines Unterrichtsthemas. Die Erzieherinnen erlebten ihre Arbeit häufig als strukturlos, sich selbst als zu unsicher und einfallslos und mit zu wenig didaktischen Fähigkeiten ausgestattet. Hinzu kam noch, daß es den Erzieherinnen oft schwerfiel, ihr eigenes Erleben mit in den Unterricht einzubeziehen. Bleiben wir beim Fernsehen: Z.B. auch einmal von sich selbst zu sprechen im Sinne von "Ich habe auch schon Filme gesehen, bei denen ich Angst hatte und mich nicht gut fühlte" etc. Das Sich-Selbst-Herauslassen als Person, für die Kinder nicht faßbar zu sein, wurde zunehmend häufiger problematisiert. Wenn die Erzieherin selbst unpersönlich bleibt, dann wird es relativ unwahrscheinlich, daß sie in der Lage sein wird, bei den Kindern persönliche Stellungnahmen anzuregen. In unserem Zusammenhang, in dem viele Beziehungen bestehen zwischen schulischem und häuslichem Erleben und Lernen, sind persönliche Erfahrungen und Stellungnahmen des Erziehers wichtig, um Kindern dieses Alters das Lernen ich-nah und lebendig zu gestalten.

9.3.5 B 2: Anregen der Gruppe zur Selbstorganisation, zur Eigeninitiative, zur Rücksichtnahme gegenüber einzelnen Gruppenmitgliedern

I. Annahme:
Die Erzieherin wird sich stärker bemühen, die Gruppe zur Selbstorganisation, zur Eigeninitiative und zur Rücksichtnahme gegenüber einzelnen Gruppenmitgliedern anzuregen.

II. Beschreibung der Beobachtungskategorie:
Die B 2-Kategorie wurde in mehr oder weniger ausführlicher Form in jeder Beratungssitzung zum Thema. In dieser Kategorie werden im wesentlichen soziale Fähigkeiten angesprochen, die unabdingbar für ein soziales Zusammenleben in Schule, Beruf und allen anderen Formen mitmenschlicher Kommunikation sind. Die genannten Fähigkeiten sind in hohem Maße sozial erwünschte Eigenschaften, ihre Förderung wird je-

doch häufig vernachlässigt. Ein Grund dafür kann sein, daß der Erzieher zu dominant und zu dirigierend das Gruppengeschehen bestimmt, ohne es selbst zu bemerken. Die Verwirklichung des Anregens zur Selbstorganisation ist z.B. nicht nur von der Bewertung dieses Unterrichtszieles abhängig, sondern auch von der Einstufung der Fähigkeiten der Gruppe durch den Erzieher und vor allem auch von der Bereitwilligkeit der Erzieher, ihren Lenkungs- und Führungsanspruch zu delegieren.

III. Ergebnisse
Kurzfassung der Ergebnisse aller Erzieherinnen:
Beobachtetes Verhalten:
E 1 benutzt die bittende Form der Anregung am wenigsten, E 5 fordert am wenigsten zur Rücksichtnahme auf.
Erzieherin 2 spricht die Kinder in den genannten Verhaltensbereichen am häufigsten an.
Vergleichsweise oft regt sie die Kinder in Form von Bitten an und fordert sie mehr als ihre Kolleginnen zur gegenseitigen Rücksichtnahme auf.
Verhaltensänderungen:
Erzieherin 1 und Erzieherin 5 zeigen Veränderungen in der gewünschten Art und Weise. Bei Erzieherin 2 ist keine Veränderung im Sinne der Annahme zu beobachten, wobei wiederum ihr hohes Ausgangsniveau in diesem Bereich beachtet werden muß.

Verhaltensbeschreibung der einzelnen Erzieherinnen:

E 1: Verhaltensänderungen von Erzieherin 1 (Annahme bestätigt):
Das Anregen nimmt bei E 1 deutlich zu (4,4 % – 5,4 % – 15,4 %). Es erhöht sich sowohl die kurze Anregungsform (1) (0,2 % – 0 % – 6,1 %) als auch die einfühlsamere Form des Anregens (3) (0,2 % – 0 % – 2,7 %). Beide Veränderungen in dieser Kategorie verlaufen im Sinne der Erwartung.

Diskussion im Kontext des Erziehungsgesamtverhaltens von E 1:
Erzieherin 1, die sich zu Anfang am wenigsten anregend verhielt, hat ihr Verhalten deutlich steigern können, was als ein positiver Lerneffekt der Beratung gewertet werden kann. Ihr niedriges Ausgangsniveau in dieser Kategorie erklärt sich z.T. daraus, daß sie die Selbständigkeit der Schülergruppe unterschätzt hatte und auch selbst größere Schwierigkeiten da-

mit hatte, auf ein “alles in die Hand nehmen“ zu verzichten. Dieses Verhalten war Erzieherin 1 zunächst nicht bewußt, anhand der Tonbänder konnte sie konkret hören und wiedererleben, wie sie in den entsprechenden Situationen vorging. Durch die Besprechungen gewannen die Inhalte dieser Kategorie für sie an Bedeutung und es konnte zu einer feststellbaren positiven Veränderung kommen.

E 2: Verhaltensänderungen von Erzieherin 2 (Annahme nicht bestätigt):
Bei E 2 sinkt die Häufigkeit des Anregens im dritten Drittel deutlich ab (15,7 % – 19,4 % – 8 %). Auch bei den qualitativen Abstufungen in Form der Zusatzkodierungen ist eine gleichmäßige Abnahme festzustellen (3,3 % – 1,3 % – 0,8 %, Zusatzkodierung 3). Beide Veränderungstendenzen der Werte verlaufen nicht im Sinne der Erwartung.

Diskussion im Kontext des Erziehungsgesamtverhaltens von E 2:
Insgesamt gesehen konnte bei den Erzieherinnen ein sehr unterschiedliches Ausgangsniveau in dieser Kategorie festgestellt werden. Die nicht erwartete Abnahme bei E 2 muß unter Berücksichtigung ihres hohen Ausgangsniveaus interpretiert werden. Sie war mit Abstand die Erzieherin, die sich von vornherein sehr anregend und einfühlend verhielt. Von daher ist es verständlich, daß sie ihr Verhalten in dieser Kategorie nicht fortlaufend steigern konnte. Bei der starken Abnahme im letzten Drittel ist weiterhin zu berücksichtigen, daß speziell E 2 das Anregen an die Schüler der Klasse delegiert hatte. Ihre Schüler hatten es gelernt, sich untereinander anzuregen, so daß die Erzieherin dieses Verhalten nur noch wenig initiieren mußte. Diese Interpretation ist nur unter Berücksichtigung des Kontextes möglich. Allein aus den Häufigkeitswerten wäre sie nicht ableitbar. Obwohl E 2 diese Kategorie im letzten Drittel seltener verwendet, hat sie noch immer ein relativ hohes Niveau (8 %).

E 5: Verhaltensänderungen von Erzieherin 5 (Annahme bestätigt):
Die relative Häufigkeit der Kategorie “Anregen der Gruppe zur Selbstorganisation u.a.“ nimmt bei E 5 leicht zu (7,6 % – 8,3 % – 8,5 %). Die anfangs vorwiegend kurzgefaßte Anregungsform der Erzieherin verändert sich zunehmend im Laufe der Durchgänge zu einer ausführlicheren und anteilnehmenderen Art des Anregens (0,1 % – 1,8 % – 2,3 %) (3). Gleichzeitig nimmt die einfache Form (1) vom zweiten Drittel an ab (4,2 – 1,3 % – 0,8 %). Die Veränderungen in der Qualität des Anregens während der drei Abschnitte verlaufen im Sinne der angestrebten Zielvorstellungen.

Diskussion im Kontext des Erziehungsgesamtverhaltens von E 5:
E 5 kann ihr Verhalten in der gewünschten Richtung steigern. Die Zunahme in der Kategorie im letzten Drittel ist zwar nicht sehr ausgeprägt, z.T. durch die hohe Grundrate erklärbar, aber die qualitativen Veränderungen (B 2: 1, 2, 3) des Anregens in den weiteren Abschnitten verlaufen deutlich in positiver Richtung.

9.3.6 B 3: Aufgreifen eines Vorschlags zur Organisation B 4: Aussprechen von Lob für soziales Verhalten in der Gruppe an eines oder mehrere Kinder gerichtet.

Die Annahmen für B 3 und B 4 könnnen aufgrund der geringen Besetzung dieser Kategorien nicht überprüft werden. Ich beschränke mich daher auf eine kurze Verhaltensbeschreibung jeder Erzieherin und auf eine zusammenfassende Diskussion dieser Kategorien.

E 1, E 2, E 5: Verhaltensbeschreibung von Erzieherin 1, Erzieherin 2 und Erzieherin 5:
B 3 ist insgesamt sehr gering besetzt. Bei Erzieherin 2 und Erzieherin 1 kommt sie, wenn auch sehr wenig, vor, bei E 5 überhaupt nicht.

Auch B 4 ist kaum besetzt. Nur bei E 2 lassen sich einige wenige Verhaltensweisen in der genannten Zielrichtung finden.

Zusammenfassende Diskussion im Kontext des Erziehungsgesamtverhaltens der Erzieherinnen:
Beide Verhaltensweisen werden wohl zum Teil durch andere Kategorien erfaßt (z.B. B 2,4 und B 4,2) oder lassen sich zumindest nicht genügend davon abgrenzen. Andererseits ist nicht auszuschließen, daß die Erzieherinnen dieses Verhalten entgegen ihrer hohen Bewertung noch zu wenig verwirklichen. Möglicherweise gab es aber auch zu wenige Anlässe in der von uns ausgewählten Untersuchungssituation für Schülerverhaltensweisen, die die Erzieherinnen entsprechend hätten aufgreifen und loben können.

9.4 Veränderungstendenzen in den Beobachtungskategorien, die strukturierendes und lenkendes Verhalten erfassen

Wie bereits erwähnt, stellten die strukturierenden Beobachtungskategorien (A 1, A 2, A 5, A 6, B 1) keine ausdrücklichen Ziele für Verhaltensänderungen dar. In den Teambesprechungen wurden sie nur im Kontext mit den für uns wichtigen Beobachtungskategorien besprochen. Es liegt jedoch die Annahme nahe, daß sich auch diese Beobachtungskategorien im Prozeß der Beratung mitverändern würden (siehe 3. allgemeine Annahme). Die Veränderungen müssen auch hier in Abhängigkeit von der individuellen Ausgangslage jeder Erzieherin in dem jeweiligen Verhaltensbereich sowie von dem Stellenwert im Unterrichtsgeschehen betrachtet werden.
Bevor ich auf Veränderungstendenzen eingehen werde, werde ich jede Beobachtungskategorie kurz inhaltlich umschreiben. Die danach folgende Kurzfassung der Beratungs-Ergebnisse aller Erzieherinnen soll einer Übersichtsinformation dienen. Im weiteren werde ich auf das Verhalten jeder einzelnen Erzieherin eingehen. Eine zusammenfassende Diskussion der Ergebnisse unter dem Aspekt der Verhaltensänderung schließt sich an. (Die Tabelle der relativen Häufigkeiten für die einzelnen Beobachtungskategorien pro Tonbandabschnitt und pro Erzieherin befindet sich im Anhang S. 189)

9.4.1 A 1: Einführen und Fortführen eines Gedankens mit Zusatzinformationen

Beschreibung der Beobachtungskategorie:
Jedes neue Thema muß vom Lehrer in irgendeiner Form in den Unterricht eingeführt werden. Ist das Thema eingeführt, wird der Lehrer daran interessiert sein, thematische Beiträge der Kinder aufzugreifen und diese im Sinne der Themenstellung mit Zusatzinformationen zu erweitern oder fortzuführen. A 1 zählt demnach zu den allgemein notwendigen Vorgehensweisen im Unterricht.

Kurzfassung der Ergebnisse aller drei Erzieherinnen:
Alle drei Erzieherinnen verhalten sich mehr nicht-direktiv als direktiv (Verhältnis E 5 3:1; E 2 3,2:1; E 1 4,3:1), d.h. die meisten Äußerungen werden so formuliert, daß sie für die Kinder Anregungen darstellen, die sie nicht festlegen, einen bestimmten Gedanken aufgreifen zu müssen. Diese Beobachtungskategorie wird von E 2 mit Abstand am seltensten benutzt. E 5 und E 1 zeigen dieses Verhalten fast doppelt so häufig wie E 2, wobei E 1 die nicht-direktive Form öfter verwendet als E 5.

Verhaltensbeschreibungen der einzelnen Erzieherinnen:

Erzieherin 1
E 1 benutzt A 1 im Laufe der Studie immer seltener (14,2 % – 9,8 % – 7,8 %).
Die Form des Einführens und Fortführens eines Gedankens verändert sich bei ihr uneinheitlich. Die nicht-direktive Form nimmt insgesamt gesehen ab (12,1 % – 5,6 % – 7,1 %) (9).

Erzieherin 2
Bei E 2 nehmen die A 1-Äußerungen kontinuierlich zu (3,4 % – 6 % – 7,8 %) (1), die nicht-direktive Form steigt deutlich an (2,1 % – 5,1 % – 5,8 %) (9).

Erzieherin 5
Im ersten Drittel kommt A 1 bei E 5 am häufigsten vor. Im zweiten und dritten Drittel verringert sich die Anzahl dieser Äußerungen deutlich (12,3 % – 7,3 % – 8,2 %). Die direktiven Äußerungen im 2. und 3. Drittel nehmen ab (4,6 % – 1,5 % – 1 %) (1) und die non-direktiven Äußerungen bleiben etwa gleich.

Zusammenfassende Diskussion:
In der vorausgehenden Zusammenarbeit waren wir schon häufiger auf die “langen Vorreden des Lehrers“ zu sprechen gekommen. Die Einführung eines Themas kann recht diffus geschehen, so daß die Kinder sehr lange dazu brauchen herauszubekommen, um was es eigentlich gehen soll. Zum anderen kann die Einführung in ein Thema zu einem Lehrervortrag verführen, der viel Stoff, den die Kinder selbst hätten erarbeiten

können, vorwegnimmt. Die genannten Aspekte wurden anhand von Beispielen öfter diskutiert. Als ein Ergebnis der Beratungsgespräche kann es gewertet werden, daß das A 1-Verhalten bei E 1 und E 5, die beide ein hohes Ausgangsniveau in dieser Beobachtungskategorie hatten, abnahm, was als positiver Trend zu beurteilen ist. Bei E 2, die in dieser Beobachtungskategorie ein sehr niedriges Ausgangsniveau hatte, nahm dieses Verhalten zwar zu, aber im letzten Drittel lag der Wert immer noch niedriger als bei den anderen Erzieherinnen. Erwähnenswert ist aber, daß E 2 relativ gesehen bei der Beobachtungskategorie Einführen und Fortführen eines Gedankens zu gleichen Anteilen die Kinder entweder lenkend oder anregend zu Beiträgen aufforderte. Sie hatte damit das relativ günstigste Verhältnis von direktiver zu nicht-direktiver Vorgehensweise.

9.4.2 A 2: Themenbezogene Fragen an das Kind oder die Gruppe

Beschreibung der Beobachtungskategorie:
Einen großen Raum nimmt bekanntlich (TAUSCH & TAUSCH 1977) das Fragen stellen des Lehrers im unterrichtlichen Geschehen ein. Hier scheint es besonders wichtig, wie die Fragen gestellt werden. Bei der Erarbeitung eines Themas wird die nicht-direktive Frageform angemessener sein als eine direktive.
Auch das Fragenstellen gehört zu den allgemeinen unterrichtsüblichen Vorgehensweisen, wobei Form und Anzahl der Fragen in Abhängigkeit vom Thema, vom Zeitpunkt (z.B. Wiederholen eines Stoffes oder Abfragen eines Stoffes) in der jeweiligen Unterrichtsplanung gesehen werden muß.

Kurzfassung der Ergebnisse aller Erzieherinnen:
Bei allen Erzieherinnen nimmt das A 2-Verhalten im 2. Drittel der Studie auffallend zu, was unter Umständen mit der Themenstellung zu tun hatte. Im 3. Drittel kommen sie in etwa auf ihre Ausgangswerte zurück. Relativ am häufigsten fragt E 1. E 5 und E 2 zeigen dieses Verhalten etwa gleich häufig, aber weniger als E 1.
Die meisten direktiven Fragen werden von E 1 an die Kinder gerichtet. Das umgekehrte Bild ergibt sich für die erwünschten nicht-direktiven Fragen. E 1 stellt diese am wenigsten, E 2 am häufigsten. E 5 liegt insgesamt gesehen zwischen ihren Kolleginnen. Obwohl beide Frageformen

von allen drei Erzieherinnen relativ häufig gewählt werden, überwiegt die direktive Form des Fragens bei E 5 (Verhältnis 2:1) und E 1 (3:1), während bei E 2 beide Formen etwa gleich häufig verwendet werden (1:1).

Verhaltensbeschreibung der einzelnen Erzieherinnen:

Erzieherin 1
Bei E 1 nimmt diese Beobachtungskategorie leicht zu (16,5 % – 26,4 % – 18,5 %). Besonders die direktive Frageform nimmt bei ihr deutlich zu (12,2 % – 19,1 % – 15,1 %) (1), während die nicht-direktive Form im letzten Drittel unter das Ausgangsniveau abfällt (4,3 % – 7,5 % – 3,4 % (9).

Erzieherin 2
Bei E 2 ist insgesamt ein ansteigender Trend in dieser Beobachtungskategorie festsstellbar (10,1 % – 26,1 % – 14,5 %).
Besonders die nicht-direktive Form des Fragens nimmt im letzten Drittel deutlich zu (8,9 % – 7,6 % – 11,1 %) (9), während die direktive Form im 2. Drittel viermal mehr als im ersten Drittel vorkommt und im 3. Drittel unter das Niveau des 1. Drittels sinkt (4,3 % – 18,5 % – 3,4 %) (1).

Erzieherin 5
Bei E 5 ist kein systematischer Trend in den drei Abschnitten dieser Beobachtungskategorie festzustellen (12,8 % – 23,5 % – 12,4 %). Die themenbezogenen Fragen nehmen bei ihr im zweiten Drittel erheblich zu und erreichen im dritten Drittel wieder das Ausgangsniveau. Die Art und Weise der Fragen geschieht eher direktiv als nicht-direktiv (Verhältnis 2:1). Sowohl die direktive als auch die nicht-direktive Frageform verändert sich nicht systematisch (3,9 % – 9,2 % – 4,2 %) (9).

Zusammenfassende Diskussion:
Nach dem 2. Drittel der Tonbandphase, in dem die Erzieherinnen besonders viele Fragen an die Kinder gestellt hatten, wurde das Fragen stellen zum Thema einer Teamsitzung; ich bat die Erzieherinnen folgendes zu überdenken: wie stelle ich Fragen? Welchen Stellenwert und welche Funktion sollen die Fragen haben? Wir konnten auf den Tonbändern verfolgen, daß viele Fragen an die Kinder so gestellt worden waren, daß sie sie nur mit Ja oder Nein beantworten konnten. Der Anregungscharak-

ter solcher Fragen ist aber denkbar gering, die Motivation zu eigenen Denkleistungen minimal. E 2 fiel es am leichtesten, Konsequenzen für die Praxis aus unseren Diskussionen und Übungen zu ziehen. E 1 hingegen bereitete die Umsetzung mehr Schwierigkeiten als E 2 und E 5.

9.4.3 A 5 – In Frage stellen einer Äußerung oder Behauptung des Kindes

Beschreibung der Beobachtungskategorie:
Auch bei dem In Frage stellen erscheint das Wie besonders wichtig; hier spielt auch der Aspekt der Abgrenzung zu unterschiedlichen Formen des Tadels oder der Mißbilligung eine Rolle.

Kurzfassung der Ergebnisse aller Erzieherinnen:
Diese Beobachtungskategorie ist insgesamt gering besetzt (von 0,8 % – 4,4 %). Das verständnisvolle In Frage stellen wird von allen Erzieherinnen etwa gleich häufig verwendet.

Verhaltensbeschreibung der einzelnen Erzieherinnen:

Erzieherin 1
Bei E 1 nimmt das A 5-Verhalten tendenziell ab (4,4 % – 1,6 % – 2,1 %).

Erzieherin 2
Bei E 2 kann ein abnehmender Trend in dieser Verhaltenskategorie beobachtet werden (3,7 % – 1,4 % – 0,8 %).

Erzieherin 5
Diese Beobachtungskategorie kommt bei E 5 etwa gleich häufig in allen Phasen vor (1,7 % – 1,8 % – 2,0 %).

Zusammenfassende Diskussion:
Das In Frage stellen kam insgesamt wenig vor. Wenn die Erzieherinnen eine Äußerung des Kindes in Frage stellten, dann meistens auf eine nicht-direktive Weise. Ein leicht abnehmender Trend konnte bei Erzie-

herin 2 und Erzieherin 1 in dieser Beobachtungskategorie festgestellt werden.

9.4.4 A 6: Zurückführen zum Thema

Beschreibung der Beobachtungskategorie:
Zurückführen zum Thema ist eine kritische Beobachtungskategorie insofern, da hier für den Lehrer ausschließlich die Erreichung eines bestimmten Unterrichtsziels im Vordergrund stehen kann. Diese Beobachtungskategorie steht – so konnten wir im Laufe der Beratung feststellen – in unmittelbarem Zusammenhang mit der von uns positiv bewerteten Beobachtungskategorie "Aufgreifen eines Gedankens". Ich möchte auf die Diskussion von A 3 (S. 107ff.) verweisen.

Kurzfassung der Ergebnisse aller Erzieherinnen:
E 1 zeigt dieses Verhalten relativ am häufigsten, und zwar in einer vorwiegend verständnisvollen Art und Weise, was besagt, daß sie beim Zurückführen zum Thema die vorausgegangenen Äußerungen der Kinder berücksichtigt. Die beiden anderen Erzieherinnen zeigen dieses Verhalten insgesamt weniger.
Interessant ist es, daß A 6 von allen Erzieherinnen im Laufe der Beratung weniger eingesetzt wurde.

Verhaltensbeschreibung der einzelnen Erzieherinnen:

Erzieherin 1
Bei E 1 nimmt dieses Verhalten ab (6,9 % – 3,6 % – 1,2 %).

Erzieherin 2
Auch bei E 2 ist eine Abnahme dieses Verhaltens während der drei Durchgänge festzustellen (4,2 % – 0,7 % – 0 %).

Erzieherin 5
Bei E 5 nimmt das A 6-Verhalten deutlich ab (5,4 % – 1,7 % – 0 %).

Zusammenfassende Diskussion:
Das Zurückgehen dieser Äußerungsform hat mit einiger Wahrscheinlichkeit damit etwas zu tun, daß die Erzieherinnen im Verlauf des Beratungsprozesses sich mehr auf die Beobachtungskategorie "Aufgreifen eines Gedankens" konzentrierten und sich somit das Zurückführen zum Thema oftmals erübrigte. D.h. es ist anzunehmen, daß die häufig stattfindenden Diskussionen über A 3 (Aufgreifen), oftmals im Zusammenhang mit A 6, das Erzieherinnen-Verhalten nachhaltig beeinflußt haben.

9.4.5 B 1: An das Kind gerichtete Aufforderung zu beginnen oder fortzufahren

Beschreibung der Beobachtungskategorie:
Geeignete Formen zu finden, Kinder zum Mitmachen zu bewegen, die sich nicht spontan und eifrig zu Wort melden, stellt für den Lehrer häufig ein Problem dar. Nicht selten wird das Kind durch die einfache Form der Aufforderung verschreckt oder verärgert, was nicht das Ziel von B 1 sein sollte. Erst ein differenziertes Ansprechen des Kindes kann die pädagogische Wirkung bringen, die der Lehrer sich wünscht.

Kurzfassung der Ergebnisse aller drei Erzieherinnen:
Die B 1 – Beobachtungskategorie ist bei allen drei Erzieherinnen insgesamt gesehen stark besetzt.
E 5 und E 2 äußern Aufforderungen an die Kinder etwa gleich häufig, E 1 zeigt dieses Verhalten wesentlich seltener. Schwerpunktmäßig wird die B 1 (1) – Kodierung gewählt, die das bloße Auffordern eines Schülers beinhaltet. E 5 benutzt diese Form des Aufrufens am häufigsten, E 1 am seltensten. Die Möglichkeit eines differenzierteren Ansprechens der Schüler (Kodierung 2, 3, 4) wird vorwiegend von E 2 verwirklicht. E 5 und E 1 verhalten sich hier etwa ähnlich. Bei allen Erzieherinnen lassen sich jedoch positive Tendenzen zu einer differenzierteren Äußerungsform feststellen, besonders ausgeprägt bei E 2.

Verhaltensbeschreibung der einzelnen Erzieherinnen:

Erzieherin 1
Bei E 1 ist ein leichtes Anwachsen der B 1 – Beobachtungskategorie zu verzeichnen (8,2 % – 9 % – 9,8 %). Auch sie verwendet vorwiegend die einfache Form der Aufforderung (Zusatzkodierung (1); 4,1 % – 8 % – 4,7 %). Kleine Trends in Richtung differenzierterer B 1-Äußerungen sind ebenfalls festzustellen (z.B. Zusatzkodierung (3); 0 % – 0,3 % – 1,2 %).

Erzieherin 2
Das B 1-Verhalten von Erzieherin 2 nimmt im 2. Drittel stark ab. Im 3. Drittel steigt es dann wieder etwas an, bleibt aber noch deutlich unter ihrem Ausgangsniveau (24,8 % – 13,9 % – 19,4 %). Insgesamt gesehen ist ein uneinheitlicher Trend in dieser Verhaltenskategorie bei ihr festzustellen.
Auch E 2 bevorzugt die einfache Form der Aufforderung (Zusatzkodierung (1); 20,4 % – 7 % – 11 %). Es kann bei ihr jedoch ebenfalls ein ansteigender Trend bei Verwendung der differenzierteren Form des Ansprechens (Zusatzkodierung 2, 3, 4) festgestellt werden (z.B. Zusatzkodierung (2) 2,8 % – 5,1 % – 5,8 %).

Erzieherin 5
Das B 1-Verhalten von Erzieherin 5 nimmt sukzessive zu (14,5 % – 20,7 % – 23,9 %). Sie benutzt vorwiegend die einfache Form des Aufforderns (12,1 % – 17,5 % – 18,6 %) (1). Erwähnenswert ist aber, daß auch die ausführlichere Art des Aufforderns bei ihr im 2. und 3. Drittel zunimmt (0 % – 0,3 % – 2,5 %), Zusatzkodierung (3).

Zusammenfassende Diskussion:
Einmal wurde in einer Teamsitzung ausführlich darauf eingegangen und im Rollenspiel veranschaulicht, welche möglichen Wirkungen die sogenannte einfache Form (1) der Aufforderung hat. Dabei kam heraus, daß die verbindlichere, ausführlichere Form der Aufforderung bei den Betroffenen eine weitaus positivere Reaktion hervorrief. Das Resultat dieser Erfahrung war, daß auch in dieser Richtung mehr auf das eigene Verhalten geachtet wurde. Wenn auch die Häufigkeiten insgesamt für die Abstufungen 2 – 4 recht gering waren, scheint die Beratung doch bei al-

len Erzieherinnen einen Trend zur Differenzierung des B1-Verhaltens in Bewegung gebracht zu haben.

9.4.6 B 5 – Kritik, Tadel, Aufforderung etwas zu unterlassen

Beschreibung der Beobachtungskategorie:
Bei Kritik und Tadel ist es sicher wesentlich, die Situation, den Anlaß und die Persönlichkeit des Kindes zu berücksichtigen. Allgemein kann aber davon ausgegangen werden, daß zum einen zuviel bzw. zuwenig Tadel und zum anderen unangemessen ausgesprochener Tadel nicht die Effekte zeitigt, die vom Lehrer beabsichtigt sind. Insofern ist die Art und Weise des Tadels pädagogisch besonders wichtig.

Kurzfassung der Ergebnisse aller drei Erzieherinnen:
B 5 gehört zu den Beobachtungskategorien, die relativ häufig verwendet wurden. Am häufigsten wird von E 2 kritisierendes bzw. tadelndes Verhalten gezeigt. Es folgt E 1, dann E 5. Bei E 2 aber ist zu berücksichtigen, daß sie die kurze Form der Kritik (1) vergleichsweise am wenigsten benutzt, die begründende Form der Kritik (3) wesentlich häufiger als E 5 und E 1. Während bei Erzieherin 2 in allen 3 Tonbandphasen ein Trend zur differenzierteren Kritik beobachtet werden kann, nehmen die differenzierteren Formen bei Erzieherin 5 und 1 erst gegen Ende der Tonbandphase zu.

Im einzelnen zeigen die Erzieherinnen folgendes Verhalten:
Erzieherin 1
Bei E 1 nehmen die kritisierenden Äußerungen besonders deutlich zu (1,1 % – 6 % – 12 %).
Bevorzugt wird von ihr die kurze Kritik ohne Begründung (Zusatzkodierung 1; 1,1 % – 3,7 % – 6,6 %), wobei im 2. und 3. Drittel der Studie Tendenzen zu einer differenzierteren Kritik beobachtet werden können (Zusatzkodierung (3); 0 % – 2,1 % – 3,7 %).

Erzieherin 2
Auch bei E 2 nehmen die B 5-Äußerungen zu (5,7 % – 9 % – 7,7 %).
Die Form der Kritik kann als differenziert (Zusatzkodierung 2, 3, 4) betrachtet werden; sie bevorzugt kritische Äußerungen, die höflich sind

und von ihr auch begründet werden (z.B. Zusatzkodierung (3): 3,4 % – 4,8 % – 3,8 %).

Erzieherin 5
Bei E 5 nimmt das tadelnde Verhalten deutlich zu (3,1 % – 4 % – 9,9 %).
Sie verwendet meistens die kurze Form der Kritik ohne Begründung (Zusatzkodierung 1: 3,1 % – 2,1 % – 5,2 %).
Im 3. Drittel der Studie lassen sich bei ihr differenziertere Formen von Kritik häufiger beobachten (z.B. Zusatzkodierung 3: 0 % – 1,1 % – 3,6 %).

Zusammenfassende Diskussion:
Kritik, Tadel und Aufforderung, etwas zu unterlassen, waren schon häufig in der vorausgehenden Zusammenarbeit diskutiert worden. Es wurde deutlich, daß je nach Persönlichkeit der Erzieherin es der einen oder anderen Erzieherin leichter oder schwerer fiel, das als positiv bewertete Verhalten in die Praxis umzusetzen.
Obwohl allgemein Kritik und Tadel in den drei Unterrichtsabschnitten zunimmt, ist zu betonen, daß bei allen Erzieherinnen eine differenziertere Verwendung von Kritik und Tadel im zweiten und dritten Drittel der Studie häufiger vorkommt, was als Beratungseffekt beurteilt werden kann.

9.5 C 1 und C 2: Äußerungen der Erzieherinnen ihr eigenes Verhalten betreffend

Dieses Verhalten kam insgesamt wenig vor.

In Tabelle 7 werden die relativen Häufigkeiten für jedes Drittel der Tonbandphase für die C-Beobachtungskategorien dargestellt.

Tabelle 7
Relative Häufigkeiten für jedes Drittel der Tonbandphase: (C-Kategorien)

	E 1			E 2			E 5		
Tb	1+2	3+4	5+6	1+2	3+4	5+6	1+2	3+4	5+6
C1	0	0	0	0,7	0	0	0	1,6	0,6
C2	3,6	1,2	0,9	1	1,2	1,1	1,8	0	0,2

Beobachtungskategorie C 1: *Die Erzieherin korrigiert ihr eigenes Verhalten.* Wie aus der Tabelle entnommen werden kann, ist diese Beobachtungskategorie kaum besetzt. Sie kommt nur mit zwei Äußerungen in der zweiten Phase und mit einer Äußerung in der dritten Phase bei E 5 vor, sowie mit einer Äußerung in der ersten Phase bei E 2.

Beobachtungskategorie C 2: *Die Erzieherin fragt, ob sie eine Information richtig verstanden hat.*
Auch diese Beobachtungskategorie ist nur minimal besetzt. E 1 zeigt dieses Verhalten mit insgesamt 6 Äußerungen am häufigsten. E 5 fragt mit zwei Äußerungen am seltensten, ob sie eine Information der Kinder richtig verstanden hat.

Diskussion:
Das so geringe Auftreten dieser Beobachtungskategorie hatte mich zunächst überrascht.
Aufgrund meiner Unterrichtsbeobachtungen in den vorausgegangenen Phasen hatte ich mit mehr Verhaltensweisen (besonders C 1) in dieser Richtung gerechnet. Meine Vermutung geht dahin, daß das Rundgespräch – sowie es in dieser Unterrichtsphase angelegt war – ganz einfach weniger Gelegenheit bot, Selbstkritik anzubringen.
Äußerungen dieser Art kommen wohl eher in Unterrichtssituationen vor, die thematisch noch offener sind (z.B. die freie Spielzeit) oder in denen alltägliche Dinge besprochen werden (z.B. Kakaogeld einsammeln, an Termine erinnern, Versprechungen einhalten).
Nachträglich betrachtet erscheint mir C 2 wenig informativ.
Es ging hier wohl mehr um akustische Verstehensschwierigkeiten, weniger um ein inhaltliches Überprüfen der eigenen erzieherischen Wahrneh-

mung der kindlichen Äußerung wie ursprünglich von mir vermutet (s. auch das Beispiel im Beobachtungskategoriensystem).

9.6 Analyse der Restkategorie D

In Tabelle 8 werden die relativen Häufigkeiten der D-Einstufungen in den drei Tonbandabschnitten (Tb) für jede Erzieherin (E) angegeben.

Tabelle 8
Relative Häufigkeiten der D-Beobachtungskategorie in den drei Dritteln der Tonbandphase

	E 1			E 2			E 5		
Tb	1+2	3+4	5+6	1+2	3+4	5+6	1+2	3+4	5+6
D	10,0	6,6	7,2	4,8	6,7	2,6	4,8	5,9	6,5

Die nicht einstufbaren und nicht eingestuften Äußerungen der Erzieherinnen bieten eine Möglichkeit zur Kontrolle des Beobachtungskategoriensystems. Die D-Einstufungen können einmal Hinweise darauf geben, welche Inhalte durch das Beobachtungskategoriensystem nicht erfaßt werden konnten, zum anderen welche spezifischen Verhaltensaspekte der einzelnen Erzieherin hier zum Ausdruck kommen.

Nach der Durchsicht aller D-Einstufungen habe ich versucht, bestimmte Äußerungen kategorial zusammenzufassen und habe sieben Merkmalsklassen gebildet.

In Tabelle 9 sind alle D-Äußerungen nach ihren spezifischen Merkmalen aufgelistet (absolute Häufigkeiten); für die Summe der Äußerungen pro Erzieherin werden auch die relativen Häufigkeiten angegeben.

Tabelle 9
Absolute Häufigkeiten für die unterschiedlichen D-Äußerungen (=Sinneinheiten)

		E 1	E 2	E 5
1.	E. wird vom Kind unterbrochen	8	–	6
2.	Die Äußerung bezieht sich auf das Tonband	2	2	15
3.	Beurteilerfehler	11	9	15
4.	Die E-Äußerung nicht einordbar, weil vorangehende K-Äußerung nicht verstehbar	6	2	1
5.	Kategorie fehlt (Äußerung verständlich, inhaltlich bestimmbar)	3	9	8
6.	Mehrdeutige Äußerung; in mehrere Kategorien einordbar	7	1	6
7.	Vom Ausdruck unklare Äußerung	4	–	1
	Σ	41	23	39
	Σ relativ	23,8	14,1	17,2

Häufigkeiten der D-Äußerungen
Die Merkmalsklassen 1, 2, 4 bedürfen keiner weiteren Erläuterung; unter Beurteilerfehler (3.) ist zu verstehen, daß die entsprechende Äußerung nach den Einstufungskriterien in eine der vorhandenen Beobachtungskategorien hätte eingeordnet werden können, dies aber von den Studenten zum Teil übersehen oder dennoch individuell unterschiedlich wahrgenommen wurde.

Besonders interessant in unserem Zusammenhang ist die Klassifizierung "Beobachtungskategorie fehlt". Um welche Äußerungen handelt es sich hierbei?
Fast die Hälfte dieser Äußerungen hatte zum Inhalt, daß sich die Erzieherinnen anteilnehmend gegenüber einem Kind äußerten: Z.B. E: G., wir können nachher nichts verstehen; Entschuldigung M.
Die Erzieherin mußte das Kind M. unterbrechen, weil ein anderes (G.) dazwischenredete. Sie machte das Kind G. darauf aufmerksam und entschuldigte sich bei dem Kind M. für die Unterbrechung. Oder ein anderes Beispiel: E.: Solange der A. sich leise verhält, ist das doch in Ordnung, ne?
Die Erzieherin reagiert auf ein Kind, das den A. aufgefordert hatte, sein kleines Spielzeug wegzulegen. Die Erzieherin gibt in der Äußerung zu verstehen, daß es ihr nichts ausmacht, wenn ein Kind einmal ein kleines Spielzeug bei sich hat, solange es sich nicht störend damit verhält. Sie nimmt damit Partei und Anteil an dem Verhalten von A.
Es fehlt in dem Beobachtungskategoriesystem u.U. eine Beobachtungskategorie, die ganz gezielt anteilnehmendes Verhalten der Erzieherin hätte erfassen können. Ich werde im nächsten Kapitel "kritische Anmerkungen zum Beobachtungskategoriensystem" ausführlicher auf das angesprochene Problem eingehen.

Die anderen der in "Beobachtungskategorie fehlt" eingestuften D-Äußerungen sind schwer unter einen Nenner zu bringen. Häufig fehlte es an Zusatzinformationen für die Studenten, um eine Erzieherinäußerung, die zwar sprachlich verstehbar war, zuzuordnen. Z.B.: E: Dann suche Dir mal den nächsten raus, hier von den Kindern. K: Gemurmel; Frau X.... Frau X...
E: Er kann sich nicht entscheiden. Jochen!
Die Erzieherin fordert ein Kind auf, ein anderes Kind dranzunehmen, das Kind äußert sich nicht; andere Klassenkameraden melden sich und die Erzieherin bringt ihre Interpretation des Verhaltens des aufgeforderten Kindes zum Ausdruck, indem sie sagt: Er kann sich nicht entscheiden, um dann selbst ein anderes Kind zu bestimmen: "Jochen".
Die Reaktion der Erzieherin kann als eine Art Anteilnahme, aber auch als leichte Kritik bewertet werden. Ohne Zusatzinformation aber z.B. über den Tonfall beim Sprechen sind beide Alternativen möglich.

In die Merkmalskategorie "mehrdeutige Äußerungen", die sich mit "Beobachtungskategorie fehlt" überschneidet, fallen z.B. Erzieherinnenäußerungen wie "Ja" oder "so". Für die Beurteiler waren sie nicht einstufbar, da der Kontext keinen Anhaltspunkt dafür bot, dieses Ja, wie sonst meist üblich, als Lob oder Bestätigung einzuordnen. Die Äußerungen hatten eine Art Auffüllcharakter ohne große Bedeutung (im Sinne einer Verlegenheitsäußerung, Füllen einer Pause, Unentschlossenheit, oberflächliches Zuhören).
Bei der Einteilung in Sinneinheiten wären mehr Anmerkungen in Richtung Stimmlage der Erzieherin angebracht gewesen. Nun ist es aber fast unmöglich, alle solche Schwierigkeiten von vornherein wahrzunehmen.

Die "vom Ausdruck unklaren Äußerungen" beinhalteten eine längere Sprechzeit der Erzieherin, in der aber inhaltlich nichts klar ausgedrückt wurde. Z.B. "Und wenn Ihr jetzt, jetzt stellt Euch doch mal vor, jetzt stellt Euch mal...". Gehäuft trat diese Äußerungsform nur bei einer Erzieherin auf (Erzieherin 1). Hier entstand der Eindruck, daß die Erzieherin selbst nicht genau wußte, was sie eigentlich sagen wollte. Nach mehreren solchen Ansätzen war es in der Regel so, daß ein Kind irgendeinen Kommentar lieferte oder die Kinder anfingen, zusammen zu sprechen. Die Unterbrechung von seiten der Kinder ist hier anders motiviert als bei 1., da das unklare oder unsichere Verhalten der Erzieherin besonders leicht Unruhe und Ungeduld auslösen kann.

Die D-Einstufungen können auch im Zusammenhang mit allen anderen Verhaltensäußerungen der Erzieherinnen betrachtet werden. Formal gesehen, wurden bei E 1 die meisten D-Äußerungen registriert, bei E 2 die wenigsten. Läßt man nun noch die D-Einstufungen, die das Tonband, die Beurteilerfehler und die fehlende Beobachtungskategorie betreffen, einmal unberücksichtigt, so fällt immer noch die Mehrzahl der restlichen D-Äußerungen auf Erzieherin 1. Im Zusammenhang mit bereits erwähnten Verhaltenstendenzen von Erzieherin 1 liegt es nahe, in den D-Äußerungen auch einen Niederschlag ihres eher unstrukturierten, sprachlich häufig wenig vorbildhaften Verhaltens wiederzuerkennen.

9.7 Kritische Anmerkungen zum Kategoriensystem

Aufgrund der Ergebnisse der Analyse der D-Kategorie, habe ich alle Erzieherinnen-Äußerungen noch einmal hinsichtlich ihrer denkbaren Einstufung "Anteilnahme zeigen" durchgesehen.
Hierbei sah ich mich wiederholt mit dem Problem der Operationalisierbarkeit von Anteilnehmen konfrontiert. Bei der Konzeption des Kategoriensystems hatte ich mich bereits hiermit auseinandergesetzt und mich schließlich dazu entschlossen, Zusatzkodierungen einzuführen, in denen auch Aspekte des Anteilnehmens angesprochen werden. Anteilnehmen – so erschien es mir – ist nicht auf eine bestimmte Kategorie zu beschränken, sondern stellt inhaltlich eine übergreifende Dimension dar.

In der Gesamtkonzeption meines Vorgehens hatte Anteilnahme eine herausragende Stellung, die bezogen auf das Kategoriensystem wiederzufinden ist in einzelnen Kategorien, Unterkategorien (z.B. Aufgreifen eines Gedankens, Bezug herstellen zum Elternhaus) sowie in den bereits erwähnten Zusatzkodierungen (9; 2, 3, 4).

Speziell in B2, 4 "Auffordern zur Rücksichtnahme" werden auch Aspekte des Anteilnehmens angesprochen. Offensichtlich können aber damit nicht eindeutig alle Formen des Anteilnehmens erfaßt werden (was sich ebenfalls bei den Beurteilungen durch die Studenten gezeigt hat, siehe D-Äußerungen). Es geht einmal um die persönlich geäußerte Anteilnahme der Erzieherin an einem Kind und zum anderen um die Aufforderung an ein Kind, auf ein anderes Rücksicht zu nehmen. Einmal haben die Kinder die Möglichkeit, am Modell indirekt zu lernen, Anteil zu nehmen, zum anderen aber werden sie direkt angesprochen, sich rücksichtsvoll zu verhalten.
Es wäre demnach bei Gebrauch des Kategoriensystems durchaus sinnvoll, eine zusätzliche B-Kategorie zu formulieren, z.B. "Anteilnehmen" mit zwei Unterkategorien "Auffordern zur Rücksichtnahme" und "Anteilnahme zeigen" (bisher durch B 2, Zusatzkodierung 4 erfaßt).
Bei der Einführung einer weiteren Kategorie wäre zu beachten, inwieweit Zusatzanweisungen notwendig wären, um für die Fremdeinstufung durch Kontrollbeobachter, die Vorrangigkeit von Anteilnehmen gegenüber anderen Kategorien bei der Einstufung von Äußerungen festzulegen. Dem Problem der Mehrdeutigkeit im Sinne der inhaltlichen Rangfolge könnte damit weitgehend begegnet werden.

10. Diskussion der Ergebnisse

Insgesamt gesehen können die drei generellen Annahmen aufgrund der dargestellten Ergebnisse als bestätigt angesehen werden. Alle Erzieherinnen gaben an (s. auch Nachbefragung S. 147ff.), daß sie beruflich wie auch persönlich von der Beratung profitiert hätten. Alle zeigten in den Beratungssitzungen zunehmend mehr selbstexploratives Verhalten, waren offener und zeigten mehr Verständnis für sich und für andere (Annahme 1).
Aufgrund der Erfahrungen in der Beratung gelang es jeder Erzieherin tendenziell besser, sich weniger direktiv zu verhalten, verständnisvoller und einfühlender zu sein (Annahme 2).
Ferner konnte festgestellt werden, daß sich im Unterrichtszeitraum nicht nur das gezielt geförderte Verhalten qualitativ bzw. quantitativ veränderte, sondern auch Handlungskompetenzen, die kein direkter Gegenstand der Beratung waren (Annahme 3).
Im wesentlichen bleibt festzustellen, daß

1. bei jeder Erzieherin qualitative Verhaltensänderungen in Richtung Zielverhalten zu beobachten sind,
2. die Veränderungstendenzen individuell schwerpunktmäßig unterschiedlich ausfallen,
3. Verhaltensänderungen meist nur im Kontext zu anderen beobachtbaren Verhaltensweisen gedeutet werden können,
4. Veränderungen nicht nur in den bewußt geförderten Verhaltensaspekten eintreten, sondern in vergleichbarem Ausmaße auch in den nicht speziell diskutierten Verhaltenskategorien.

Gemessen an dem jeweiligen Ausgangsverhalten jeder Erzieherin, ihrem persönlichen Lernstil, ihrer individuellen Schwerpunktsetzung gegenüber bestimmten erzieherischen Vorgehensweisen und ihrem eigenen Lerntempo konnten wesentliche Verhaltensänderungen im Sinne unserer Annahmen beobachtet und als Auswirkung von Beratung interpretiert werden. Ganz wesentlich erscheint mir die Kontextabhängigkeit der einzelnen Verhaltensweise von anderen Verhaltensweisen. Das betrifft sowohl die Auswirkungen bewußt gemachter im Sinne von zu fördernder als auch die nicht vorrangig thematisierten Verhaltensäußerungen. Veränderungen in einem Verhaltensaspekt ziehen immer auch Veränderungen in anderen Aspekten nach sich. Die Inhaltsbezogenheit prozeßhafter Veränderungen wird hier sehr deutlich, wobei individuelle Lernfortschritte u.a. durch situative Faktoren, Lernvermögen, Offenheit, Engagement und nicht zuletzt dem Verfügen über Zeit maßgeblich beeinflußt werden.

11. Der eigene Untersuchungsansatz im Vergleich

Zum Schluß möchte ich noch einige wenige Studien erwähnen, die einen ähnlichen Untersuchungsansatz gewählt haben.
Ich möchte im Zusammenhang mit meinen Ergebnissen auf vier Studien eingehen, die mir erst nach Abschluß meiner eigenen Arbeit vorlagen. In einigen Aspekten dieser Untersuchungen habe ich Bestätigungen für die eigene Vorgehensweise gefunden, in einigen Anregungen zu Ergänzungen und weiterführenden Überlegungen.
Es handelt sich um Studien von FRICKE & THIELE (1982), VOSS (1982), PETRI & HAMPEL (1983) und die Dissertation von WITTERN (1979).

Fricke & Thiele stellen ein "theoriegeleitetes Lehrtraining" vor, ein kognitives Modell des Lernens und Lehrens. Die vier Phasen des Modells sind: Informationsaufnahme, Informationsverarbeitung, Handlungsentwurf, Entscheidungsfindung und Handlungsausführung.
Zwei grundsätzliche Unterschiede in den Ansätzen von Fricke & Thiele zu meinem Ansatz sind dadurch gegeben, daß es nicht mein Ziel war, ein kognitives Modell des Lernens und Lehrens zu entwickeln und daß meine Zielgruppe in der Praxis stehende Erzieherinnen waren, bei Fricke & Thiele hingegen sind es Studenten. Die aktuellen alltäglichen Bedingungen des Handelns bei Erziehern sind sicher andere als die von Auszubildenden.
Viele wesentliche Grundmerkmale wie z.B. Diskriminationslernen, Entscheidungsflexibilität, Erwerb von Informationen und Wissen und deren situationsangemessene Anwendung, Entwicklung klarer begrifflicher Vorstellungen sind auch in meinem Vorgehen wesentliche Elemente für Veränderungslernen.
Das von den Autoren vorgestellte theoriegeleitete Lehrtraining geht positiv über den eher engen Ansatz des Mikroteachings, mit dem sich Fricke & Thiele zu Anfang ihrer Ausführungen kritisch auseinandersetzen, hinaus. Sie selbst empfehlen für eine Weiterentwicklung der Trainingskurse, dem Ausgangsniveau auf der Handlungsebene, der subjektiven bereichsspezifischen Lehrtheorie und dem kognitiven Stil des Studenten mehr Beachtung zu schenken. Hiermit wird ein Aspekt angesprochen, der in meinem Konzept besonders im Vordergrund steht, nämlich die In-

dividualisierung von Beratung im Sinne der Beachtung der subjektiven Ausgangs- und Bezugssysteme von Erziehern und Lehrern.
Es sind demnach drei Aspekte, die bei der Erfassung und bei Änderung pädagogischen Handelns berücksichtigt werden sollten:

1. Die Komplexität des pädagogischen Umfeldes und der Kontextbezug psychischer Veränderungen
2. das individuelle Ausgangsniveau auf der Erlebens- und Wissensebene des Supervisanden/zu Beratenden
3. das Transferproblem von Theorie auf subjektiv praktische Bedürfnisse.

Auch Bärbel VOSS (1982) hat in Kenntnis der Arbeiten von Fricke & Thiele versucht, neue Trainingsformen (primär für Lehrerstudenten) mit stärkerer Berücksichtigung individueller Merkmale der Trainingsteilnehmer zu erproben. Voss geht es um die Adressatenspezifität, d.h. u.a. welche Erwartungen stellen die Rezipienten an bestimmte Trainings, d.h. von seiten des Trainers, von welchen individuellen Lernvoraussetzungen kann bei den Adressaten ausgegangen werden. Voss spricht auch von "dem Herstellen eines optimalen Passungsgrades zwischen individuellen Bedingungsfaktoren und angebotener Lehrmethode und/oder angebotenen Lehrinhalten" (zit. nach Voss S. 5).
Die Individualisierung des Lehrtrainings konnte durch die Kombination von kognitivem Training mit dem Handlungstraining (VOSS nach THIELE 1978, 1981a) besser erreicht werden. Den von Thiele aufgestellten notwendigen Elementen eines effektiven Trainingsprogramms: Informationsphase (Vermittlung handlungsrelevanten theoretischen Wissens), kognitives Training (Diskriminations- und Entscheidungstraining) und Handlungstraining (micro-teaching) wurden von Voss weitere Komponenten hinzugefügt, so z.B. in der kognitiven Phase, die Darbietung von Modellverhalten (Modellernen) und individualisierende didaktische Variationen bei den Arbeitsformen im Micro-Teaching (z.B. Beobachtung der eigenen non-verbalen Verhaltensweisen). Ferner änderte Voss den zeitlichen Umfang des Lehrtrainings, sie ersetzte die Blockveranstaltung durch semesterbegleitende Lehrverhaltenstrainings. "Für die Initiierung tiefgreifender Verhaltensänderungen, verbunden mit einem entsprechenden Wandel in Selbsterfahrungs- und Einstellungsprozessen, scheinen kurzzeitige Lehrertrainings nicht geeignet" (VOSS S. 13).
Wesentlich erscheinen mir in der Konzeption von Voss die Aspekte der Berücksichtigung individueller Trainingsschwerpunkte aufgrund unter-

schiedlicher Persönlichkeitsmerkmale der Teilnehmer, z.B. ihrer kognitiven Stile. Dazu sind aber Informationen erforderlich, die Selbsterfahrung in der Wahrnehmung und Beurteilung eigener Stärken und Schwächen voraussetzen. Voss geht in zwei Aspekten über Fricke & Thiele hinaus, die mir wichtig erscheinen: Einmal sind es die erwähnten individualisierenden Variationen im Training, zum anderen ist es die Hervorhebung des Zeitfaktors des Trainings. Aufgrund auch meiner Erfahrungen ist der Zeitfaktor eine wichtige Variable im Trainingskonzept, sollen anhaltende Verhaltensänderungen erreicht werden.

Auch in jüngster Zeit berichtet GRODDECK (1984, S. 117) in seiner Analyse der Ergebnisse aus einer offenen Teilnehmerbefragung eines personzentrierten Lehrertrainings, daß die geäußerte Kritik zum Training sich nicht gegen die Inhalte oder die Art der Vermittlung richtete – mehr als 80 % der Teilnehmer beurteilten das Training positiv – sondern sich auf den Wunsch nach intensiverem Training und noch mehr Zeit bezog.

Einen weiteren Ansatz, Lehrerstudenten und Lehrern Möglichkeiten anzubieten, ihr eigenes Verhalten besser reflektieren zu können, sehe ich in den psychoanalytischen Balint-Gruppen. Ich möchte stellvertretend eine Arbeit von PETRI & HAMPEL (1983) erwähnen, denen es in ihrer Studie um die unbewußte Beziehungsstruktur zwischen Lehrern und Schülern bei Lehrerstudenten geht. Die Autoren berichten vorwiegend über die Erfahrungen von 24 Lehrerstudenten in Balint-Gruppen, die in ein zweijähriges Curriculum im zweiten Wahlfach Pädgogischer Psychologie an der Pädagogischen Hochschule Berlin integriert waren. Aufgabe der Balint-Gruppen war es, die von den Studenten durchgeführten Betreuungen von Kindern und deren Familien fachlich zu begleiten. Entscheidend für das von Petri & Hampel geschilderte Vorgehen sind die Bearbeitung eigener Emotionen sowie die Klärung unbewußter Persönlichkeitsanteile der Lehrerstudenten im Umgang mit den Kindern. Durch den konkreten Praxisbezug wurden in der Regel bei den Studenten Konflikte aktualisiert, die sie zu einer Auseinandersetzung mit der psychoanalytischen Theorie motivierte. "Besonders die Aggressionsproblematik der Kinder führte ... häufig zu einer Umkehrung der Schuldgefühle in offene oder verdeckte Formen der Aggression gegen das Kind, die einen verzweifelten Zirkel von erneuten Schuldgefühlen und Aggressionen auslösten" (S. 180). Die anfängliche Zielsetzung, Erfolg bei der

Betreuung des Kindes zu haben, verlagerte sich auf die intensivere Bearbeitung der Gegenübertragungsprozesse bei den Studenten. Wesentlich bei dem Ansatz von Petri & Hampel erscheint mir die Bewußtmachung eigener unbewußter Persönlichkeitsanteile, die in der Interaktion mit anderen sehr hilfreich werden kann. Auch wir konnten in unserem Team öfter feststellen, daß die eine oder andere Erzieherin plötzlich Zusammenhänge erkennen konnte zwischen bestimmten Aspekten des eigenen Verhaltens und z.B. Verhalten der Mutter, des Bruders oder des früher häufig getadelten Kindes (Wiedererkennen eigener kindlicher, nicht verarbeiteter Erlebensanteile).

Als letztes möchte ich die Studie von WITTERN (1979) erwähnen. Hier sollten Lehrer durch die Teilnahme an einer 2 1/2-tägigen personenzentrierten Gesprächsgruppe in ihrer persönlichen Entwicklung gefördert werden. Die Fragestellung war, können Lehrer in Gesprächsgruppen gefördert werden und wie wirkt sich diese Förderung auf das Schülerverhalten aus.
Insgesamt gesehen konnte Wittern mit Hilfe seiner intensiven Vor-und Nachbefragung und unter Einbeziehung der Schülereinschätzungen viele positive Verhaltensänderungen nachweisen, obwohl es sich nur um 2 1/2-tägige Gesprächsgruppen handelte. Es muß erwähnt werden, daß die Stichprobe von Wittern – wie es häufig, u.a. auch bei meiner Stichprobe der Fall war – eine von vornherein positiv motivierte Gruppe darstellte. Es ist zu vermuten, daß die von Wittern berichteten Ergebnisse in dieser kurzen Zeit auch nur von bereitwilligen Teilnehmern erbracht werden konnten.
Die Nachbefragung fand vier Monate nach Beendigung der Gesprächsgruppen statt. Nicht abzuschätzen ist es, ob die geschilderten positiven Veränderungen auch noch längerfristig zu beobachten wären.
Die Untersuchung von Wittern unterscheidet sich in einigen wesentlichen Punkten von meinem Vorgehen, es bestehen aber durchaus vergleichbare Ergebnisse. Zum anderen bieten die Aspekte der Homogenität der Erzieherinnen, der stärkeren Praxisorientiertheit meiner Studie ergänzende Informationen an, die speziell für die Supervision in der Praxis Anregungen zur Verfügung stellen können.
Ich stimme mit Wittern darin überein, daß für den Bereich Schule personenzentrierte Gesprächsgruppen *ein* mögliches Angebot für die Lehreraus- und fortbildung mit dem Schwerpunkt der Persönlichkeitsförde-

rung darstellen und – so möchte ich noch hinzufügen – für die praktische Supervision im Schulalltag.
Zusammenfassend konnte ich – so ist zu hoffen – in meiner Arbeit auf Aspekte aufmerksam machen, die über allgemeine Erziehungszielkataloge hinausgehend auf der individuellen Ebene des Wissens und Lernens betrachtet und gezielt durchgearbeitet werden müssen. Ohne die Bereitschaft des Erziehers/Lehrers, sich selbst in Frage zu stellen, in zahlreichen Aspekten seines Erlebens und Verhaltens, können Veränderungen nicht stattfinden. "Die pädagogische Situation ist zumeist so definiert, daß die Person des Lehrers als wichtige Interaktions- und Prozeßvariable, die sie im Unterrichtsgeschehen eigentlich ist, darin *nicht* vorkommt" (GRODDECK 1983, S. 24).
Ich habe mich in der vorgestellten Beratungsstudie vorrangig mit dem Verhalten der Erzieherinnen beschäftigt und darüber Daten erhoben und analysiert. Die Kinderseite – so kann eingewendet werden – ist zu kurz gekommen. Mir war die Erzieherpersönlichkeit wichtiger, da Ziel ihres Handelns auch die Förderung der Persönlichkeitsentwicklung von Kindern und Jugendlichen ist. Bedingungen, andere fördern zu können, liegen sicher in einer "intensiven Selbstauseinandersetzung mit der eigenen Person und einer wirklich lernenden Selbstaktualisierung der eigenen persönlichen Kräfte" (GRODDECK 1983, S. 25).
Besonders in der exponierten Stellung des Erziehers ist eine ständige Überprüfung eigener Standpunkte dringend erforderlich, um der Vielzahl der individuellen Erlebens- und Verhaltensmöglichkeiten der Kinder besser gerecht werden zu können.
Den von mir immer wieder betonten Aspekt der Wahrnehmungserweiterung möchte ich zum Schluß noch einmal als die wichtigste Trainingskomponente herausstellen. Es ist nicht möglich, andere Sprach-, Denk-, Lern- und Erlebensalternativen wahrzunehmen und zu begreifen, wenn 1. keine – aus welchen Gründen auch immer – Bereitschaft dazu vorliegt und 2. wenn keine Angebote zum Entdecken von Alternativen vorhanden sind. Ich sehe meine Studie als ein ganz konkretes Beispiel an, mehr alternative Wahrnehmungsaspekte in die Schule einzubringen. Als Voraussetzung jedoch ist hier eine gute Zusammenarbeit und gegenseitige Lernbereitschaft von Berater/Beraterin *und* Adressaten erforderlich.

Die in meinem Vorwort angesprochenen Bestrebungen, vorrangig auf administrativen und curricularen Wegen Veränderungen von Schule erreichen zu wollen, erscheinen mir – und darauf weisen u.a. auch die genannten Studien hin – häufig zu vordergründig. Sie können Schule in ihrer erzieherischen Aufgabe, was effektive und motivierende Gestaltung von Lernen einschließt, nicht gerecht werden. Hier – so zeigt der dargestellte Beratungsprozeß – muß der Schwerpunkt bildungspolitischen Handelns auf die Unterstützung der erziehenden Person abgestellt werden. Der Erzieher/Lehrer sollte darin bestärkt werden, seinen Erlebens- und Handlungsspielraum im eigenen Interesse sowie im Interesse von Schülern, Eltern und dem weiteren gesellschaftlichen Umfeld immer wieder zu überdenken und zu erweitern.

12 Die Nachbefragung

Ein Jahr nach Beendigung des Projekts wurde den Erzieherinnen ein teilstrukturierter Fragebogen mit der Bitte um Beantwortung zugesandt. Es geht hierbei um Stellungnahmen zu eigenen Verhaltensänderungen hinsichtlich Schule, Kindern, Kollegen und auch des privaten Bereichs (GRAUDENZ 1982).

12.1 Der Nachbefragungsbogen

Der Fragebogen bestand aus sechs Fragen, die mit Ja oder Nein beantwortet werden konnten. Bei zwei der Fragen waren beispielhafte Erläuterungen vorgegeben, die als zutreffend bzw. als nicht zutreffend gekennzeichnet werden sollten. In dem Begleitbrief (s. Anschreiben zur Nachbefragung im Anhang, S. 180) waren die Erzieherinnen darum gebeten worden, weitere Stellungnahmen zu den von mir im Fragebogen möglicherweise nicht angesprochenen Aspekten der Beratungsarbeit abzugeben. Die restlichen vier Fragen waren ohne Vorgaben und sollten über die Ja/Nein-Beantwortung hinaus begründet werden.

1. Frage:
Glaubst Du, daß die Beratung für Dich und Deine Arbeit in der Schule nützlich gewesen ist?
Wenn ja, in welcher Hinsicht? (Zutreffendes ankreuzen)
Ich habe mehr über mich selbst erfahren.
Ich habe mich selbst intensiver beobachtet.
Mir sind bestimmte Verhaltensweisen in ihrer Wirkung auf Kinder bewußter geworden.
Ich kann besser mit Kindern umgehen.
Ich sehe stärker als vorher Zusammenhänge zwischen meinem Verhalten und dem Verhalten der Kinder.
Ich kann offener gegenüber den Kindern sein.
Ich kann besser über meine schulischen Probleme sprechen.
Ich erlebe es als positiv, den Kindern auch etwas von mir mitzuteilen (z.B. Sprechen in Ich-Form).
Ich habe weniger Angst vor Kritik anderer Kollegen.

Ich fühle mich sicherer in meinem Verhalten.
"Schwierigen" Kindern fühle ich mich mehr gewachsen.
Zusätzliche Stellungnahmen: ....

2. Frage:
Wie hast Du unsere Teamarbeit wahrgenommen? (Zutreffendes ankreuzen)
Ich konnte eine bessere Beziehung zu meinen Kolleginnen/Kollegen aufbauen.
Ich habe festgestellt, daß sie auch Probleme haben, über die zu sprechen ihnen schwerfällt.
Ich habe durch die Zusammenarbeit einige meiner Konkurrenzängste abbauen können.
Ich habe mich mit meinen Problemen nicht mehr so allein gefühlt.
Es ist mir zunächst schwergefallen, in der Gruppe offen über mich und meine Probleme zu sprechen.
Welche speziellen Probleme gab es für Dich (auch bezüglich meiner Person, Deiner Kolleginnen etc.)?
Zusätzliche Stellungnahmen: ....

3. Frage:
Könntest Du eine solche Beratung weiterempfehlen?
Wenn ja, warum? ....

4. Frage:
Würdest Du selbst noch einmal an einer solchen Beratung teilnehmen?
Wenn ja, warum? .....

5. Frage:
Hast Du den Eindruck, daß Du auch jetzt noch manchmal "Aha-Erlebnisse" hast, die im Zusammenhang stehen mit Deinen Erfahrungen aus der vergangenen Zusammenarbeit?
ja nein
Wenn ja, welche? .....

6. Frage:
Punkte, die Du Dir anders gewünscht hättest bzw. die Dir gefehlt haben und ähnliches: ....

12.2 Ergebnisse der Nachbefragung

Die Beratung wird von allen Erzieherinnen insgesamt als hilfreich und nützlich bewertet, sie würden die Beratung weiterempfehlen, sie selbst würden noch einmal an einer solchen Beratung teilnehmen und alle können konkrete Beispiele aus ihrem jetzigen Unterricht nennen, die "Aha-Erlebnisse" hervorrufen, die auf Erfahrungen aus der Zeit der Beratung zurückgehen. Insgesamt ist das eine positive Bewertung, die vielerlei Aspekte des Erlebens beinhaltet. Ich werde sie nun im einzelnen darstellen. Die unterschiedlichen Aspekte, die in den Äußerungen der Erzieherinnen zum Ausdruck kommen, lassen sich in vier Bereiche gliedern. Sie beziehen sich 1. auf die eigene Person, 2. auf die mitmenschlichen Beziehungen, 3. auf das "setting", die Vorgehensweise und Form der Beratung und 4. auf Kritikpunkte an der Beratung. Die wörtlichen Zitate im folgenden Text stammen aus den zusätzlichen Stellungnahmen der Erzieherinnen.

12.2.1 Stellungnahmen der Erzieherinnen zu den erlebten Veränderungen die eigene Person betreffend

Die Erzieherinnen berichten, daß die Beratung zu einer intensiveren Selbstbeobachtung und kritischeren Selbstwahrnehmung führte, z.B. "Ich bin mir selbst gegenüber kritischer geworden".
Es wurde für sie leichter, über schulische Probleme zu sprechen und sich offener mit anderen Kollegen darüber auseinanderzusetzen. Individuelle Eigenheiten wurden bewußter, z.B. "Ich ertrage auch die Kritik an mir auf andere Weise als vorher, d.h. ich kann sie ein wenig besser sachlich verarbeiten, ohne emotionalen Chaoszustand."
Durchsetzungsschwierigkeiten konnten besser bewältigt werden, z.B. "aufgrund unserer Teamarbeit ist es mir gelungen, Sicherheit zu gewinnen und es gelingt mir nun zeitweise, meine Bedürfnisse durchzusetzen. In dieser Beziehung wäre es für mich wichtig, unsere Teamarbeit fortzusetzen."
Probleme des Nichtzuhörenkönnens, gewisse sprachliche Angewohnheiten (unklare oder monotone Sprechweise) wurden bewußt und dadurch veränderbar. Vor allem wurde die Bereitschaft höher, sich diese Eigenheiten einzugestehen und damit die Möglichkeit zu schaffen, auch dagegen anzukämpfen.

Auswirkungen der kritischen Selbstwahrnehmung betrafen auch den privaten Bereich, z.B.: “Vielleicht auf diese Teamarbeit stützend, fällt es mir heute leichter, bei Kollegen oder ähnlich gestellten Menschen, auch negative Kritik in angemessener Weise zu üben und sie ihnen direkt zu sagen.“ Oder: “Diese Teamarbeit hat mir persönlich viel gebracht in bezug auf meine eigene Entwicklung.“

“Die Beratung hat zu meiner Selbstkritik und Selbsterziehung einen guten Beitrag geleistet.“

Auf die Frage nach “Aha-Erlebnissen“ berichteten alle Erzieherinnen von Beispielen, die eindeutig mit Themen zusammenhängen, die in den Beratungsgesprächen bearbeitet worden waren. Die folgenden thematischen Aspekte waren für die eine oder andere Erzieherin besonders typisch, z.B.:

“Aha, jetzt habe ich im Kreis schon wieder Fragen gestellt, die nur mit Ja oder Nein zu beantworten sind.“

“Aha, jetzt will ich zuhören, das scheint ja für mein Gegenüber ein echtes Problem zu sein.“

“Aha, jetzt muß ich meine Ausdrucks-Sprechweise kontrollieren.“

“Ja, ich versuche fast immer, auf Beiträge von den Kindern einzugehen und auch solche, die nicht zum Thema passen, nicht gleich abzuwürgen.“

“Ja, ich versuche auch mehr als früher, die Kinder zu loben.“

Die beispielhaft angeführten Äußerungen stehen im Zusammenhang mit bestimmten, als problematisch erlebten Erfahrungen der Erzieherinnen in der Beratung.

Z.B. waren Zusammenhänge erkannt worden zwischen der Erzieherin-Äußerung “Meine Kinder bringen wenig gute Beiträge“ und ihrer Art, den Kindern Fragen zu stellen. Die Frageform war so, daß die Kinder in der Regel nur mit Ja oder Nein antworten konnten, d.h. Anregungen zu ausführlicheren Beiträgen fanden nicht statt. Auch Verhaltensweisen wie Zuhören, auf Vorschläge eingehen, einen Beitrag des Kindes aufgreifen, bewußter loben, scheiterten häufig daran, daß die betreffende Erzieherin zu sehr auf ihre eigenen Ziele fixiert war.

Die Stellungnahmen der Erzieherinnen und die genannten Beispiele machen deutlich, daß die Beratung Veränderungsprozesse bei den Erzieherinnen in Gang gesetzt hat. Die Beratung hat einmal dazu beigetragen, den Erzieherinnen ihre Erziehungsziele bewußter zu machen; zum anderen hat sie ihnen geholfen, Verhaltensalternativen zu entwickeln, um diese Ziele im Unterricht besser verwirklichen zu können.

12.2.2 Stellungnahmen der Erzieherinnen zu den erlebten Veränderungen in ihren mitmenschlichen Beziehungen

Die Erzieherinnen teilen mit, daß die Beziehungen untereinander besser wurden, vereinzelt geäußerte Ängste vor Kritik und Bevormundung ließen nach. Z.B.: "Diese Beratung hat mir in bezug auf diese Punkte wohl weitergeholfen, aber ich müßte die Ängste noch weiter abbauen."
Für alle Erzieherinnen war es eine wichtige Erfahrung, feststellen zu können, daß auch ihre Kolleginnen schulische Probleme hatten, über die zu sprechen ihnen zunächst Schwierigkeiten bereitete.
Es konnten mehr und zum Teil neue Zusammenhänge zwischen eigenem Verhalten und dem Kinderverhalten gesehen werden, z.B. fällt hierunter die Erfahrung, daß das Sprechen der Erzieherinnen in Ich-Form den Kindern eine bessere Möglichkeit bot, direkt und auch erlebnisnah auf die Erzieherinnen zu reagieren. Ein klares "Ich möchte das nicht"-Verhalten führte zu einer echteren Kommunikation als das anonyme "Man tut das nicht"-Verhalten. Die insgesamt offenere, natürlichere Umgehensweise mit den Kindern förderte eine positive Lehrer-Schüler-Beziehung, z.B.: "Ich persönlich kann durch diese Beratung differenzierter mit den Kindern arbeiten und auf Probleme in der Gruppe eingehen."
Das bessere Verstehen und Durchschauen eigenen Verhaltens sowie eigener Schwierigkeiten führte nach Aussagen der Erzieherinnen auch zum besseren Verständnis vieler kindlicher Verhaltensweisen. Z.B.: "Immer wenn ich auf die Bedürfnisse der Gruppe bzw. des Kindes eingehe, habe ich die Möglichkeit einer höheren Motivation zum Thema."
Die Erzieherinnen konnten in der Beratung mehr über ihren persönlichen Kommunikationsstil erfahren und Regelmäßigkeiten darin entdekken, ob es sich nun um ihr Verhalten gegenüber den Kindern, den Kollegen oder gegenüber anderen Menschen in ihrer näheren Umgebung handelte. In jedem Umfeld traten ähnliche Probleme auf, z.B.: "Ich hatte manchmal das Gefühl, meine Schwierigkeiten und meine Person in den Vordergrund zu drängen. Dies ist aber ein allgemeines Problem meinerseits, und ich glaube, in diesem Team konnte ich zum Ende hin damit besser umgehen."

12.2.3 Stellungnahmen der Erzieherinnen zu der Art der Vorgehensweise in der Beratung

Die Erzieherinnen hatten zunächst dem Angebot, offen über ihre Situation und ihre Probleme als Lehrerin sprechen zu können, mit Vorsicht und Skepsis entgegengesehen. Die neue Erfahrung konnte aber bald positiv bewertet werden, die Beratung schaffte trotz einiger Frustrationen Erleichterungen und wertvolle Anregungen unterschiedlicher Art: "Außer in Prüfungssituationen und während der Ausbildung gibt es in der Schule keine Gelegenheit mehr, daß jemand im Unterricht dabeisitzt und den Unterricht mal begutachtet, um helfen zu wollen. So kommt es, daß man über Jahre vor sich hinwurstelt, ohne neue Impulse zu bekommen und ohne intensiv zu reflektieren. Insofern ist eine Beratung in einer gelösten Atmosphäre sehr hilfreich." Die gelöste Atmosphäre in den Gruppensitzungen wurde von allen Erzieherinnen hervorgehoben. Als Voraussetzung dafür wurde von ihnen die Art und Weise meines Vorgehens genannt: "Wenn du nicht *so* vorgegangen wärst, wären wir sicher längst abgesprungen", ferner wurde die kleine Gruppe positiv hervorgehoben, "Als Voraussetzung sehe ich aber die kleine, vertraute Gruppe, in der die Beratung stattfand". Die gesprächspsychotherapeutische Art des Vorgehens war von den Erzieherinnen als sehr hilfreich empfunden worden, da sie behutsam zur Selbstkritik und einem stärkeren Problembewußtsein führte, das Besprechen schulischer wie auch persönlicher Probleme erleichterte, weiter zur Verbesserung des Arbeitsklimas zwischen den Kolleginnen beitrug und eine sinnvolle Unterstützung der Lehrer-Schüler-Beziehung darstellte.

12.2.4 Zur Kritik an der Beratung

Die Stellungnahme einer Erzieherin, die jedoch nicht unter Kritik angefügt worden war, möchte ich an dieser Stelle erwähnen, da sie ein Problem berührt, das grundsätzlicher Art ist. Häufig, wenn Personen aus unterschiedlichen Fachbereichen zusammenarbeiten, tritt die Tendenz auf, daß jeder mehr oder weniger bewußt sein Gebiet als dasjenige betrachtet, das allein geeignet sei, eine Fragestellung angemessen zu lösen. Erst durch das differenzierte Kennenlernen des Fachbereichs des Kollegen ist eine Angleichung und ein gegenseitiges Lernen möglich: "Am Anfang fand ich, daß Du den Konflikt, in dem man manchmal steht, einerseits auf alle Kinder einzugehen, andererseits aber das Unterrichtsgespräch zu einem gewissen Ergebnis zu bringen, zu einseitig gesehen hast. Das hat mich zunächst verunsichert, später empfand ich das nicht mehr so. Sicher habe ich mich etwas mehr in die angestrebte Richtung bewegt. Vielleicht hast aber auch Du später die Rolle des Lehrers besser verstehen können."

Auf die Frage nach Kritikpunkten bzw. nicht erfüllten Wünschen in der Beratung wurden folgende Stellungnahmen abgegeben: Bedauert wurden die teilweise zu großen zeitlichen Pausen zwischen den einzelnen Teambesprechungen, die jedoch häufig aufgrund anderer Termine einzelner Teammitglieder, durch Krankheit, Ferien etc. wenig beeinflußbar erschienen. Wünschenswert wären sicher kleinere Abstände zwischen den Beratungen, um die Kontinuität und Intensität der Zusammenarbeit noch zu verbessern. Erwartungen hinsichtlich einer Unterstützung bei der didaktischen Aufbereitung des Unterrichtsstoffes im Lesen, Schreiben und in Mathematik konnten wenig befriedigt werden, einmal aus Zeitgründen, zum anderen auch aus meiner mangelnden Zuständigkeit für diese Probleme.

12.3 Abschließende Bemerkung zur Nachbefragung

Insgesamt gesehen trug das gesprächspsychotherapeutisch orientierte Vorgehen maßgeblich zu dem positiven und vertrauensvollen Klima in dem Team bei und führte, so entnehme ich den Ergebnissen der Nachbefragung, zu andauernden Änderungsbemühungen wohl aber auch zu konkreten Verhaltensänderungen der Erzieherinnen. Die Ergebnisse der Nachbefragung spiegeln den Erlebensaspekt der Beratung durch die Erzieherinnen wieder, und dieser kann positiv bewertet werden.

Literaturverzeichnis

Barthe, Hans-Jürgen. (1985). Gruppenprozesse in der Teamsupervision. Konstruktive und destruktive Effekte. Praxis der Kinderpsychologie und Kinderpsychiatrie, 34, 142-148.

Bastine, Reiner. (1976). Ansätze zur Formulierung von Interventionsstrategien in der Psychotherapie. In Peter Jankowski, Dieter Tscheulin, Hans-Joachim Fietkau & Frido Mann (Hrsg.), Klientenzentrierte Psychotherapie heute. Bericht über den I. Europäischen Kongress für Gesprächspsychotherapie in Würzburg 28.9.-4.10.1974 (S. 193-207). Göttingen: Hogrefe.

Bastine, Reiner. (1981). Adaptive Indikationen in der zielorientierten Psychotherapie. In Urs Baumann (Hrsg.), Indikation zur Psychotherapie: Perspektiven für Praxis und Forschung. Fortschritte der Klinischen Psychologie 25 (S. 158-169). München: Urban und Schwarzenberg.

Bense, Alfons R. (1977). Erleben in der Gesprächspsychotherapie. Die Experiencing-Theorie in der klientenzentrierten Gesprächspsychotherapie. Weinheim: Beltz.

Binder, U., Binder, H.J. (1981). Klientenzentrierte Psychotherapie bei schweren psychischen Störungen. Frankfurt am Main: Fachbuchhandlung für Psychologie GmbH, Verlagsabteilung.

Bommert, Hanko. (1975). Der therapeutische Prozeß unter dem Gesichtspunkt des Lernens. In Gesellschaft für Wissenschaftliche Gesprächspsychotherapie (Hrsg.), Die klientenzentrierte Gesprächspsychotherapie (S. 79-86). München: Kindler.

Bommert, Hanko. (1977). Grundlagen der Gesprächspsychotherapie. Stuttgart: Kohlhammer.

Bommert, Hanko. (1981). Problemschwerpunkte klinisch-psychologischer Diagnostik. In H. Bommert, Michael Hockel (Hrsg.), Therapieorientierte Diagnostik (S. 17-34). Stuttgart: Kohlhammer.

Bund-Länder-Kommission für Bildungsplanung (Hrsg.). (1976). Fünfjährige in Kindergärten, Vorklassen und Eingangsstufen. Bericht über eine Auswertung von Modellversuchen. Stuttgart: Klett.

Carnine, D.W., Fink, W.T. (1978). Increasing the Rate of Presentation and Use of Signals in Elementary Classroom Teachers. Journal of Applied Behavior Analysis, 1, 35-46.

Cohn, Ruth C. (1981). Von der Psychoanalyse zur themenzentrierten Interaktion. Stuttgart: Klett.

Der Hessische Kultusminister (Hrsg.). (1975). Die hessischen Schulversuche "Eingangsstufe – differenzierte Grundschule". 3501 Fuldatal 1, Kassel 121-0775: Hessisches Institut für Lehrerfortbildung.

Deutsches Institut für Internationale Pädagogische Forschung (Hrsg.). (1971). Der hessische Schulversuch zur Früheinschulung. Bericht über die Begleituntersuchungen zur Einschulung fünfjähriger Kinder. Sonderheft. Mit Beiträgen von B. Kraak, U. Raatz & K. Ruchti u.a. Frankfurt a.M.

Duncker, K. (1935). Zur Psychologie des produktiven Denkens. Berlin: Springer.

Ertle, Christoph. (1983). Psychoanalytische Anmerkungen zum Handeln des Lehrers. Praxis der Kinderpsychologie, 32, 150-157.

Flanders, N.A. (1970). Analysing-Teaching-Behavior. Reading, Mass.: Addison-Wesley.

Fleischer, Thomas. (1982). "Psychologische Beratung" versus "Psychotherapie" – Definitions- und Abgrenzungsversuche. Informatonsblätter der Gesellschaft für wissenschaftliche Gesprächspsychotherapie, 49, 13-43.

Fleiss, Josef L. (1971). Measuring nominal scale agreement among many raters. Psychological Bulletin, 5, 378-382.

Freud, S. (1910). Über Psychoanalyse. Gesammelte Werke: Band VIII.

Fricke, Reiner, Thiele, Hartmut. (1982). Trainigskurse zur Veränderung des Lehrerverhaltens. (Forschungsbereich "Anwendung", Bericht Nr. 1). Universität Hannover: Fachbereich Erziehungswissenschaften I, Arbeitsstelle für Unterrichtsforschung.

Fürstenau, Peter. (1972). Probleme der vergleichenden Psychotherapieforschung. In Henning C. Bachmann (Hrsg.), Psychoanalyse und Verhaltenstherapie (S. 18-57). Frankfurt a.M.: Fischer Taschenbuch.

Gendlin, E.T. (1961). Experiencing: A variable in the process of psychotherapeutic change. American Journal of Psychotherapy, 15, 233-245.

Gendlin, E.T. (1970). A short summary and some long predictions. In J. T. Hart & T. M. Tomkinson (Ed.), New directions in client-centered therapy (S. 544-562). Boston: Houghton Mifflin.

Graudenz, Ines. (1977). Pädagogen beurteilen sich selbst. Selbstbild – Idealbild –Bild eines innovationsbefähigten Pädagogen. Mitteilungen und Nachrichten Nr. 86, 87(S. 87-95). Frankfurt a.M.: Deutsches Institut für Internationale Pädagogische Forschung.

Graudenz, Ines, Altmeyer, Martin. (1982). Studien zum emotionalen und sozialen Verhalten im Vorschulalter. Göttingen: Hogrefe.

Graudenz, Ines, Proba, Max. (1982). Ein Kategoriensystem zur Analyse von Unterricht. Forschungsberichte aus der Abteilung Psychologie. Frankfurt a.M.: Deutsches Institut für Internationale Pädagogische Forschung.

Graudenz, Ines. (1982). Ergebnisse einer Nachbefragung von Erzieherinnen. Ein Erfahrungsbericht über eine gesprächstherapeutisch orientierte Beratung. In D. Nord-Rüdiger, I. Graudenz et al. (Hrsg.), Beiträge zu Theorie und Praxis in Psychologie und Pädagogik. Forschungsberichte aus der Abteilung Psychologie (S. 166-178). Frankfurt a.M.: Deutsches Institut für Internationale Pädagogische Forschung.

Groddeck, Norbert. (1983). Der Lehrer als Person. Ein Erfahrungsbericht aus einem Praxis-Projekt für Lehrer und Lehrerstudenten. Informationsblätter der Gesellschaft für wissenschaftliche Gesprächspsychotherapie, 53, 24-47.

Groddeck, Norbert. (1984). Personenzentriertes Lehrertraining für BVJ-Lehrer. Ergebnisse und Erfahrungen aus einer offenen Teilnehmerbefragung. Informationsblätter der Gesellschaft für wissenschaftliche Gesprächspsychotherapie, 56, 107-118.

Günther, Ullrich, Massing, Peter. (1980). Praxisschock, Einstellungswandel und Lehrertraining. Bildung und Erziehung, 33.

Halder, Petra. (1977). Verhaltenstherapie und Patientenerwartung. Bern: Huber.

Hayakawa, S.I. (1981). Sprache im Denken und Handeln. (6. erw. Auflage) (Deutsche Übersetzung von Language in Thought and Action, New York 1964). Darmstadt: Verlag Darmstädter Blätter.

Huber, Günter L., Mandl, Heinz (Hrsg.). (1982). Verbale Daten. Eine Einführung in die Grundlagen und Methoden der Erhebung und Auswertung. Weinheim: Beltz.

John, R., Fallner, H. (1980). Handlungsmodell-Supervision. Mayen: Schweder.

Kaminski, G. (1970). Verhaltenstheorie und Verhaltensmodifikation. Stuttgart: Klett.

Kazdin, Alan E. (1974). The Assessment of Teacher Training in a Reinforcement Program. Journal of Teacher Education, 25, 266-270.

Kern, H.J. (1979): Lehrerselbsttraining. Deutsches Institut für Internationale Pädagogische Forschung. Frankfurt: Selbstverlag.

Kern, H.J. (1979a). Wichtige Variablen beim Lehrertraining. Psychologie in Erziehung und Unterricht, 26, 27-38.

Kern, H.J. (1983). Videoselbsttraining. In Wolfgang Mutzeck & Waldemar Pallasch (Hrsg.), Handbuch zum Lehrertraining. Konzepte und Erfahrungen. Weinheim: Beltz.

Körner, Jürgen, Winkler, Klaus. (1984). Balint-Gruppenarbeit mit Lehrern. Gruppenpsychotherapie und Gruppendynamik, 19, 271-277.

Köttl, K., Sauer, J. (1980). Der Einfluß des sozialen Klimas von Schulklassen auf das Lehrerverhalten. Psychologie in Erziehung und Unterricht, 27, 267-274.

Kraak, Bernhard, Nord-Rüdiger, Dietlinde. (1979). Bedingungen innovativen Handelns. Eine psychologische Untersuchung an Lehrern von Schulen und Hochschulen. Weinheim: Beltz.

Kroj, Theo (Hrsg.). (1972). Die Eingangsstufe. Voraussetzungen, Modelle, Probleme. Dargestellt am Beispiel der Schulversuche in Hessen. Stuttgart: Klett.

Leuschner, Gerhard. (1977). Beratungsmodelle in der Gruppensupervision. In D. von Caemmerer, F.W. Kröger, H. Lander, H. Schiller, H. Merkelbach & U. Walz, (Redaktionsgruppe), Supervision – ein berufsbezogener Lernprozeß (S. 50-67). Wiesbaden: Verlag Haus Schwalbach.

Lewin, K., Lippitt, R. & White, R.K. (1939). Patterns of aggressive behavior in experimentally created “social climates“. Journal of Social Psychology10, 271-299.

Linster, Hans Wolfgang, Panagiotopoulos, Panagiotti. (1985). Mein therapeutischer Standort und das klientenzentrierte Konzept. GWG-info: Informationsblätter der Gesellschaft für wissenschaftliche Gesprächspsychotherapie. Köln, 18-34.

Lowy, Louis. (1977). Supervision: Ein agogischer Lehr- und Lernprozeß. In D. von Caemmerer, F.W. Kröger, H. Lander, H. Schiller, H. Merkelbach & Walz, U. (Redaktionsgruppe), Supervision – ein berufsbezogener Lernprozeß. (S. 9-19). Wiesbaden: Verlag Haus Schwalbach.

Medley, D.M., Mitzel, H.E. (1963). Measuring classroom behavior by systematic observation. In N. L. Gage (Ed.), Handbook of Research on Teaching (S. 247-328). Chicago: Rand Mc Nally.

Meyer, Hilbert. (1979, 1980). Leitfaden zur Unterrichtsvorbereitung. Universität Oldenburg (Febr. 1979). Zentrum für pädagogische Berufspraxis, 144. Königstein, Taunus: Scriptor. Ratgeber Schule Bd. 6 (1980)

Minsel, Wolf-Rüdiger, Bente, Gary. (1982). Entwicklung der Gesprächspsychotherapie und ihr neuester Stand. In Jürgen Howe (Hrsg.), Therapieformen im Dialog. Anwendung und Integration von Gesprächspsychotherapie, Psychoanalyse und Verhaltenstherapie. Kiel: Kösel Verlag.

Nickel, H., Bonn, R., Fenner, M.J. (1976). Das klientenzentrierte Beratungsgespräch. In K. Heller & B. Rosemann (Hrsg.), Handbuch der Bildungsberatung, Band III (S. 939-961). Stuttgart: Klett.

Pavel, Falk-Giselher. (1975). Die Entwicklung der klientenzentrierten Psychotherapie in den USA von 1942-1973. In Gesellschaft für wissenschaftliche Gesprächspsychotherapie (GwG) (Hrsg.), Die klientenzentrierte Gesprächspsychotherapie (S. 25-42). München: Kindler: Geist und Psyche.

Pavel, Falk-Giselher. (1985). Klientenzentrierte Therapie von Systemen. GwG-info: Informationsblätter für wissenschaftliche Gesprächspsychotherapie. Köln, 34-55.

Petri, Horst, Hampel, Christian. (1983). Balint-Gruppenarbeit mit Lehrer-Studenten. Gruppenpsychotherapie und Gruppendynamik, 16, 189-194.

Rogers, Carl R. (1972). Die nicht-direktive Beratung. (Deutsche Übersetzung von Counseling and Psychotherapy, Boston 1942). München, Kindler.

Rogers, Carl R. (1973). Die klient-bezogene Gesprächstherapie. (Deutsche Übersetzung von Client-centered Therapy, Boston 1951). München: Kindler.

Rogers, Carl R. (1957). The necessary and sufficient condition of therapeutic personality change. Journal of Consulting Psychology, 21, 95-103.

Rogers, Carl R. (1973). Entwicklung der Persönlichkeit. (Deutsche Ausgabe von On becoming a person. Boston 1961). Stuttgart: Klett.

Sagebiel, Felizitas, Zundel, Edith. (1983). Supervision von Gruppenarbeit im sozialtherapeutischen Feld. Gruppenpsychotherapie und Gruppendynamik, 19, 174-189.

Schley, Wilfried. (1983). Kooperatives Lehrertraining – Ein Anleitungsprogramm zur Lösung von Lern- und Beziehungsstörungen im Unterricht. In Wolfgang Mutzeck & W. Pallasch (Hrsg.), Handbuch zum Lehrertraining (S. 103-116). Weinheim: Beltz.

Schulz, W., Teschner, W.P. & Voigt, J. (1970). Verhalten im Unterricht, seine Erfassung durch Beobachtungsverfahren. In K. Ingenkamp & E. Parey (Hrsg.), Handbuch der Unterrichtsforschung, Teil 1 (S. 636-851). Weinheim: Beltz.

Sinclair, John McH., Coulthard, Malcolm. (1977). Analyse der Unterrichtssprache. Ansätze zu einer Diskursanalyse dargestellt am Sprachverhalten englischer Lehrer und Schüler. Übersetzt, bearbeitet und herausgegeben von Hans-Jürgen Krumm. Heidelberg: Quelle und Meyer.

Speidel, G.E., Tharp, R.G. (1978). Teacher-training workshop strategy: Instructions, discrimination training, modeling, guided practice, and video feedback. Behavior Therapy, 5, 735-739.

Tausch, R. (1960). Das Ausmaß der Lenkung von Schulkindern im Unterricht. Zeitschrift für Psychologische Beiträge, 4, 127-145.

Tausch, R., Tausch, A.-M. (1973, 1977[8], 1979). Erziehungspsychologie. Göttingen: Hogrefe.

Thiele, J. (1979). Tendenzen im Sprachhandeln von Selbsterfahrungsgruppen. Gruppendynamik, 6, 402-407.

Thiele, H. (1978). Steuerung der verbalen Interaktion durch didaktische Interventionen. Eine empirische Untersuchung zum Effekt von drei Methoden zum Lehrerverhaltenstraining. Unveröfftl. Dissertation Universität Braunschweig.

Thiele, H. (1981a). Zur Beeinflussung des Entscheidungsverhaltens im Unterricht: Eine empirische Untersuchung zu einem theoriegeleiteten Lehrtraining. In M. Hofer (Hrsg.), Informationsverarbeitung und Entscheidungsverhalten von Lehrern. München: Urban & Schwarzenberg.

Truax, C.B. (1966). Reinforcement and nonreinforcement in Rogerian psychotherapy. Journal of Abnormal Psychology, 71, 1-9.

Tscheulin, D. (1976). Ein Aufsatz zu einer differentiellen Gesprächspsychotherapie als Beitrag zur Theoriebildung in der klientenzentrierten Psychotherapie. In Peter Jankowski u.a. (Hrsg.), Klientenzentrierte Psychotherapie heute (S. 98-109). Bericht über den I. Europäischen Kongress für Gesprächspsychotherapie in Würzburg 28.9.-4.10.1974. Göttingen: Hogrefe.

Tscheulin, D. (1975). Gesprächspsychotherapie als zwischenmenschlicher Kommunikationsprozeß. In Gesellschaft für Wissenschaftliche Gesprächspsychotherapie (Hrsg.), Die klientenzentrierte Gesprächspsychotherapie (S. 98-114). München: Kindler.

Voss, Bärbel. (1982). Individualisiertes Training zum Lehrerverhalten. (Forschungsbericht "Anwendung", Bericht Nr. 3). Universität Hannover, Fachbereich Erziehungswissenschaften I, Arbeitsstelle für Unterrichtsforschung.

Wagner, Angelika C. (Hrsg.). (1976). Schülerzentrierter Unterricht. München: Urban und Schwarzenberg.

Wagner, Angelika C., Maier, Susanne, Uttendorfer-Marek, Ingrid & Weidle, Renate H. (Hrsg.). (1981). Unterrichtspsychogramme. Was in den Köpfen von Lehrern und Schülern vorgeht. rororo Sachbuch 7393.

Watzlawick, Paul, Beavin, Janet H. & Jackson, Don D. (1974). Menschliche Kommunikation. Formen, Störungen, Paradoxien. (4. Auflage). Bern: Huber.

Weidle, Renate, Wagner, Angelika C. (1982). Die Methode des lauten Denkens. In Günter L. Huber & Heinz Mandl (Hrsg.), Verbale Daten (S. 90-103). Weinheim: Beltz.

Wendeler, Jürgen. (1976). Lehrerberatung. Unveröffentlichtes Manuskript. Frankfurt, Main: Deutsches Institut für Internationale Pädagogische Forschung.

Wittern, J.O. (1979). Bedeutsame Lehrer-Schülermerkmale, Zusammenhänge und Förderung durch Teilnahme von Lehrern an personenzentrierten Gesprächsgruppen. Dissertation (unveröffentlicht) Hamburg.

Wittern, J.O., Tausch, A.-M. (1979). Auswirkungen personenzentrierter Gesprächsgruppen auf die Person von Lehrern, ihr Erleben und Verhalten im Unterricht. Psychologie in Erziehung und Unterricht, 26, 330-340.

Zielke, Manfred. (1982). Supervision. In Rainer Bastine (Hrsg.), Grundbegriffe der Psychotherapie (S. 403-407). Weinheim: Verlag Chemie GmbH, edition psychology.

ANHANG

Wort-Assoziationen 165

Fragebogen zur Selbsteinschätzung pädagogischen Verhaltens 166

Geschichten – (Tonbandphase) 168-172
Schatzkästchen 168
Das Telefon 168
Henkeltopp 168
Der rote Stiefel 170

Allgemeine Richtlinien zur Kategorisierung 173-180

Anschreiben zur Nachbefragung 180

Tabellen

Übersicht über die Anzahl der Äußerungen im Unterricht 181

Erzieherin 1: Absolute Häufigkeiten der Sinneinheiten pro Kategorie (ohne Berücksichtigung der Zusatzkodierungen) 182

Erzieherin 2: Absolute Häufigkeiten der Sinneinheiten pro Kategorie (ohne Berücksichtigung der Zusatzkodierungen) 183

Erzieherin 5: Absolute Häufigkeiten der Sinneinheiten pro Kategorie (ohne Berücksichtigung der Zusatzkodierungen) 184

Erzieherin 1: Absolute Häufigkeiten der Sinneinheiten pro Kategorie (mit Berücksichtigung der Zusatzkodierungen) 185

Erzieherin 2: Absolute Häufigkeiten der Sinneinheiten pro Kategorie (mit Berücksichtigung der Zusatzkodierungen) 186

Erzieherin 5: Absolute Häufigkeiten der Sinneinheiten pro Kategorie (mit Berücksichtigung der Zusatzkodierungen) 187

Relative Häufigkeiten der anteilnehmenden und zu sozialem Handeln anregenden Äußerungen in den drei Tonbandabschnitten für jede Erzieherin 188

Relative Häufigkeiten der strukturierenden und lenkenden Äußerungen in den drei Tonbandabschnitten für jede Erzieherin 189

Wort-Assoziationen

Nehmen Sie bitte zu folgenden Begriffen bezogen auf Ihre erzieherische Tätigkeit Stellung. Sie können das in Form von dazu assoziierten Begriffen tun und/ oder auch in Form von Sätzen.

I. Erzieherverhalten
   repressionsarm
   gesellschaftsbezogen
   praxisnah (i.S. von realitätsnah)

II. Kinderverhalten
   solidarisches Verhalten
   freches, unartiges Verhalten
   angepaßtes Verhalten
   soziales Verhalten

Achten Sie bitte darauf, daß Sie keine abstrakten Formulierungen gebrauchen, sondern versuchen Sie, Ihre Gedanken möglichst in Ich-Form auszudrücken und dabei an die für Sie relevanten Alltagserlebnisse zu denken.

Fragebogen zur Selbsteinschätzung pädagogischen Verhaltens

Wie schätze ich mein eigenes pädagogisches Verhalten ein?

	wenig 1	manch-mal 2	mittel-oft 3	öfter 4	viel 5
LENKEN					
anordnen	1	2	3	4	5
verbieten	1	2	3	4	5
BEGRÜNDEN VON LENKEN					
m. Autorität d. Erw.	1	2	3	4	5
m.Sitte	1	2	3	4	5
m.sachl.Argument.	1	2	3	4	5
ANREGEN ZU SPIEL u.ä.					
verbal	1	2	3	4	5
durch Vormachen	1	2	3	4	5
durch Material	1	2	3	4	5
ANREGEN					
zu Konfliktlösen u. soz. Beziehungen	1	2	3	4	5
zu Reflexion	1	2	3	4	5
SICH MIT DEM KIND BESCHÄFTIGEN					
ihm etwas zeigen oder erklären	1	2	3	4	5
etwas gemeinsam mit dem Kind tun	1	2	3	4	5
zuhören, sich mit dem Kind unterhalten	1	2	3	4	5
FREUNDLICH SEIN					
Kind anlächeln	1	2	3	4	5
Kind freundlich berühren	1	2	3	4	5
SOZIALE ANTEILNAHME ZEIGEN					
Interesse an Persönlichem zeigen	1	2	3	4	5
Hilfe anbieten, helfen	1	2	3	4	5
trösten	1	2	3	4	5
für Kind eintreten	1	2	3	4	5
BESTÄTIGEN					
sich anerkennend äußern	1	2	3	4	5
Mut machen	1	2	3	4	5
AKZEPTIEREN					
von Kritik, Widerspruch, Aggression	1	2	3	4	5
hinnehmen, daß Vorschlag nicht aufgegriffen wird	1	2	3	4	5
auf Vorschlag eingehen	1	2	3	4	5
Wunsch oder Bitte erfüllen	1	2	3	4	5
Fragen beantworten	1	2	3	4	5
auf Zärtlichkeit eingehen	1	2	3	4	5

STRAFEN					
strafend schauen	1	2	3	4	5
tadeln, kritisieren, schimpfen	1	2	3	4	5
bloßstellen, blamieren	1	2	3	4	5
absichtlich nicht beachten	1	2	3	4	5
benachteiligen als Reaktion	1	2	3	4	5
Strafe anordnen	1	2	3	4	5

Geschichten – (Tonbandphase)

Das Schatzkästchen

Zur Winterszeit, als einmal ein tiefer Schnee lag, mußte ein armer Junge hinausgehen und Holz auf seinem Schlitten holen. Wie er es nun zusammengesucht und aufgeladen hatte, wollte er noch nicht nach Hause gehen, sondern erst Feuer anmachen und sich ein bißchen wärmen. Da scharrte er den Schnee weg und fand auf dem Erdboden einen kleinen goldenen Schlüssel. Nun glaubte er, wo der Schlüssel sei, müsse auch das Schloß dazu sein. Er grub in der Erde und fand ein eisernes Kästchen. Wenn der Schlüssel nur paßt, dachte er, da sind gewiß kostbare Sachen in dem Kästchen. Er suchte, aber es war kein Schlüsselloch da. Endlich entdeckte er eins, aber so klein, daß man es kaum sehen konnte. Er probierte und der Schlüssel paßte. Da drehte er einmal herum und nun müssen wir warten, bis er vollends aufgeschlossen und den Deckel aufgemacht hat. Dann werden wir erfahren, was für wunderbare Sachen in dem Kästchen lagen.

Das Telefon

Es ist schon dunkel draußen. Bald müssen meine Eltern nach Hause kommen. Sie sind bei Onkel Tassilo eingeladen. Da läutet das Telefon. “Hallo Klaus“, hier spricht Mutti. “Hallo Mutti, wann kommt ihr denn“? “Erst spät, Onkel Tassilo hat uns ins Kino eingeladen. Du bist ja schon groß und bleibst sicher gern allein, nicht wahr?“ Ich halte den Hörer ganz fest am Ohr. Es ist nicht wahr, daß ich gern allein bleibe. Was soll ich denn jetzt antworten? “Hallo Klaus, bist Du noch da?“ “Ja Mutti, ich warte bis ihr kommt.“ “Nein, das wirst Du nicht, Du gehst jetzt ins Bett und wirst die Lampe brennen lassen. Gute Nacht Liebling, schlaf gut!“ Klick macht es, die Mutter hat aufgelegt. Ich gehe ins Badezimmer. Eigentlich will ich mich überhaupt nicht waschen, zum Trotz, weil man mich allein läßt. Aber dann wasche ich mich doch, sogar viel mehr als sonst, und dann lege ich mich ins Bett, und ich fürchte mich fast gar nicht. Gleich werde ich einschlafen und etwas Schönes träumen.

Henkeltopp
oder
In der Schule muß man seinen Namen sagen

Der kleine Hans hat einen Spottnamen. Seine Brüder nennen ihn Henkeltopp. Er hat nämlich abstehende Ohren. An seinen Spottnamen hat er sich schon so sehr gewöhnt, daß er beinahe vergessen hat, wie er wirklich heißt.

Wenn die Brüder Henkeltopp necken wollten, sagten sie: “Na, komm nur erst in die Schule! Lernen muß man, daß einem die Haare zu Berge stehen. Und die Lehrerin kann immer sehen, was Du denkst.“
“Wenn Du etwas Falsches denkst, mußt Du hundertmal schreiben, was richtig gewesen wäre“, sagten die Brüder.
Als er einmal die Mutter fragte, wie es in der Schule sei, sagte sie: “Laß nur, Du brauchst keine Angst zu haben! Das ist alles nicht wahr. Deine Brüder wollen dich nur ärgern.“
Nun war es soweit.
Henkeltopp war sehr aufgeregt. Die Mutter hatte ihn zur Schule gebracht, und als sie ihn in die Klasse schob, strich sie ihm über den Kopf und sagte: “Hab keine Angst! Es ist sehr schön da, Du wirst es sehen.“ Da stand er nun allein unter vielen fremden Kindern. An der Tafel stand die Lehrerin. Henkeltopp wagte nicht, sie anzusehen.
“So, nun sucht Euch alle einen Platz und setzt euch hin!“ sagte die Lehrerin.
Es waren viele Bänke in dem Schulzimmer. Unter lautem Gepolter stürmten die Kinder darauf zu. Nur Henkeltopp stand noch da, ohne sich zu rühren.
“Warum setzt Du Dich denn nicht? – Siehst Du, nun ist nur noch ganz hinten ein Platz frei, und Du mußt allein auf einer Bank sitzen“, sagte die Lehrerin, faßte Henkeltopp am Arm und führte ihn hin. Zögernd setzte er sich. Seine Ohren glühten. Die anderen Kinder hatten es aufmerksam verfolgt und starrten Henkeltopp an. Was wird jetzt kommen? dachte er ängstlich. Ob sie wirklich sehen kann, was man denkt?
Die Lehrerin fragte jedes Kind nach seinem Namen und trug ihn in ihre Liste ein.
Henkeltopp hatte gar nicht zugehört, was gesprochen wurde. Unentwegt hatte er die Lehrerin angesehen und gedacht: Wie soll sie sehen können, was man denkt, wo so viele Kinder hier sind?
Sein Vordermann tippte ihn an: “Du sollst sagen, wie Du heißt.“
Henkeltopp sah den Jungen verwirrt an.
“Steh auf und sag mir, wie Du heißt“, sagte die Lehrerin.
Er stand auf. “Henkeltopp“, sagte er.
Zuerst war Totenstille, dann brachen alle vierzig Kinder in helles Lachen aus. Die Lehrerin hatte Mühe, sie wieder zu beruhigen.
“Du hast sicher noch einen Namen. Sag mir doch den!“ sagte sie freundlich.
“Ja“, sagte Henkeltopp und nannte seinen richtigen Namen.
In der Pause scharten sich die Kinder um ihn.
“Wie heißt Du?“ – “Wie heißt Du?“ –
“Wie heißt Du?“ – “Sag doch noch mal, wie Du heißt!“
Henkeltopp stand stumm da, sah sie an, und seine Ohren glühten wieder.
“Ich weiß, warum er Henkeltopp heißt!“ rief ein Junge. “Weil er so große Ohren hat. Guckt mal, die sind ganz rot!“
Als die Mutter ihn abholte, fragte sie: “Na, wie hat es dir in der Schule gefallen?“
“Ich möchte da nicht mehr hingehen“, sagte Henkeltopp.
“Nanu! Warum denn nicht?“ – “Die lachen mich alle aus!“

“Du mußt dir einfach nichts daraus machen“, sagte die Mutter. “Dann wird es ihnen langweilig, und sie lassen es bald sein.“

Der rote Stiefel

“Schade, daß Vati am 1. Advent nicht schon wieder zu Hause ist“, sagte Frank. Er kam mit seiner Mutter gerade vom Einkaufen. “Bist Du traurig darüber?“
“Ein bißchen schon“, erwiderte Mutter. “Aber Dienst ist Dienst! Und am 2. Adventssonntag ist er ja bestimmt bei uns.“
Vor den Auslagen eines Schokoladengeschäftes blieben sie beide stehen. Frank war begeistert. “Du, guck mal, solch einen roten Nikolausstiefel mit Süßigkeiten, den hast Du doch im vergangenen Jahr von Vati zum Nikolaustag bekommen!“
Mutter nickte. “In diesem Jahr werde ich zum ersten Mal keinen bekommen. Schade! – So, jetzt müssen wir aber machen, daß wir nach Hause kommen.“
Nachdenklich ging Frank neben seiner Mutter her, und nachdenklich saß er am Nachmittag auch zu Hause in seinem Zimmer. Das Nachdenken dauerte eine ganze Weile, aber dann hatte er seinen Entschluß gefaßt: damit Mutti am Nikolaustag nicht traurig zu sein brauchte, würde er anstelle von Vati ihr in diesem Jahr den roten Nikolausstiefel schenken! Sorgfältig prüfte er den Inhalt seines Geldbeutels; es waren genau 1 Mark und 75 Pfennig. Frank seufzte tief: das reichte natürlich nicht! Genau 3,75 Mark würde er brauchen, das hatte er vorhin auf dem Preisschild gelesen. Aber woher sollte er die fehlenden 2 Mark nehmen? Finden? Geschenkt bekommen? Oder ...verdienen? Aber womit verdienen?
Er lief in die Küche. “Du, Mutti, soll ich nicht ein paar leere Flaschen zum Kaufmann bringen?“ Die Hälfte des Pfandgeldes durfte er dann nämlich immer in seine Sparkasse stecken.
“Die habe ich gerade gestern alle abgeliefert“, bedauerte Mutter.
“Heute gibt es nichts für Dich zu tun.“
“Es scheint so“, seufzte Frank und trollte sich.
Der Tag darauf – es war der Samstag vor dem 1. Advent – begann mit einer Überraschung: Tante Gerda lud ihn zum Kaffee zu sich ein! Ganz abgesehen davon, daß es bei ihr immer großartig war, schenkte sie ihm meistens eine ganze Mark. Und wenn er sich beeilte, dann konnte er sogar das Fahrgeld für die Hin- und Rückfahrt auch noch sparen.
Aber da gab es schon die erste Enttäuschung. Mutter begleitete ihn bis zur Autobus-Haltestelle und winkte ihm nach, bis der Bus im Verkehrsgewühl verschwunden war.
Wie er es fast nicht anders erwartet hatte, ging auch bei Tante Gerda alles schief. Anstelle der einen Mark drückte sie ihm beim Weggehen ein Päckchen in die Hand. “Aber nicht vor dem Nikolaustag aufmachen“, sagte sie dazu. Zu allem Überfluß brachte auch sie ihn zur Haltestelle und wartete, bis der Autobus kam. Es war zum Verzweifeln!

Der 1. Advent verlief schön wie in jedem Jahr. Nur, Frank wußte immer noch nicht, wie er zu dem Geld für den Nikolausstiefel kommen sollte.
Am Montagnachmittag schlenderte Frank durch die Straßen. Plötzlich blieb er wie angewurzelt stehen; ein Schild im Schaufenster hatte es ihm angetan:

Jungen und Mädchen als Haarschneidemodelle
zum kostenlosen Haareschneiden gesucht!

Frank machte auf der Stelle kehrt und rannte nach Hause zurück. Er klingelte Sturm. "Mutti, soll ich mir zum Nikolaus nicht noch schnell die Haare schneiden lassen?" fragte er atemlos.
"Nanu?"" wunderte sich Mutter. "Du bist doch sonst nicht so versessen aufs Haareschneiden?"
"Aber heute würde es gerade so gut passen! Ja, Mutti, darf ich?"
Zögernd gab Mutter ihm 2 Mark. "Wenn Du meinst..."
Frank strahlte. "Tschüß, Mutti!" rief er und war schon verschwunden.
Vor dem Friseurgeschäft holte er noch einmal tief Luft und ging dann mutig hinein. "Guten Tag", sagte er. "Bitte einmal Haareschneiden, aber umsonst."
Der Friseur verbeugte sich zustimmend. "Fräulein Karin!!" rief er. Fräulein Karin war der jüngste Lehrling in diesem Geschäft und mußte daher an den Haarschneidemodellen das Haareschneiden lernen. Daher kostete es also nichts!
Frank machte die Augen zu und überließ seinen Kopf Fräulein Karins reichlich ungeübten Händen. Endlich sagte sie: "Fertig!" und nahm ihm den Umhang ab. Frank öffnete die Augen und starrte dann sein Spiegelbild an. Das sollte er sein? Ja, um Himmels willen, was würde bloß Mutti zu diesen schrecklich kurzen Haaren sagen?
Wenig später stand er mit klopfendem Herzen vor seiner Mutter. Die mußte sich vor Schreck erst einmal auf einen Stuhl setzen. "Aber, Junge, wie siehst Du denn aus? Wo hast Du denn Deine Haare gelassen?" – "Beim Friseur", antwortete Frank und machte sich aus dem Staube.
Am nächsten Tag – es war der 5. Dezember – ging er gleich nach der Schule in das Schokoladengeschäft und kaufte für seine 1 Mark und 75 Pfennig und 2 Mark gespartes Haarschneidegeld einen glänzend roten Nikolausstiefel, bis an den Rnd gefüllt mit den schönsten Süßigkeiten. Er ließ den Stiefel in seinem Turnbeutel verschwinden und lief die Treppen zur Wohnung hinauf. Frau Scholz, die Nachbarin, kam ihm entgegen. "Fein, daß ich dich treffe!" sagte sie. "Hier sind die Wohnungsschlüssel! Deine Mutter mußte schnell noch einmal weggehen."
Frank stellte den Nikolausstiefel in seinen Kleiderschrank, dann ging er in die Küche. Auf dem Tisch lag ein Zettel: "Bin beim Friseur! Gruß Mutti!" Ach, du liebe Güte! Nun war alles aus! Jetzt hatte Mutti längst herausbekommen, daß er sich bei einem wildfremden Friseur die Haare hatte schneiden lassen!
Und richtig: Als Mutti nach Hause kam, war ihr Gesicht sehr böse! "Möchtest Du mir nicht sagen, wer Dir diesen verrückten Haarschnitt gemacht hat?" fragte sie. Frank mochte es nicht, denn wenn er es getan hätte, dann hätte er auch gleich die ganze Nikolausüberraschung verraten müssen. So nahm er widersspruchslos den angeordneten Stubenarrest hin, ging früh zu Bett und hoffte nur, daß trotz

des ganzen Ärgers seine blitzblank geputzten Schuhe, die er vor die Zimmertür gestellt hatte, nicht leer bleiben würden.
Am nächsten Morgen hielt er es nur bis um 6 Uhr im Bett aus. Leise klinkte er die Tür auf; keine Schuhe weit und breit! Tapfer schluckte er seine Enttäuschung hinunter, holte den Nikolausstiefel aus dem Kleiderschrank und lief in Muttis Schlafzimmer. Sie lag noch im Bett, schlief aber nicht mehr.
“Frohen Nikolaus!“ sagte Frank und holte hinter seinem Rücken den roten Stiefel hervor. “Der ist für dich! Weil Du doch von Vati keinen bekommst.“
Mutter hatte sich im Bett aufgerichtet. “Aber, Junge“, staunte sie. “Das ist ja ein kostbares Geschenk! Wo hattest Du denn so viel Geld her?“
Frank stellte den Nikolausstiefel vorsichtig auf den Nachttisch, dann warf er seiner Mutter beide Arme um den Hals. “Das ist es ja eben! Sei doch bitte nicht mehr böse!“
Und dann erzählte er ihr alles. Natürlich war Mutter hinterher nicht mehr böse! Sie scheuchte den stachelköpfigen Frank in sein Zimmer, um schnell die bis oben gefüllten Schuhe vor seine Tür stellen zu können. Dann deckte sie den Kaffeetisch. Als sie später beim Frühstück saßen, klingelte das Telefon. Frank nahm den Hörer ab. “Vati!“ schrie er. “Kommst Du bald nach Hause? Ich habe auf dem Kopf fast keine Haare mehr, aber dafür hat Mutti einen tollen Nikolausstiefel von mir bekommen!“

Allgemeine Richtlinien zur Kategorisierung (leicht veränderte Fassung von Graudenz/Proba 1982)

1. Bevor Sie mit der Kategorisierung beginnen, lesen Sie den Text bitte einmal vollständig durch.
2. Alle Äußerungen werden kontextabhängig eingestuft, da die Bedeutung einer Aussage erst durch die genaue Beachtung des Kontextes zu beurteilen ist. Das hat zur Folge, daß bei der Kategorisierung einer Äußerung die jeweils vorausgehenden und nachfolgenden Gesprächsinhalte mitzuberücksichtigen sind.
3. Bei bestimmten Äußerungen wurde versucht, den inhaltlichen Stellenwert der Aussagen durch entsprechende Interpunktion zu kennzeichnen; bei Zweifeln über die jeweilige Bedeutung einer Äußerung ist die Interpunktion zu beachten.
4. Bei der Zuordnung der einzelnen Äußerungen zu den Hauptkategorien A oder B sollten folgende Hinweise beachtet werden:
   1. Die Erzieher-Äußerungen werden in die A-Kategorien eingestuft, wenn sie
      a) nur themenbezogen sind,
      b) wenn in der Äußerung sowohl ein Themenbezug sowie ein Bezug zur Organisation zum Ausdruck kommt.
   2. Alle Äußerungen des Erziehers werden nur dann in die B-Kategorie eingestuft, wenn sie lediglich die Organisation betreffen.
5. Auf den folgenden Seiten finden Sie ausführlichere Erläuterungen zu den Kategorien.
   Es ist wichtig, daß Sie sich diese Erläuterungen im Zusammenhang mit dem Kategoriensystem eingehend durchlesen und sich während der Einstufung immer wieder vergegenwärtigen.

Erläuterungen zur Kategorie A:

"Äußerungen des Erziehers/Lehrers zum Unterrichtsthema"

A 1: Einführen und Fortführen eines Gedankens mit Zusatzinformation

Alle Äußerungen, die unter A 1 fallen, werden zusätzlich unter dem Gesichtspunkt direktiv (1), nicht direktiv (9) kodiert.

Kodierung 1: direktiv
bedeutet, daß die Äußerungen des Erziehers die Kinder in eine bestimmte Richtung lenken oder festlegen.
Z.B.: Heute unterhalten wir uns darüber, wie Regen entsteht.

Kodierung 9: nicht direktiv

bedeutet, daß die Äußerung so formuliert ist, daß sie für die Kinder eine Anregung darstellt, sie aber nicht darauf festlegt, diesen Gedanken aufzugreifen. Kodierung 9 "nicht direktiv" wird nur dann gewählt, wenn die Äußerung eindeutig als "nicht direktiv" wahrgenommen wird.

Z.B.: Was haltet Ihr davon, wenn wir uns heute über die Entstehung des Regens unterhalten?

Hinweis: Prüfe, ob die Äußerung nicht angemessener in A 5 eingestuft werden müßte!

A 2: Themenbezogene Fragen an das Kind oder die Gruppe

A 2 wird dann gewählt, wenn der Erzieher
a) Fragen zum Thema stellt, die noch nicht erörtert wurden (siehe Beispiel),
b) weitere Fragen zu einem bereits angesprochenen Gedanken eines Kindes stellt (siehe Beispiel).

A 2 wird *nicht* gewählt, wenn der Erzieher unmittelbar einen neuen Gedanken eines Kindes in Frageform aufgreift, dann wird die Aussage in A 3 eingestuft (siehe Beispiel).

Beispiel:

A 2 (a):	Erzieher:	Wie kann man den Vögeln im Winter helfen?
	Kind:	Ein Vogelhaus bauen.
A 3:	Erzieher:	Wer hat denn schon mal ein Vogelhaus gebaut?
	Kind:	Ich und mein Papa haben ein Vogelhaus aus Holz gebaut.
A 2 (b):	Erzieher:	Was könnte man denn noch dazu gebrauchen?

Kodierung 1: enge Fragen

Es handelt sich um Fragen des Erziehers, auf die die Kinder nur mit "Ja" oder "Nein" antworten können. Zum anderen fallen in diese Kodierung Fragen, in denen Wissen abgefragt wird.

Z.B.: E: Bleiben alle Tiere im Winter bei uns?
K: Nein.

Z.B.: E: Was fressen die Tiere im Winter?

Kodierung 9: offene Fragen

Die Fragen sind so formuliert, daß die Kinder zu Äußerungen eigener Beiträge und Meinungen angeregt werden.

Z.B.: E: Wie helft Ihr den Tieren im Winter?

A 3: Aufgreifen des Gedankens eines Kindes

A 3 wird gewählt, wenn in der Äußerung oder auch in der Frage des Erziehers ein *neuer* Gedanke des Kindes aufgegriffen wird. Wird der Gedanke von dem Erzieher weiter erörtert, siehe A 1.

Kodierung 1: Wenig warm, wenig verständnisvoll, wenig einfühlend.
Z.B.: K: Die Hirsche holen sich das Futter aus der Krippe.
E: Wie kommt denn das Futter in die Krippe hinein?

Kodierung 9: Warm, verständnisvoll, einfühlend.
Z.B.: K: Die Tiere im Wald gehen im Winter unter die Bäume.
E: Gell, und so können sie sich schützen.

A 4: Wiederholen der Äußerung eines Kindes

Bei A 4 ist zu prüfen, ob die entsprechende Äußerung aufgrund des Kontextes nicht richtiger A 5 zugeordnet werden sollte.

Z.B.: K: Der Osterhase ißt auch gerne Apfelsinen.
E: Der Osterhase ißt gerne Apfelsinen?

Das Beispiel zeigt, daß der Erzieher die Äußerung des Kindes wiederholt, *primär* aber die Äußerung in Frage stellt; somit wird sie unter A 5 eingestuft.

Kodierung 1: Reines Wiederholen der Äußerung eines Kindes.
Z.B.: K: Da wollte ich aber nicht mehr.
E: Da wolltest Du aber nicht mehr.

Kodierung 9: Wiederholen der Äußerung des Kindes in eigenen Worten, ohne Zusatzinformation zu geben.
Z.B.: K: Meine Mutter hat mir Bescheid gesagt, sie würde weggehen...
E: Also, bei Euch ist es so, daß Deine Mutter wenn sie weggeht, Dir dann vorher Bescheid sagt.

A 5: In Frage stellen einer Äußerung oder Behauptung des Kindes

Kodierung 1: Wenig warm, wenig verständnisvoll, wenig einfühlend.
Z.B.: K: In dem Schatzkästchen ist ein goldener Geldbaum drin.
E: Ein Geldbaum in dem kleinen Kästchen?

Kodierung 9: Warm, verständnisvoll, einfühlend. Kodierung 9 “Warm ...“ wird

nur dann gewählt, wenn die Äußerung eindeutig als “warm ...“ wahrgenommen wird.
Z.B.: K: In dem Schatzkästchen ist ein goldener Geldbaum drin.
E: Meinst Du wirklich, daß ein Geldbaum in ein so kleines Kästchen paßt?

A 6: Zurückführen zum Thema

A 6 wird nur dann gewählt, wenn vorher vom Thema abgewichen wurde, d.h. zum Beispiel auch Unterbrechung durch Durcheinanderreden und Geschrei.

Kodierung 1: Alle Äußerungen des Erziehers, in denen er die vorausgegangene Aussage des Kindes unberücksichtigt läßt.
Z.B.: K: (Durcheinanderreden)
E: Wir wollen jetzt weiter über Tiere im Winter reden.

Kodierung 9: Alle Äußerungen, bei denen der Erzieher die vorausgegangenen Äußerungen eines Kindes oder mehrerer Kinder mitberücksichtigt.
Z.B.: E: Aber Ihr erzählt jetzt immer von Tieren im Sommer, wir wollen doch von Tieren im Winter reden.

A 7: Aussprechen von Lob und Bestätigung

Bevor eine Äußerung in die Kategorie A 7 mit 9 kodiert wird, sollte überprüft werden, ob die Äußerung nicht in A 4 “Wiederholen der Äußerung eines Kindes“ angemessener einzuordnen ist (Kontextabhängigkeit). Das Wiederholen einer Äußerung des Kindes geschieht manchmal im Sinne einer Bestätigung, bedeutet aber kein ausdrückliches Lob.

Kodierung 1: Der Erzieher lobt das Kind oder die Gruppe durch ein Wort.
Z.B.: hm, oder gut.

Kodierung 9: Der Erzieher geht ausführlich lobend auf das Kind ein.
Z.B.: Das finde ich sehr gut, was Du da gesagt hast.

A 8: Bezug herstellen zur Familie und Elternhaus

A 8 wird in der Regel nur dann gewählt, wenn in der Äußerung des Erziehers

Ausdrücke vorkommen wie: Familie, Mutter, Vater, Zuhause, Haushalt, Eltern, nahe Verwandte (*z.B.* Großmutter).
A 8 ist jedoch nicht zutreffend, wenn es sich um die Wiederholung einer Antwort eines Kindes handelt, die einen Bezug zum Elternhaus darstellt.

Kodierung 1: Wenig warm, wenig verständnisvoll, wenig einfühlen.
Z.B.: K: Ich guck am Abend "Tränen für Charly".
E: Wissen das die Eltern, daß Du das siehst?

Kodierung 9: Warm, verständnisvoll, einfühlen.
Z.B.: E: Aber erzählt doch einmal, wie Ihr zu Hause den Vögeln im Winter helft.

Kodierung 9 "warm ..." wird nur dann gewählt, wenn die Äußerung eindeutig als "warm ..." wahrgenommen wird.

Erläuterungen zur Kategorie B:

"Äußerungen des Erziehers/Lehrers zur Organisation und zum sozialen Verhalten der Kinder"

B 1: An das Kind gerichtete Aufforderung zu beginnen oder fortzufahren

Kodierung 1: Die Äußerung des Erziehers ist so gewählt, daß sie nur den Namen des Kindes enthält. Der Erzieher fragt einzelne Kinder ab.
Z.B.: Martin, Jochen usw.

Kodierung 2: Die Äußerung des Erziehers ist ausführlicher formuliert als bei Kodierung 1, *z.B.*: Jetzt sag Du mal was Martin.

Kodierung 3: Die Aufforderung des Erziehers geschieht in Form einer Bitte,
z.B.: Bitte mach Du jetzt weiter.
oder in Möglichkeitsform
z.B.: Würdest Du jetzt bitte weiter machen.

Kodierung 4: Die Äußerung ist so formuliert (in der Regel in Frageform), daß das Kind die Freiheit besitzt, darauf einzugehen oder nicht einzugehen,
z.B.: Möchtest Du auch etwas dazu sagen, Jochen?

B 2: Anregen der Gruppe zur Selbstorganisation, zur Eigeninitiative, zur Rücksichtnahme gegenüber anderen

Es kann auch *ein* Kind angesprochen werden, das dazu angeregt wird, eine Aufgabe zur Organisation der Gruppe zu übernehmen.

Kodierung 1: Die Äußerung des Erziehers ist eine reine Aufforderung an die Gruppe, sich etwas zu überlegen,
z.B.: Überlegt doch mal oder denkt mal nach.

Kodierung 2: Die Aufforderung des Erziehers geschieht in Form einer Bitte,
z.B.: Jetzt denkt doch bitte mal nach.

Kodierung 3: Die Äußerung des Erziehers ist so formuliert (in der Regel in Frageform), daß die Gruppe die Freiheit besitzt, darauf einzugehen oder nicht einzugehen.
Z.B.: Möchtet Ihr noch etwas dazu sagen?

Kodierung 4: Der Erzieher fordert zur Rücksichtnahme auf (ausgehend von einem einzelnen Kind oder mehreren Kindern der Gruppe).
Z.B.: Bitte sprecht nacheinander,
oder
Der Jochen möchte etwas erzählen, aber er kommt nicht dazu, weil Ihr dauernd dazwischen redet.

B 3: Aufgreifen eines Vorschlags zur Organisation

Kodierung 1: Der Vorschlag wird angenommen. Der Erzieher erwähnt jedoch nicht, daß er von den Kindern stammt.
Z.B.: Wir machen das jetzt so.

Kodierung 2: Der Vorschlag wird aufgenommen, der Erzieher erwähnt auch, daß er ihn von den Kindern übernommen hat.
Z.B.: Machen wir das so wie der x vorgeschlagen hat, lobt die Kinder jedoch nicht wegen des guten Vorschlags.

Kodierung 3: Der Erzieher lobt die Kinder wegen des guten Vorschlags, den er übernimmt.
Z.B.: Den Vorschlag von x finde ich sehr gut, das machen wir jetzt so.

B 4: Aussprechen von Lob für soziales Verhalten in der Gruppe an eins oder mehrere Kinder der Gruppe gerichtet.

Kodierung 1: Der Erzieher lobt das Kind oder die Gruppe durch ein Wort,
z.B.: hm, oder gut.

Kodierung 2: Der Erzieher geht auf das soziale Verhalten des Kindes oder der Gruppe ausführlicher lobend ein.
Z.B.: Das hast Du aber wirklich schön gemacht.

B 5: Kritik, Tadel sowie Aufforderung, etwas zu unterlassen

B 5 wird nur dann gewählt, wenn die Äußerung des Erziehers auf bereits geschehenes Verhalten eingeht, und zwar tadelnd, z.B. wir wollen jetzt nicht so durcheinanderreden.

Läßt der Erzieher das nicht-erwünschte Verhalten (siehe Beispiel nicht-durcheinanderreden) unbeachtet und bietet dafür erwünschtes Verhalten (*z.B.* sprecht bitte nacheinander) an, so wird die Äußerung der Kategorie B 2, Kodierung 4 zugeordnet.

Kodierung 1: Aufforderung, etwas zu unterlassen ohne Begründung,
z.B.: Laß das jetzt.

Kodierung 2: Aufforderung, etwas zu unterlassen ohne Begründung, aber als Bitte oder in Möglichkeitsform ausgesprochen,
z.B.: Laß das doch bitte, könntest Du das bitte lassen.

Kodierung 3: Aufforderung, etwas zu unterlassen mit Begründung,
z.B.: Laß das doch bitte, Du störst die anderen.

Kodierung 4: In der Kritik drückt der Erzieher aus, daß ihm persönlich ein bestimmtes Verhalten des Kindes nicht gefällt; er begründet, warum ihm das Verhalten des Kindes nicht gefällt. Es handelt sich um Äußerungen des Erziehers, die er in Ich-Form abgibt.
Z.B.: Mir gefällt das nicht, was Du da machst, weil Du die andern störst,
oder
ich könnte mir vorstellen, daß es Dir schwerfällt, dies zu lassen, es stört aber die andern, darum bitte ich Dich, damit aufzuhören.

Erläuterungen zur Kategorie C:

"Äußerungen des Erziehers/Lehrers, sein eigenes Verhalten betreffend"

C 1: Der Erzieher korrigiert sein eigenes Verhalten.
Z.B.: Ich hatte Dich wohl falsch verstanden.

C 2: Der Erzieher fragt, ob er die Informationen richtig verstanden hat.
Z.B.: Was hast Du gesagt?

Eine Zusatzkodierung findet in C 1 und C 2 nicht statt.

Erläuterungen zur Kategorie D:

Alle Äußerungen, die keiner der anderen Kategorien eindeutig zugeordnet werden können.
Hier werden alle Äußerungen kategorisiert, die zwar im Text vorkommen, aber für die Kontrollbeobachter weder aus sich heraus noch aus dem Kontext einen Sinn ergeben. Zum anderen geht es auch um solche Äußerungen, die zwar einen Sinn enthalten, aber nicht in eine der angebotenen Kategorien einzuordnen sind.
Bei den Äußerungen, die einen Sinn ergeben, soll versucht werden, die entsprechenden Äußerungen einer der drei Hauptkategorien A, B oder C zuzuordnen, d.h. zum Beispiel die Äußerung Nummer 23 wird unter D als 23 B eingeordnet.

5. Anschreiben zur Nachbefragung

Liebe ....

Ihr habt über einen Zeitraum von drei Jahren an einer psychologischen Beratung teilgenommen. Ziel dieser Beratung war es, durch mehr Einsicht in eigenes Verhalten, dessen Motivationen und Ursachen, zu selbst bestimmten Verhaltensänderungen zu kommen.
Seit unserer Zusammenarbeit ist jetzt ein Jahr vergangen. Ich habe noch einige Fragen, was die Wirkungen bzw. die Nachwirkungen unserer Arbeit betrifft.
Ich möchte Euch bitten, in wenigen Sätzen zu meinen Fragen Stellung zu nehmen, evtl. zusätzliche Eindrücke oder Anmerkungen anzufügen.

Ihr könnt die ausgefüllten Bögen anonym, zusammen in einem Umschlag, an mich zurücksenden.

Vielen Dank und herzliche Grüße

Übersicht über die Anzahl (Anz.) der Äußerungen im Unterricht (Erzieherinnen = E; Kinder = K) pro Text/Thema

Nr. des Textes	1			2			3			4			5			6		
Titel des Textes	Tiere im Winter			Das Schatzkästchen			Das Telefon			Henkeltopf			Der rote Stiefel			Fernsehen		
Länge des Textes in Minuten	11'20"			4'30"			9'51"			9'			11'7"			12'30"		
Code E	E1	E2	E5	E1	E2	E5	E1	E2	E5	E1	E2	E5	E1	E2	E5	E1	E2	E5
Gesamtzahl der Äußerungen (K u. E)	160	172	161	72	84	91	135	105	136	182	175	116	212	115	142	175	160	208
Anz.d.Äußerungen (K)	90	128	98	49	54	56	74	72	90	133	117	72	135	72	86	127	98	141
*) Anz.d.Äußerungen (E)	70	44	63	23	30	35	61	33	46	49	58	44	77	43	56	48	62	67
**) Anz.d.Sinneinheiten	95	60	79	28	32	44	84	36	63	60	70	61	101	53	85	57	72	96

*) Eine E-Äußerung wird formal begrenzt durch eine vorausgehende und eine darauffolgende Kind-Äußerung.

**) Eine E-Äußerung kann inhaltlich aus einer oder mehreren Sinneinheiten bestehen. Nach der kontextabhängigen Festlegung der Sinneinheiten (s. Text S. 67) entspricht eine Sinneinheit inhaltlich einer (Einzel-)Äußerung der Erzieherin.

Erzieherin 1: Absolute Häufigkeiten der Sinneinheiten pro Kategorie (ohne Berücksichtigung der Zusatzkodierungen)

Beob.-Kat.	Tonbandausschnitte 1-6					
	1	2	3	4	5	6
A 1	10,8	4,8	3,8	9	8,6	4
A 2	20	3,4	25,8	13,2	23,4	7,8
A 3	9,8	2	3,8	3	5,2	3,2
A 4	5	0,2	3,2	2,2	3,4	1
A 5	7	0,4	2,6		2,8	0,8
A 6	3	3	3,2	3,8	2,4	
A 7	21,4	3,4	12	14,8	20	4
A 8	2		2		2	3
B 1	2	4	11	3	10,8	5
B 2	5	1	7,6	1	9,8	12
B 3	2					
B 4					0,8	
B 5	2		4,4	4	7,6	9,4
C 1						
C 2	2	1,4	2			1
D	4	4,4	2,6	6	4,2	5,8
Σ	96	28	84	60	101	57

Anmerkungen zu dieser und zu den folgenden Tabellen:
Die Höhe der Beobachterübereinstimmung wirkt sich modifizierend auf die absolute bzw. relative Häufigkeit der Sinneinheiten pro Kategorie wie folgt aus: z.B. wenn alle 5 Studenten eine Sinnei heit übereinstimmend in eine bestimmte Kategorie eingestuft haben, wird dies als eine Antwort gewertet. Wenn jedoch z.B. nur 3 von 5 Studenten eine Sinneinheit in eine bestimmte Kategorie eingestuft haben, wird diese als eine 3/5 Äußerung gewertet.

Erzieherin 2: Absolute Häufigkeiten der Sinneinheiten pro Kategorie mit Berücksichtigung der Zusatzkodierungen

Beob. kat.		Tonbandausschnitte 1 - 6					
		1	2	3	4	5	6
	1	0,8	0,4		1,2	1,6	0,8
A 1	9	0,2	1,2	1,8	3,6	5,2	1,2
	0						
	1	1	2,2	4,8	16,6	1,2	3,2
A 2	9	1	3,2	1	8,6	6,6	7
	0						
	1	1,4			0,4		
A 3	9	4,4		3,8	4,8	5,2	2,8
	0	2	0,4	2		1,4	4
	1	1	2			1	
A 4	9	1	3		1	1	1
	0						
	1	0,4	0,6				
A 5	9			1		0,4	
	0	0,6	1,2			0,4	0,4
	1	3,2			1		
A 6	9	1,8					
	0						
	1	3	2	1	1	5	19
A 7	9	1				2	
	0						
	1	1					
A 8	9	1		1			3
	1	2	12	3	4	5	9
	2	3	0,2	1,2	4,8	1	7
B 1	3		0,6		1,8	1	1
	4		0,4		0,6	1	
	1	6,2	1,2	1		0,4	
	2	2,4	0,6	2,6	1,8	1,8	1
B 2	3	4		0,4	1	0,8	
	4	3		6	4,8	1,8	4
	1						
	2	1,2					1
B 3	3	0,4					
	4						
	1					0,2	
B 4	2					1,9	
	1	1,8		1	0,8	1	2
	2	1			1,4	1	1
B 5	3	4		1,6	3,6	3,2	1
	4			0,4	1		
C 1		0,8					
C 2		1,2			1,6		1,6
D		4,2	0,8	2,4	4,4	2	1
Σ		60	32	36	70	53	72

Erzieherin 5: Absolute Häufigkeiten der Sinneinheiten pro Kategorie (ohne Berücksichtigung der Zusatzkodierungen)

Beob.-Kat.	Tonbandausschnitte 1-6					
	1	2	3	4	5	6
A 1	12	4,6	3,4	5,6	7,6	7,2
A 2	13,6	3,8	12	17	10	12,4
A 3	5,4	1,6	3	1	6	3
A 4	1,2	2,2	2	1,8	2	2
A 5	2	0,4	2	0,2	2,2	1,4
A 6	6,4	1,2		2		
A 7	17	13	14,6	9,6	15	22,8
A 8	3					
B 1	6	9,4	12,6	13	17	26,6
B 2	6	3,4	3,4	6,8	8	7,2
B 3						
B 4						
B 5	2	1,6	5		7,2	10,8
C 1			2		1	
C 2	1	1				0,4
D	4,4	1,8	3	4,2	9	2,2
Σ	80	44	63	61	85	96

Erzieherin 1: Absolute Häufigkeiten der Sinneinheiten pro Kategorie mit Berücksichtigung der Zusatzkodierungen

Beob.-kat.		Tonbandausschnitte 1 - 6: 1	2	3	4	5	6
	1	1,4	0,8	1,8	3,8	1,4	
A 1	9	9,4	4	2	5,2	7,2	4
	0						
	1	16,6	2	17,8	10,2	21,2	5,2
A 2	9	3,4	1,4	8	3	2,2	2,6
	0						
	1	2	1,4			1,6	
A 3	9	3,2		2,8	2,6	3,4	1,6
	0	4,6	0,6	1	0,4	0,2	1,6
	1	5	0,2	2,2	2	3,4	
A 4	9	-		1	0,2		1
	0						
	1	2,2	0,2	0,4		1,2	
A 5	9	2,6		0,8		0,6	
	0	2,2	0,2	1,6		1	0,8
	1	-		1,6	1	1,4	
A 6	9	3	3	1,6	2,8	1	
	0						
	1	21	3	12	11,8	17,4	3
A 7	9	0,4	0,4		3	2,6	1
	0						
	1	-					0,4
A 8	9	1,2		2		2	2,6
	0	0,8					
	1	1	2	9	2	6	2
	2	1	2	1,6	1	2	2
B 1	3		0,4			2,4	
	4					0,4	1
	1	0,4				3,4	5
	2	0,2		1		0,4	
B 2	3	0,4					3
	4	4	1	6,6	1	6	4
	1	1,2					
	2	0,8					
B 3	3						
	4						
	1					0,8	
B 4	2						
	1	2		2	3	4,4	5
	2				0,2		1
B 5	3			2,4	0,8	3,2	2,4
	4						1
C 1							
C 2		2	1,4	2			1
D		4	4,4	2,6	6	4,2	5,8
Σ		96	28	84	60	101	57

Erzieherin 2: Absolute Häufigkeiten der Sinneinheiten pro Kategorie (ohne Berücksichtigung der Zusatzkodierungen)

Beob.-Kat.	Tonbandausschnitte 1-6					
	1	2	3	4	5	6
A 1	1	1,6	1,8	4,8	6,8	2
A 2	2	5,4	5,8	25,2	7,8	10,2
A 3	7,8	0,4	5,8	5,2	6,6	6,8
A 4	2	5		1	2	1
A 5	1	1,8	1		0,8	0,4
A 6	5			1		
A 7	4	2	1	1	7	19
A 8	2		1			3
B 1	5	13,2	4,2	11,2	8	17
B 2	15,6	1,8	10	7,6	6,8	5
B 3	1,6					1
B 4					2	
B 5	6,8		3	6,8	5,2	4
C 1	0,8					
C 2	1,2			1,6		1,6
D	4,2	0,8	2,4	4,4	2	1
Σ	60	32	36	70	53	72

Erzieherin 5: Absolute Häufigkeiten der Sinneinheiten pro Kategorie mit Berücksichtigung der Zusatzkoderungen

		Tonbandausschnitte 1 - 6					
		1	2	3	4	5	6
	1	4	1,8	1	0,8	1,2	0,6
A 1	9	8	2,8	2,4	4,2	6,4	6,6
	0						
	1	11,8	1,2	6,4	11,2	6,2	8,8
A 2	9	1,8	2,6	5,6	5,8	3,8	3,6
	0						
	1		0,2			0,4	
A 3	9	4,6	1,2	2,6	1	3,6	1,4
	0	0,2	0,2	0,4		2	1,6
	1	1,2	1,8			1	1
A 4	9		0,4	2	1,8	1	1
	0						
	1	0,4				0,2	
A 5	9	0,2	0,4	0,2	0,2	1	0,2
	0	1,4		1,8		1	1,2
	1	2,6			1,8		
A 6	9	3,8	1,2		0,2		
	0						
	1	14,6	12,6	14,6	8,4	9	22,2
A 7	9	2,4	0,4		1	6	0,6
	0						
	1						
A 8	9	2,4					
	0	0,6					
	1	4	8,4	9,6	12	13	21
	2	2	0,6	2	1	1	4,2
B 1	3			0,4		3	1,4
	4		0,4	0,6			
	1	3	2	1,4	0,2	0,4	1
	2	0,2		1,2	2,6	0,8	0,2
B 2	3	0,2		0,8	1,4	3,8	0,2
	4	2,6	1,4		2,6	3	5,8
	1						
	2						
B 3	3						
	4						
	1						
B 4	2						
	1	2	1,6	2,6		3	6,6
	2					0,6	1,4
B 5	3			1,4		3,6	2,8
	4			1			
C 1				2		1	
C 2		1	1				0,4
D		4,4	1,8	3	4,2	9	2,2
Σ		80	44	63	61	85	96

Relative Häufigkeiten der anteilnehmenden und zu sozialem Handeln anregenden Äußerungen in den drei Tonbandabschnitten (1+2; 3+4; 5+6) für jede Erzieherin

(In dieser Tabelle sind die 0-Einstufungen bei den Kategorien A 3 und A 8 der Differenzierung 9 zugeordnet worden.)

Erzieherin 1, 2, 5

Beob.-		E 1			E 2			E 5		
kat.		1+2	3+4	5+6	1+2	3+4	5+6	1+2	3+4	5+6
	1	3,5	-	0,8	1,1	-	-	0,2	-	0,2
A3	9	5,2	4,8	4,6	6,0	11,8	11,0	5,0	3,2	4,9
	1	3,0	3,0	1,7	3,9	-	0,9	2,8	-	1,1
A4	9	-	0,8	0,9	5,6	0,7	1,7	0,5	3,1	1,2
	1	16,3	17,0	11,2	5,7	2,1	17,9	23,5	18,5	16,5
A7	9	0,9	2,5	2,2	0,8	-	1,9	1,9	0,8	3,9
	1	-	-	0,4	-	-	-	-	-	-
A8	9	1,1	1,2	3,3	1,7	1,4	2,1	1,7	-	-
	1	0,2	-	6,1	7,0	1,4	0,4	4,2	1,3	0,8
	2	0,1	0,6	0,2	2,9	4,9	2,4	0,1	3,1	0,6
B2	3	0,2	-	2,6	3,3	1,3	0,8	0,1	1,8	2,3
	4	3,9	4,8	6,5	2,5	11,8	4,5	3,2	2,1	4,8
	1	0,6	-	-	-	-	0,7	-	-	-
B3	2	0,4	-	-	1,0	-	-	-	-	-
	3	-	-	-	0,3	-	-	-	-	-
	1	-	-	0,4	-	-	0,2	-	-	-
B4	2	-	-	-	-	-	1,7	-	-	-

Relativen Häufigkeiten der strukturierenden und lenkenden Äußerungen in den drei Tonbandabschnitten (1+2; 3+4; 5+6) für jede Erzieherin

(In dieser Tabelle sind die 0-Einstellungen bei der Kategorie A5 der Differenzierung 9 zugeordnet worden.)

Erzieherin 1, 2, 5

Beob.-		E 1			E 2			E 5		
kat.		1+2	3+4	5+6	1+2	3+4	5+6	1+2	3+4	5+6
	1	2,2	4,2	0,7	1,3	0,9	2,1	4,6	1,5	1
A1	9	12,1	5,6	7,1	2,1	5,1	5,8	8,2	5,9	7,2
	1	12,2	19,1	15,1	4,3	18,5	3,4	8,4	14,3	8,3
A2	9	4,3	7,5	3,4	8,9	7,6	11,1	3,9	9,2	4,2
	1	1,5	0,3	0,6	1,3	-	-	0,3	-	0,1
A5	9	2,9	1,3	1,5	2,4	1,4	1	1,5	1,8	1,9
	1	-	1,8	0,7	2,7	0,7	-	1,7	1,5	-
A6	9	6,9	3,3	0,5	1,5	-	-	3,8	0,2	-
	1	4,1	8	4,7	20,4	7	11	12,1	17,5	18,6
	2	4,1	1,8	2,8	2,8	5,1	5,8	2	2,4	2,8
B1	3	-	0,3	1,2	1	1,3	1,7	-	0,3	2,5
	4	-	-	1,1	0,7	0,5	1	0,5	0,5	-
	1	1,1	3,7	6,6	1,5	2	2,4	3,1	2,1	5,2
	2	-	0,2	0,9	0,9	1	1,7	-	-	1,1
B5	3	-	2,1	3,7	3,4	4,8	3,8	-	1,1	3,6
	4	-	-	0,9	-	1,3	-	-	0,8	-